"十三五"职业教育国家规划教材　　　"十四五"职业教育国家规划教材

变电工程造价实务

（第二版）

唐前辉　郭剑峰　编

李　霜　主审

中国电力出版社

CHINA ELECTRIC POWER PRESS

内 容 提 要

本书为"十四五"职业教育国家规划教材,"十三五"职业教育国家规划教材。

本书以某 110kV 变电工程造价编制为实例,按照电网建设工程造价工作过程进行编写。内容包括认识电力建设工程造价、编制变电建筑工程概(预)算书、编制变电安装工程概(预)算书三个模块。本书不仅可作为电力类工程造价教材使用,也可作为高等学校电类专业课程设计、毕业设计的参考资料,还可供电力企业工程管理人员学习、参考和培训使用。

图书在版编目(CIP)数据

变电工程造价实务/唐前辉,郭剑峰编. —2 版 .—北京:中国电力出版社,2019.10(2024.1重印)

"十三五"职业教育规划教材

ISBN 978 - 7 - 5198 - 3891 - 1

Ⅰ. ①变… Ⅱ. ①唐… ②郭… Ⅲ. ①变电所-电力工程-工程造价-高等职业教育-教材 Ⅳ. ①TM63

中国版本图书馆 CIP 数据核字(2019)第 240034 号

出版发行:中国电力出版社

地 址:北京市东城区北京站西街 19 号(邮政编码 100005)

网 址:http://www.cepp.sgcc.com.cn

责任编辑:牛梦洁

责任校对:黄 蓓

装帧设计:郝晓燕

责任印制:吴 迪

印 刷:廊坊市文峰档案印务有限公司

版 次:2015 年 11 月第一版 2019 年 10 月第二版

印 次:2024 年 1 月北京第十四次印刷

开 本:787 毫米×1092 毫米 16 开本

印 张:12.75

字 数:366 千字 9 插页

定 价:35.00 元

前　言

本书为"十四五"职业教育国家规划教材，"十三五"职业教育国家规划教材。

本书是为高职高专学校发电厂及电力系统、电力系统继电保护、电力营销、工程管理等电类专业编写的教材。本书不仅可作为教材使用，也可作为高等学校电类专业课程设计、毕业设计的参考资料，还可供电力企业工程管理人员学习、参考和培训使用。

本书以某110kV变电工程造价编制为实例，按照电网建设工程造价工作过程进行编写。本书共分3个模块：认识电力建设工程造价、编制变电建筑工程概（预）算书和编制变电安装工程概（预）算书。考虑到在概（预）算编制过程中的实际需要，附录中给出相应的参考资料，以便学生了解电网工程建设流程及培养学生做实际工程造价的能力。教学中可根据教学时数和专业需求进行灵活组合。

本书主要有以下特点：

(1) 以《电力建设工程概（预）算定额（2013年版）》及其配套文件为编写依据。

(2) 以模块为载体，完成变电工程概（预）算知识的集成。

(3) 以工作过程为主线，采用定额计价法完成变电工程概（预）算的编制。

本书不作深奥复杂的理论阐述，而是针对工作过程中出现的每个数据讲述其来源及计算方法，从根本上解决初学者明白理论方法，但不清楚很多案例中各个数据来源的问题，力图深入浅出地为初学者及工程造价爱好者找到一条学习工程概（预）算的捷径。

为学习贯彻落实党的二十大精神，本书根据《党的二十大报告学习辅导百问》《二十大党章修正案学习问答》，在数字资源中设置了"二十大报告及党章修正案学习辅导"栏目，以方便师生学习。

本书由唐前辉和郭剑峰编写。唐前辉负责编写模块1～2、附录A～E、K和全书的统稿；郭剑峰负责编写模块3和附录F～J。

本书由重庆电力高等专科学校李霜教授主审，在此表示衷心感谢。

本书在编写过程中，编者查阅了大量公开或内部发行的技术资料和书刊，对借用的图表及内容，在此向原作者致以衷心的感谢。

由于编者水平所限，加之时间仓促，书中难免存在缺漏和错误之处，敬请广大读者和专家批评指正。

编　者

2022年11月

目　　录

模块 1 认识电力建设工程造价

第 1 单元 电力建设工程项目

一、电力建设工程项目的概念

项目是指在一定约束条件下（主要是限定资源、限定时间），具有特定目标的一次性任务。也就是说，项目是一系列具有特定目标、有明确开始和终止日期、资金有限，消耗资源的活动和任务。

建设工程项目是指通过基本建设和更新改造以形成固定资产的项目。基本建设和更新改造都是进行固定资产再生产的方式。

基本建设项目一般指在一个总体设计或初步设计范围内，由一个或几个单项工程组成，在经济上进行统一核算、行政上有独立组织形式，实行统一管理的建设单位。凡属于一个总体设计中的主体工程和相应的附属配套工程、综合利用工程、供水供电工程等，只作为一个建设项目。凡不属于一个总体设计、分别核算；工艺流程上没有直接关联的几个独立工程，应分别列为几个建设项目，不能捆在一起作为一个建设项目。

更新改造项目是指对企业、事业单位原有设施进行技术改造或固定资产更新的辅助性生产项目和生活福利设施项目。

电力建设工程项目指通过基本建设和更新改造形成固定资产的项目，分为发电建设工程项目和电网建设工程项目。发电建设工程项目所形成的是将其他资源转换成电能的固定资产，其中基本建设是实现电能扩大再生产的主要途径；电网建设工程项目则是实现电能的传输，使之形成输电、变电与配电等固定资产，其中基本建设是电力行业实现扩大再生产的主要途径。

二、建设项目的分解

任何一项建设工程，就其投资构成或物质形态而言，是由众多部分组成的复杂而又有机结合的总体，相互存在许多外部和内在的联系。要对一项建设工程的投资耗费计量与控制，必须对建设项目或建设工程进行科学合理的分解，使之划分为若干简单、便于计算的部分或单元。另外，建设项目根据产品生产的工艺流程和建筑物、构筑物的使用功能，按照设计规范要求也必须对建设项目进行必要而科学的分解，使设计符合工艺流程和使用功能的客观要求。

根据我国现行有关规定，建设项目一般分解为若干单项工程、单位工程、分部工程、分项工程等。

（1）单项工程。单项工程是指在一个建设项目中，具有独立的设计文件，竣工后可以独立发挥生产能力或效益的一组配套齐全的工程。如供电系统建设中的一个变电站工程等。单项工程是建设工程项目的组成部分，一个建设工程项目可以由多个单项工程组成，有时也可能只由一个单项工程组成。

（2）单位工程。单位工程是单项工程的组成部分，它是指具备独立施工条件且单独作为计算成本对象，但建成后不能独立进行生产或发挥效益的工程。

民用项目的单位工程较容易划分。以一栋住宅楼为例，其中一般土建、给排水、采暖、通风、照明工程等各为一个单位工程。

工业项目由于工程内容复杂，且有时出现交叉，因此单位工程的划分比较困难。以一个车间为例，其中土建、机电设备安装、工艺设备安装、工业管道安装、给排水、采暖、通风、电气安装、自控仪表安装等各为一个单位工程。

（3）分部工程。分部工程是单位工程的组成部分，在单位工程中，按工程的部位、材料和工种进一步分解的工程，称为分部工程。

由于每一分部工程中影响工料消耗大小的因素很多，为了计算工程造价和工料耗用量的方便，还必须把分部工程按照不同的施工方法、不同的构造、不同的规格等，进一步地分解为分项工程。

（4）分项工程。分项工程是分部工程的组成部分，是指能够单独地经过一定施工工序完成，并且可以采用适当计量单位计算的工程。

具有同样技术经济特征的分项工程，所需的人工、材料、施工机械消耗大致相同，可以根据相应的原则，采用各种方法进行计算和测定，从而按照统一的计量单位制定出每一分项工程的工、料、机消耗标准。

例如，某大学的建设项目的分解图示，如图1-1所示。

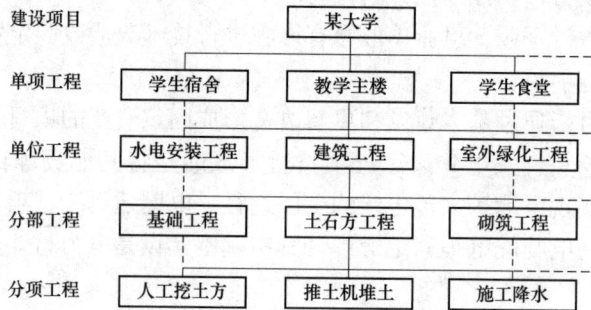

图1-1　建设项目分解图示

电力建设预算项目划分是按照工程项目划分对建设预算项目设置、编排次序和编排位置的规定，与设计的专业划分及分卷分册图纸划分相适应。电力建设预算项目划分层次级别如图1-2所示。

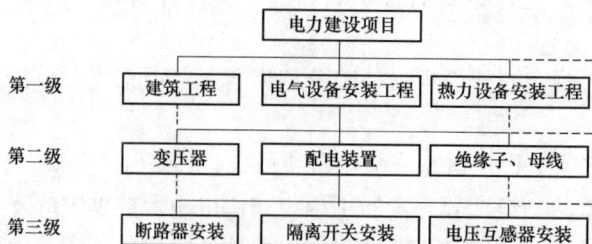

图1-2　电力建设项目分解图示

三、电网建设工程项目的建设程序

电网建设工程项目建设程序是指电网建设项目从策划、评估、决策、设计、施工到竣工验收、投入生产或交付使用的整个建设过程中，各项工作必须遵循的先后工作次序。各个阶段的工作之间存在着严格的先后次序，前后工作不得任意颠倒，但可以进行合理的交叉。工程项目建设程序是工程建设过程的客观反映，是建设项目科学决策和顺利进行的重要保证。

我国电网建设程序如图 1-3 所示。

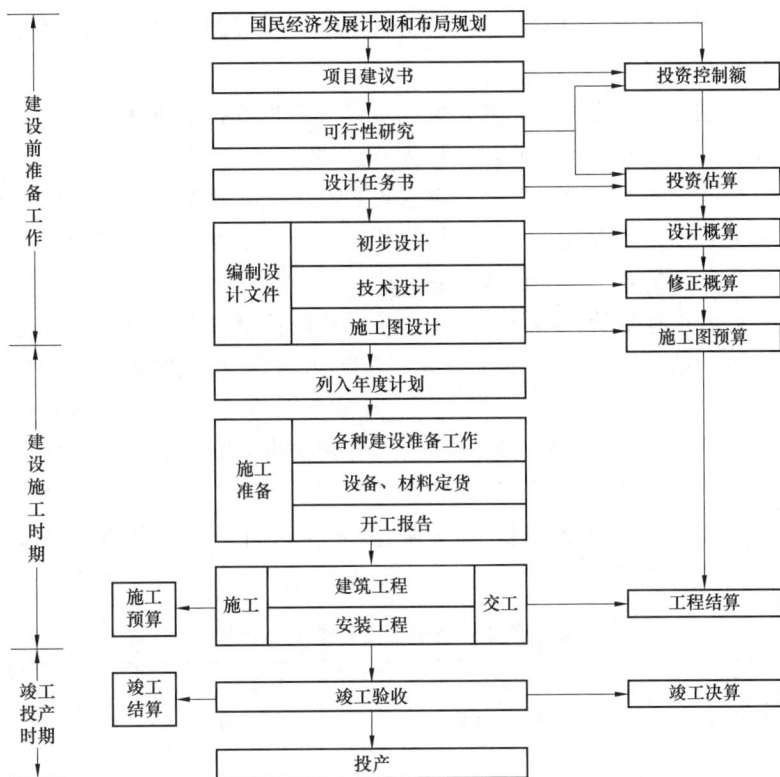

图 1-3　我国电网建设程序

第 2 单元　概预算常识

一、概预算的含义

概预算是指工程建设项目在开工前，对所需的各种人力、物力资源及资金的预先计算。其目的在于有效地确定和控制建设项目的投资和进行人力、物力、财力的准备工作，以保证工程项目的顺利建成。

概预算作为一种专业术语，实际上存在着两种理解。广义理解应指概预算编制一个完整的工作过程，狭义理解则指这一过程必然产生的结果，即概预算文件。

在基本建设中，建设工程概预算是国家确定建设投资、建设单位确定工程造价、编制建设计划、建设银行拨付工程价款、施工单位签订经济合同，推行投资包干制和招标承包制的主要依据。

二、概预算的分类

1. 根据建设活动开展阶段的不同分类

（1）投资估算。投资估算是指在编制建设项目建议书和可行性研究阶段，对建设项目总投资的粗略估算，它是建设项目决策时的一项主要参考性经济指标。

（2）设计概算。设计概算是指在工程项目的初步设计阶段，根据初步设计文件和图纸、概算定额（或概算指标）及其有关费用定额等，对工程项目所应发生费用的概略计算。它是国家确定和控制基本建设投资额、编制基本建设计划、选择最优设计方案、推行限额设计的重要依据，也是计算工程设计收费、编制招标标底和投标报价、确定工程项目总承包合同价的主要依据。

当工程项目采用三阶段设计时，在扩大初步设计（也称技术设计）阶段，随着设计内容的深化，应对初步设计的概算进行修正，称为修正概算。

（3）施工图预算。施工图预算是指一般意义上的预算，指当工程项目的施工图设计完成后，在单位工程开工前，根据施工图纸和设计说明、预算定额、预算基价及费用定额等，对工程项目所应发生费用的较详细的计算。它是确定单位工程、单项工程预算造价的依据；是确定招标工程标底和投标报价，签订工程承包合同价的依据；是建设单位与施工单位拨付工程款项和竣工决算的依据；也是施工企业编制施工组织设计、进行成本核算的不可缺少的文件。

（4）施工预算。施工预算指施工单位在施工前编制的工程预算。它是施工单位编制施工作业进度计划，实行内部定额管理、班组核算的依据。

在项目动工兴建过程中和竣工后，还须要分阶段编制工程结算和竣工决算，以确定工程项目的实际建设费用。它们之间存在的差异，见表1-1。

表1-1　　　　　　　不同阶段的概预（决）算特点对比

类别	编制阶段	编制单位	编制依据	用途
投资估算	可行性研究	工程咨询机构	投资估算指标	投资决策
设计概算	初步设计或扩大初步设计	设计单位	概算定额	控制投资及造价
施工图预算	工程承发包	建设单位委托的工程咨询机构和施工单位	预算定额	编制标底、投标报价、确定工程合同价
施工预算	施工阶段	施工单位	施工定额	企业内部成本、施工进度控制
工程结算	竣工验收前	施工单位	预算定额、设计及施工变更资料	确定工程项目建造价格
竣工决算	竣工验收后	建设单位	预算定额、工程建设其他费用定额、竣工结算资料	确定工程项目实际投资

2. 根据编制对象的不同分类

（1）单位工程概（预）算。

（2）单项工程概（预）算。

（3）建设项目总概（预）算。

不同对象的概预算之间的相互关系如图 1-4 所示。

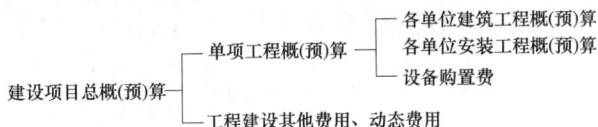

图 1-4 不同对象的概预算相互关系图

3. 根据单位工程的专业项目分类

（1）建筑工程概（预）算，含土建工程及装饰工程。

（2）装饰工程概（预）算，专指二次装饰装修工程。

（3）安装工程概（预）算，含建筑电气照明、给排水、暖气空调等设备安装工程。

（4）市政工程概（预）算。

（5）仿古及园林建筑工程概（预）算。

（6）修缮工程概（预）算。

（7）煤气管网工程概（预）算。

（8）抗震加固工程概（预）算。

第 3 单元　电网建设工程造价的构成

一、工程造价的含义

工程造价一般是指包括工程建设、城市建设、村镇建设在内的建设项目，从立项决策到竣工验收交付使用所需的全部投入费用。或者说，是指建设项目在建筑安装过程中施工企业发生的生产和经营管理的费用总和，也就是建造价格。概预算的主要目的是确定工程造价。

工程造价有两种理解，广义上的理解应是工程项目从立项决策到竣工验收交付使用所需的全部投入费用，也就是建设投资。狭义上的理解是指在建筑安装过程中施工企业发生的生产和经营管理的费用总和。前一种理解是对投资者即建设单位而言，后一种理解是对工程项目的建造者，即施工单位而言。实际上，我们平时所说的工程造价是指后一种理解，比如我们说某一栋大楼预算造价多少，是说建造这栋大楼要花多少钱。

二、电网建设工程造价的构成

根据《电网工程建设预算编制与计算规定（2013 年版）》（本书以下简称《预规》），电网建设工程造价构成，如图 1-5 所示。

电网建设项目固定资产投资与电网建设项目的工程造价在量上是相等的，这属于工程造价的第一种含义。电网工程造价的构成按电网工程项目建设过程中各类费用支出或花费的性质、途径等来确定，是通过费用划分和汇集所形成的工程造价。电网工程造价是电网工程项目为形成所需的固定资产按照确定的建设内容、建设规模、建设标准、功能要求和使用要求等全部建成并经验收合格交付使用所需的全部费用。

电网建设工程造价中的静态费用由建筑安装工程费、设备购置费、其他费用和基本预备费构成。动态费用是指对构成工程造价的各要素在建设预算编制基准期至竣工验收期间，因

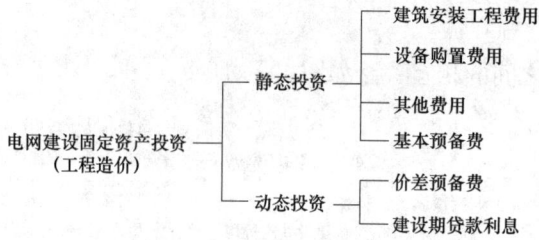

图1-5　电网建设工程造价构成

时间和市场价格变化所引起价格增长和资金成本增加所发生的费用，主要包括价差预备费和建设期贷款利息。

　　建筑安装工程费是指对构成项目的基础设施、工艺系统及附属系统进行施工、安装、调试，使之具备生产功能所支出的费用。建筑安装工程包括建筑工程和安装工程。电网的建筑安装工程费用构成如图1-6所示。

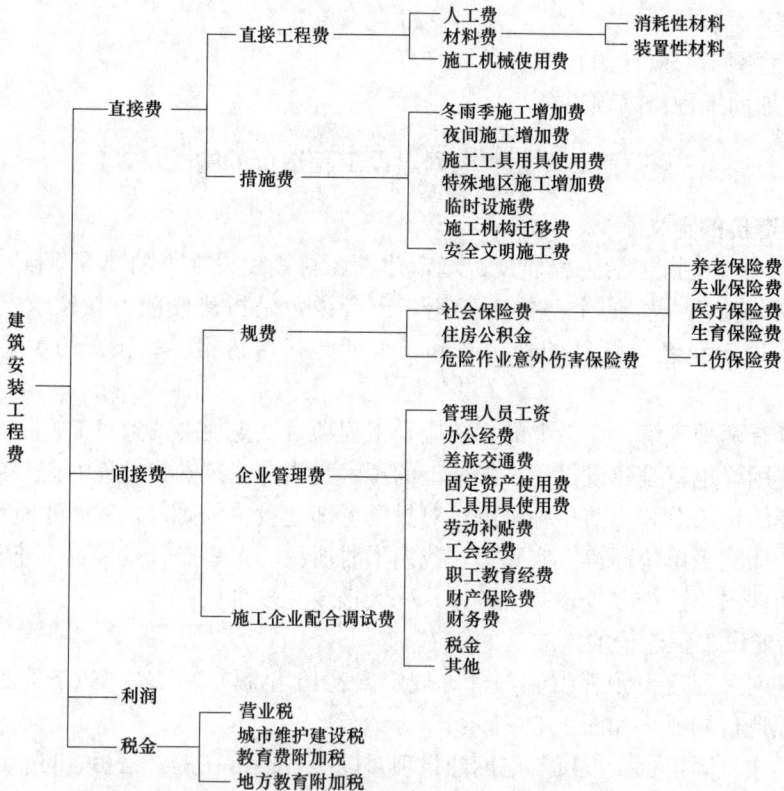

图1-6　电网的建筑安装工程费用构成

　　电网的其他费用构成如图1-7所示。

　　变电工程工程造价费用计算规定见附录B。

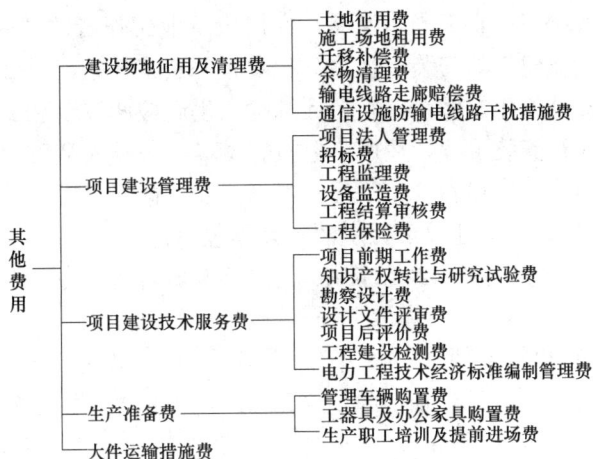

图1-7 电网的其他费用构成

第4单元 电力工程造价计价

一、电力工程定额

定额是一种规定的额度，广义地说，也是处理特定事物的数量界限。

建设工程定额是指在正常的施工条件和合理劳动组织、合理使用材料及机械的条件下，完成单位合格产品所必须消耗资源的数量标准，其中的资源主要包括在建设生产过程中所投入的人工、机械、材料和资金等生产要素。建设工程定额反映了工程建设投入与产出的关系，一般除了规定的数量标准以外，还规定了具体的工作内容、质量标准和安全要求等。建设工程定额是工程建设中各类定额的总称。建设工程定额可以按照不同的原则和方法进行科学地分类，如图1-8所示。

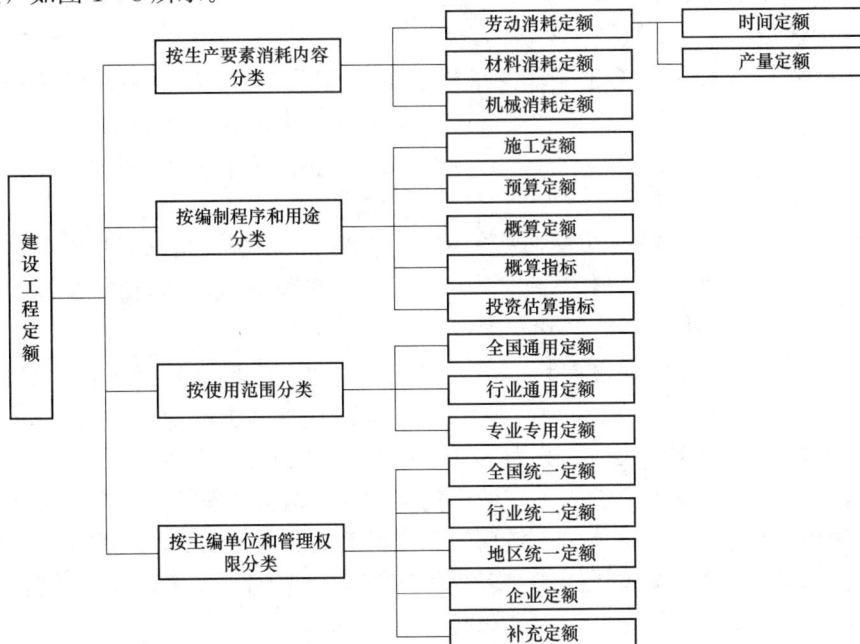

图1-8 建设工程定额分类

电力工程定额与我国工程定额同步发展，在广大从业工作者的共同努力下，自 1955 年编制的第一本《电力工业建筑与安装工程预算》发布并实施开始，到目前为止，已建立门类齐全、专业完整的定额计价依据体系，它包括基建、生产检修技改和 20kV 及以下配电网工程，涵盖发电和电网建筑安装工程，适用于单机容量 50～1000MW 的各机组容量和 1000kV 以内的各电压等级的新建、扩建和改建工程。本书主要依据国家能源局批准颁布（国能电力〔2013〕289 号）的 2013 版电力建设工程定额，具体包括：

（1）《电力建设工程概算定额（2013 年版）》（共 5 册）：《电力建设工程概算定额（2013 年版）　第一册　建筑工程》《电力建设工程概算定额（2013 年版）　第二册　热力设备安装工程》《电力建设工程概算定额（2013 年版）　第三册　电气设备安装工程》《电力建设工程概算定额（2013 年版）　第四册　调试工程》《电力建设工程概算定额（2013 年版）第五册　通信工程》。

（2）《电力建设工程预算定额（2013 年版）》（共 7 册）：《电力建设工程预算定额（2013 年版）　第一册　建筑工程（上册、下册）》《电力建设工程预算定额（2013 年版）　第二册　热力设备安装工程》《电力建设工程预算定额（2013 年版）　第三册　电气设备安装工程》《电力建设工程预算定额（2013 年版）　第四册　输电线路工程》《电力建设工程预算定额（2013 年版）　第五册　调试工程》《电力建设工程预算定额（2013 年版）　第六册　通信工程》《电力建设工程预算定额（2013 年版）　第七册　加工配置品》。

另外，国能电力〔2013〕289 号文件对电力建设工程费用计算也有明确的规定。具体包括：

（1）计算规定。《电网工程建设预算编制与计算规定（2013 年版）》《火力发电工程建设预算编制与计算规定（2013 版）》。

（2）装置性材料预算价。《电力建设工程装置性材料综合预算价（2013 年版）》《电力建设工程装置性材料预算价格（2013 年版）》。

（3）《电力建设工程工期定额（2013 年版）》。

（4）《电力建设工程施工机械台班费用定额》。

在电力工程定额体系中，各册定额的章节编排及子目编码均采用四层制编码统一格式，编码方法如图 1-9 所示。

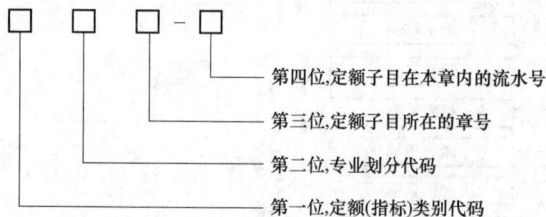

图 1-9　电力工程定额编码

□□□-□

第四位，定额子目在本章内的流水号
第三位，定额子目所在的章号
第二位，专业划分代码
第一位，定额（指标）类别代码

电力工程定额编码各位具体使用如下：

（1）定额（指标）类别的代码：Z 表示估算指标，G 表示概算定额，Y 表示预算定额。

（2）专业划分代码：F 表示发电工程，T 表示建筑专业，J 表示机务专业，D 表示电气专业，X 表示输电专业，S 表示调试专业，P 表示加工配制工程。

（3）定额子目所在的章号：按各册定额中的实际号码编制，采用自然流水编号。

（4）定额子目在本章内的流水号：按照定额子目的前后顺序编制，采用自然流水编号。

例如：YT3-1，代表预算定额建筑专业第 3 章第 1 条子目；GD10-3，代表概算定额电气专业第 10 章第 3 条子目。

二、工程计价的基本方法与计价体系

工程计价的形式和方法有多种，各不相同，但工程计价的基本过程和原理是相同的。如果仅从工程费用计算角度分析，工程计价的顺序是：分部分项工程费用→单位工程造价→单项工程造价→建设项目总造价。

影响工程造价的主要因素有两个，即基本的构造要素的单位价格和基本构造要素的实物工程数量，可用下列基本计算式表达

$$工程造价 = \sum_{i=1}^{n}(实物工程量 \times 单位价格) \tag{1-1}$$

式中　i——第 i 个基本子项；

　　　n——工程结构分解得到的基本子项的数目。

在进行工程造价计价时，实物工程量的计量单位是由单位价格的计量单位决定的。如果单位价格计量单位的对象取得较大，得到的工程估算就较粗，反之则工程估算较细较准确。基本子项的工程实物量可以通过工程量计算规则和设计图纸计算而得到，它可以直接反映工程项目的规模和内容。对基本子项的单位价格分析，可以有两种形式：

（1）直接费单价。如果分部分项工程单位价格仅仅考虑人工、材料、机械资源要素的消耗量和价格形式，即单位价格 = $\sum$（分部分项工程的单位资源要素消耗量 × 资源要素的价格），该单位价格是直接费单价。分部分项工程的单位资源要素消耗量的数据经过长期的收集、整理和积累形成了工程建设定额，它是工程造价计价的重要依据。它与劳动生产率、社会生产力水平、技术和管理水平密切相关。业主方工程造价计价的定额反映的是社会平均生产力水平；而工程项目承包方进行计价的定额反映的是该企业技术与管理水平的企业定额。资源要素的价格是影响工程造价的关键因素。在市场经济体制下，工程计价时采用的资源要素的价格应该是市场价格。

（2）综合单价。如果在单位价格中还考虑直接费以外的其他费用（如管理费、利润、风险因素），则构成的是综合单价。

以上不同的单价形式形成不同的计价方式：

（1）直接费单价——定额计价方法。直接费单价只包括人工费、材料费和机械台班使用费，它是分部分项工程的不完全价格。我国现行有两种计价方法：一种是单价法，它是运用定额单价计算的，首先计算工程量，然后查定额单价（基价），与相对应的分项工程量相乘，得出各分项工程的直接工程费；另一种是实物量法，首先计算工程量，然后套用基础定额，计算人工、材料和机械台班消耗量，将所有分部分项工程资源消耗量进行归类汇总，再根据当时、当地的人工、材料、机械单价，计算并汇总人工费、材料费、机械使用费，得出分部分项工程直接工程费。在此基础上再计算措施费，进而计算工程直接费、间接费、利润和税金，将直接费与上述费用相加，即可得出单位工程造价（价格），然后依次汇总直到计算出工程总造价。

（2）综合单价——工程量清单计价方法。综合单价指分部分项工程量的单价既包括直接工程费、间接费、利润和税金，也包括合同约定的所有工料价格变化风险等一切费用，它是一种完全价格形式。工程量清单计价法是一种国际上通行的工程造价计价方式，所采用的就是分部分项工程的完全单价。

工程定额计价方法与工程量清单计价方法对比见表 1-2。

表 1－2　　　　　　　　工程定额计价方法与工程量清单计价方法对比

		定额计价	清单计价
联系	工程造价计价的基本原理相同	建筑安装工程造价＝∑［单位工程基本构造要素工程量（分项工程）×相应单价］	
区别	定价阶段	介于国家定价和国家指导价之间	市场定价
	计价依据	国家、省、有关专业部门制定的各种定额	清单计价规范
	编制工程量主体	分别由招标人和投标人按图计算	由招标人统一计算
	单价与报价组成	人工费、材料费、机械使用费	人工费、材料费、机械使用费、管理费、利润，并考虑风险因素
	适用阶段	项目建设前期各阶段建设投资的预测和估计	合同价格形成及后续的合同价格管理阶段
	价格调整方式	变更签证、定额解释、政策性调整	单价相对固定
	是否单列措施性消耗	否	是

目前我国建设工程造价实行"双轨制"计价管理办法，即定额计价方法和工程量清单计价方法同时实行。由此对应产生的两种计价体系即定额计价体系与清单计价体系对比示意图如图 1－10 所示。

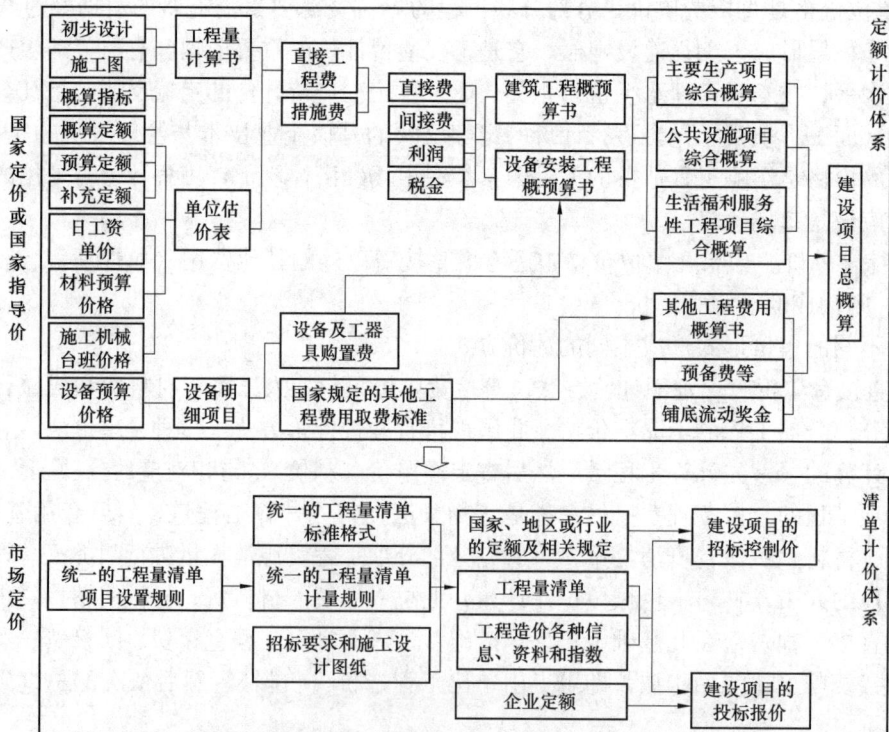

图 1－10　定额计价体系与清单计价体系对比示意图

第 5 单元　变电工程概（预）算编制

一、变电工程概（预）算书的内容构成

在电力系统中，投资估算、初步设计概算和施工图预算统称为建设预算。建设预算是指以具体的建筑工程项目为对象，依据不同阶段设计，根据工程建设预算编制与计算规定及相应的估算指标、概算定额、预算定额等计价依据，对工程各项费用的预测和计算。

根据《预规》，变电工程概（预）算书的内容构成见表 1-3。

表 1-3   变电工程概（预）算书的构成

序号	内容组成名称	初步设计概算	施工图预算
1	编制说明（包括造价水平分析）	√	√
2	工程概况及主要技术经济指标表（表五乙）	√	√
3	总概（预）算表（表一甲）	√	√
4	专业汇总概（预）算表（表二甲、表二乙）	√	√
5	单位工程概（预）算表（表三甲、表三乙）	√	√
6	其他费用概（预）算表（表四）	√	√
7	建设场地征用及清理费用概（预）算表（表七）	√	√
8	附件及附表	√	√

注 以上各表见附录 A。

二、设计概算和施工图预算文件的编制流程

变电工程概预算文件是专业设计成果在工程造价上的最终体现，它通过设计所确定的工程量与工程建设定额的结合，最终确定某一建设项目从筹建到竣工验收全部建设费用，是项目管理的重要内容，也是各阶段设计文件的重要组成部分。无论是概算还是预算，其编制的工程单元起点都是单位工程，然后由单位工程概预算表汇总为单项工程概预算，最终汇总为总概（预）算书。概算书编制流程如图 1-11 所示，预算书编制流程图 1-12 所示。

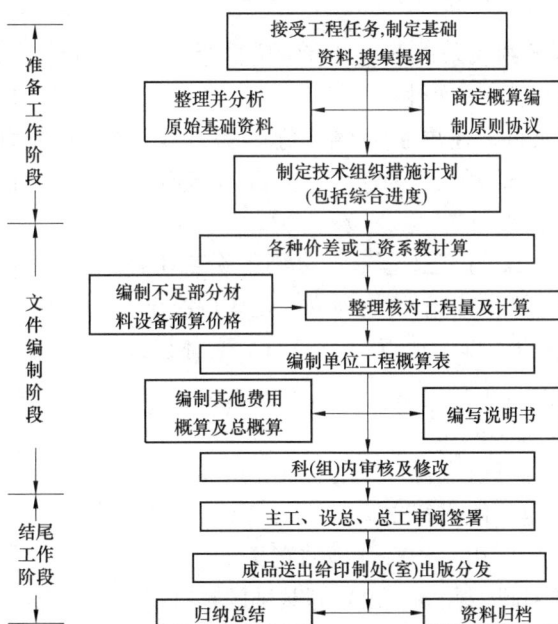

图 1-11 概算书编制流程

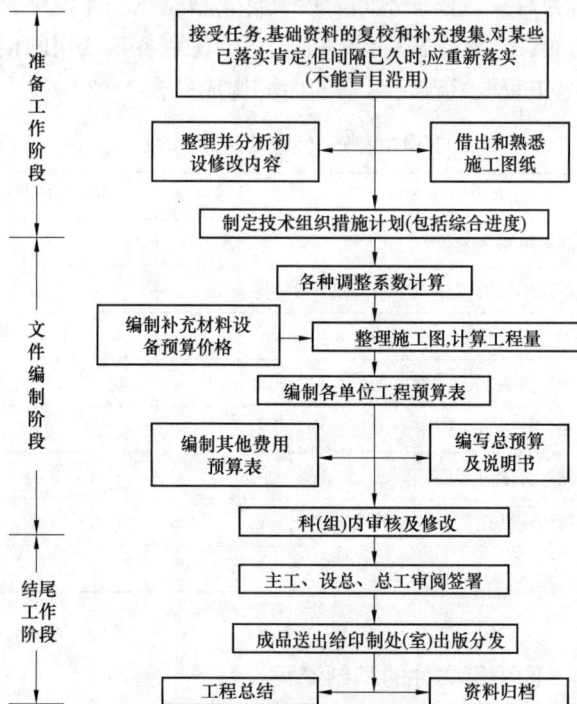

图 1-12　预算书编制流程

习　　题

一、单选题

1. 项目是指在一定的约束条件下，具有特定目标的（　　）任务。

A. 批量性　　　　　　B. 一次性　　　　　　C. 重复性　　　　　　D. 连续性

2. 具有独立的设计文件，在竣工投产后可独立发挥效益或生产能力的工程称为（　　）。

A. 单项工程　　　　　B. 单位工程　　　　　C. 分部工程　　　　　D. 分项工程

3. 土建工程属于建设项目的（　　）。

A. 单项工程　　　　　B. 单位工程　　　　　C. 分部工程　　　　　D. 分项工程

4. 几个单项工程是否同属一个建设项目，主要取决于（　　）。

A. 建设投资　　　　　B. 施工地点　　　　　C. 总体设计　　　　　D. 建设工期

5. 在基本建设程序中，各个步骤（　　）。

A. 次序可以颠倒，但不能交叉

B. 次序不能颠倒，但可以进行合理的交叉

C. 次序不能颠倒，也不能进行交叉

D. 次序可以颠倒，同时可以进行合理的交叉

6. 下列选项中属于编制工程概（预）算基础的是（　　）。

A. 分部工程概（预）算　　　　　　　B. 单位工程概（预）算

C. 单项工程概（预）算　　　　　　　D. 项目总概（预）算

7. 工程建设定额具有指导性的客观基础是定额的（　　　）。

A. 科学性　　　　B. 系统性　　　　C. 统一性　　　　D. 稳定性

8.（　　　）是为了适应组织生产和加强管理的需要，也是工程建设定额中的基础性定额，并且项目划分很细、定额子目最多的一种定额。

A. 施工定额　　　B. 预算定额　　　C. 概算定额　　　D. 概算指标

9. 在合理的劳动组织与合理使用机械的条件下，完成单位合格产品所必须消耗的施工机械工作时间不包括（　　　）。

A. 降低负荷下的工作时间　　　　　　B. 不可避免的无负荷工作时间

C. 停工时间　　　　　　　　　　　　D. 不可避免的中断时间

10. 建筑安装工程费的计算公式为（　　　）。

A. 建筑安装工程费＝直接工程费＋间接费＋利润＋税金

B. 建筑安装工程费＝直接费＋措施费＋间接费＋利润＋税金

C. 建筑安装工程费＝直接费＋间接费＋利润＋税金

D. 建筑安装工程费＝直接费＋间接费＋规费＋税金

11. 根据《预规》的规定，变电站安装工程社会保险费的计算公式为（　　　）。

A. 社会保险费＝人工费×0.18×缴费费率

B. 社会保险费＝人工费×1.12×缴费费率

C. 社会保险费＝人工费×1.2×缴费费率

D. 社会保险费＝人工费×1.6×缴费费率

12. 直接工程费是指在施工过程中耗费的构成工程实体的各项费用，包括（　　　）、材料费和施工机械使用费。

A. 生产工人劳动保护费　　　　　　　B. 生产工人辅助工资

C. 职工福利费　　　　　　　　　　　D. 人工费

13. 建筑安装企业组织施工生产和经营管理所需的费用是指（　　　）。

A. 措施费　　　　B. 规费　　　　　C. 企业管理费　　D. 其他直接费

14. 建设单位管理人员工资应计入（　　　）。

A. 建筑工程费　　B. 安装工程费　　C. 企业管理费　　D. 其他费用

15. 建设项目总投资中的土地使用费包括在（　　　）中。

A. 间接费　　　　B. 建筑安装工程费　C. 其他费用　　　D. 法人项目管理费

16. 以下费用中应由冬雨季施工增加费开支的是（　　　）。

A. 在连续降雨季节，工程停工期间支付给工人的工资

B. 冬季施工期间，为确保工程质量而采取的养护措施所发生的费用

C. 台风暴雨期间，对施工现场设施进行加固的费用

D. 冬季施工期间，为保证混凝土施工质量而添加的添加剂的费用

17. 以下项目中不属于临时设施费支付的是（　　　）。

A. 临时设施的维修费用　　　　　　　B. 临时设施的拆除费用

C. 临时设施内的卫生保洁费用　　　　D. 临时设施的租赁费用

18. 在征地时发生的安置补助费应计入（　　　）。

A. 土地征用费　　　　　　　　　　　B. 项目法人管理费

C. 余物清理费   D. 迁移补偿费

19. 项目法人机构开办时购买必要的办公家具所花费的费用应计入（　　）。

A. 前期工作费   B. 项目法人管理费

C. 临时设施费   D. 工器具及办公家具购置费

20. 在实际工作中，项目是否需要做后评价，应由（　　）决定。

A. 项目投资决策单位   B. 项目上级管理单位

C. 项目法人单位   D. 建设管理单位

二、多选题

1. 根据《预规》的规定，建筑安装工程费中属于强制性费用的项目是（　　）。

A. 税金   B. 规费

C. 安全文明施工措施费用   D. 工程监理费

E. 企业管理费

2. 根据《预规》的规定，以下费用项目应由施工企业管理费开支的有（　　）。

A. 职工调动工作的差旅费   B. 施工机械的年检费

C. 财产保险费   D. 劳动补贴费

E. 建设单位人员工资

3. 根据《预规》的规定，以下费用项目中属于其他费用的是（　　）。

A. 企业管理费   B. 工程监理费

C. 临时设施费   D. 大件运输措施费

E. 项目前期工作费

4. 建筑安装工程费中的关于税金的定义中包括（　　）。

A. 营业税   B. 城市维护建设税

C. 教育费附加税   D. 增值税

E. 地方教育附加税

5. 以下项目中应计入项目建设管理费的是（　　）。

A. 前期工作费   B. 工程监理费

C. 企业管理费   D. 工程保险费

E. 招标费

6. 以下费用项目中，属于项目建设技术服务费的是（　　）。

A. 知识产权转让与研究试验费   B. 项目后评价费

C. 工程监理费   D. 设备监造费

E. 施工企业配合调试费

7. 工程监理费中所考虑的项目全过程监理包括（　　）等阶段。

A. 可研阶段   B. 勘察阶段

C. 设计阶段   D. 施工阶段

E. 保修阶段

8. 生产准备费包括（　　）。

A. 管理车辆购置费   B. 工器具及办公家具购置费

C. 验收交接费   D. 生产职工培训及提前进场费

E.　备品备件购置费

9.　根据《预规》的规定，以下费用项目中属于间接费的是（　　）。

A.　危险作业意外伤害保险费　　　　B.　财产保险费

C.　工程保险费　　　　　　　　　　D.　工伤保险费

E.　生育保险费

10.　根据《预规》的规定，以下费用项目中属于措施费的是（　　）。

A.　冬雨季施工增加费　　　　　　　B.　夜间施工增加费

C.　临时设施费　　　　　　　　　　D.　大件运输措施费

E.　安全文明施工费

三、计算题

1.　国家电网公司在重庆市郊区拟新建一座 110kV 变电站工程。该工程主控制楼根据建筑施工图纸和《电力建设工程预算定额（2013 版）第一册 建筑工程》计算定额直接工程费 2372800 元，其中人工费为定额直接费工程费的 16.2%。要求利用建筑工程表三乙计算主控制楼建筑工程费（不考虑人工、材料与机械价差调整）。

2.　国家电网公司在重庆市郊区拟新建一座 220kV 变电站工程。该工程主变压器根据电气安装施工图纸和《电力建设工程预算定额（2013 版）第三册 电气设备安装工程》计算定额直接工程费 34536 元，其中人工费为 14359 元，设备购置费 3445428 元，装置性材料费 221025 元。要求利用建筑工程表三甲计算主变压器安装工程费（不考虑人工、材料与机械价差调整）。

模块 2 编制变电建筑工程概（预）算书

在电力建设的土建工程中，包括工业建筑、生活建筑及其他各种建筑物和构筑物。房屋的组成如图 2-1 所示。单层排架厂房结构如图 2-2 所示。

模块2课件

模块2微课

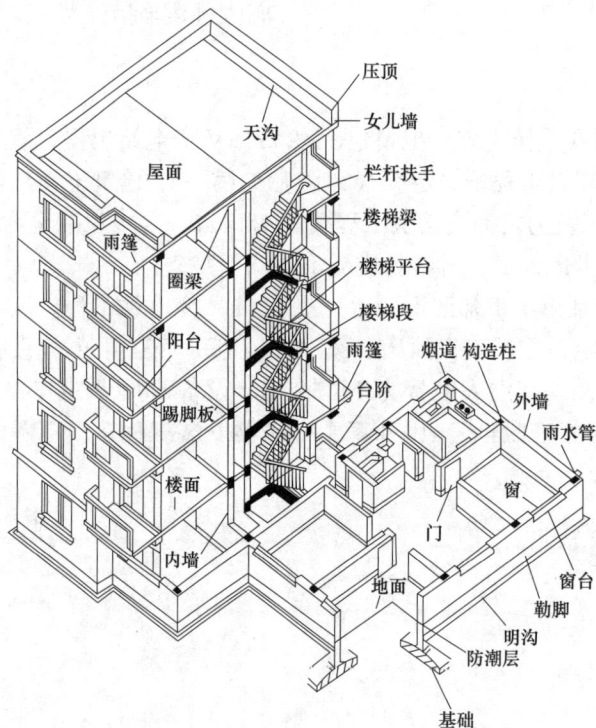

图 2-1 房屋的组成

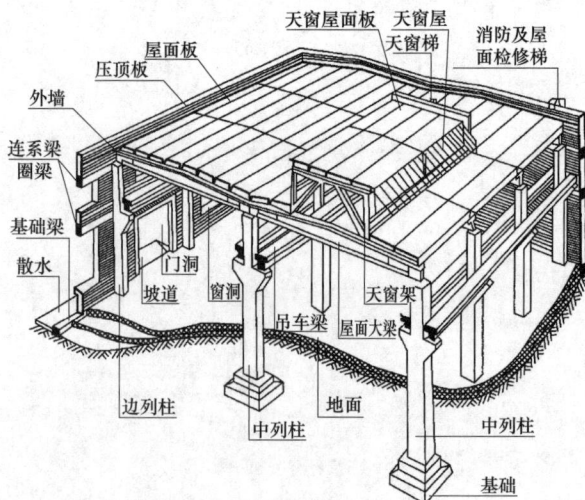

图 2-2 单层排架厂房结构

根据《预规》，变电站建筑工程项目划分如图 2-3 所示。在编制变电建筑工程概（预）算时，按表 2-1 的格式填写变电建筑项目内容。

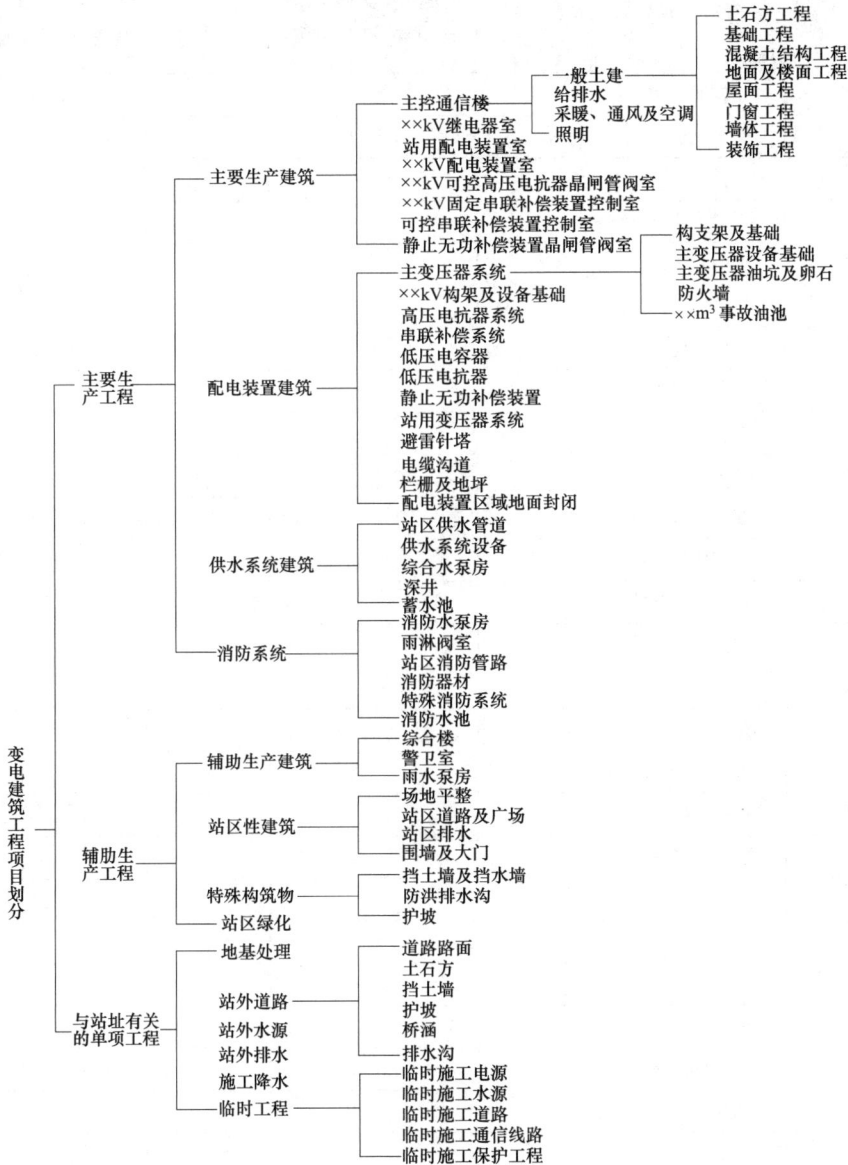

图 2-3　变电建筑工程项目划分

表 2-1　　　　　　　　　　　**建筑工程概（预）算表**

金额单位：元

序号	编制依据	工程或费用名称	主要内容及范围说明	技术经济指标	单位	数量	单价 金额	单价 其中工资	合价 金额	合价 其中工资
一		主要生产工程								
1		主要生产建筑	包括基础及预埋槽钢，室内给排水和消防水管道、卫生洁具，采暖、通风、空调设备及材料，照明箱、导线、配管及灯具等							

续表

序号	编制依据	工程或费用名称	主要内容及范围说明	技术经济指标	单位	数量	单价		合价	
							金额	其中工资	金额	其中工资
1.1		主控通信楼								
1.1.1		一般土建								
1.1.2		给排水								
1.1.3		采暖、通风及空调								
1.1.4		照明								
1.2		××kV 继电器室								
1.2.1		一般土建								
1.2.2		采暖、通风及空调								
1.2.3		照明								
……		……								
2		配电装置建筑								
2.1		主变压器系统								
2.1.1		构支架及基础								
2.1.2		主变压器设备基础								
2.1.3		主变压器油坑及卵石								
2.1.4		防火墙								
2.1.5		××m³ 事故油池								
……		……								
3		供水系统建筑								
……		……								
4		消防系统								
……		……								
二		辅助生产工程								
1		辅助生产建筑								
1.1		综合楼								
1.1.1		一般土建								
……		……								
三		与站址有关的单项工程								
1		地基处理								
……		……								

　　目前普遍采用工料单价法编制设计概算和施工图预算文件。工料单价法也就是传统的定额计价法，即根据工程施工图和定额，按分部分项顺序，先算出分项工程量，然后再乘以对应的定额基价，求出分项工程直接工程费。将分项工程直接工程费汇总为单位工程直接工程费，直接工程费汇总后取费，计算措施费、间接费、利润、税金并汇总生成工程费用。工料

单价法编制设计概算和施工图预算文件的流程如图 2-4 所示。

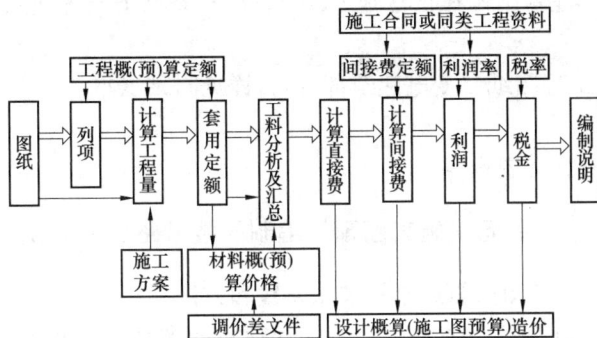

图 2-4 工料单价法编制设计概算和施工图预算文件的流程示意图

工作任务 1 编制主变压器基础施工图预算

第 1 单元 基础资料与工作任务

一、某 110kV 输变电工程土建部分基础资料

1. 工程概况

本工程为某 110kV 输变电工程变电站部分。该工程为常规户外变电站，主要涉及内容为配电装置楼建筑、结构、户外配电装置构支架、全站水工、消防及站区区域环境配套设施设计。

项目建设地点位于重庆市郊区。站区主要建筑为配电装置。站区地块呈 L 形，长 97～81m，宽 66m，围墙内用地面积 5786m²。站区主要建筑为配电装置楼及继电器室，总建筑面积 878.9m²。站区围墙长 326m，高 2.5m。进站道路长 72m，从某公路引接。

2. 设计依据

(1) 某 110kV 输变电初步设计图及变电部分初步设计说明书。

(2) 渝电建〔2013〕关于印发《某 110kV 输变电工程初步设计审查意见》的通知。

(3) 国家电网公司关于本工程专题会议纪要及通用标配变电站设计。

(4) 国家现有的有关规程规范及电气专业的资料。

3. 自然条件

(1) 本工程采用重庆独立坐标系，黄海高程。

(2) 地震基本烈度为 6 度，设计基本地震加速度值为 0.05g，设计地震分组为第一组。

(3) 站区为 I 类场地土，建筑设计特征周期为 0.35s。

(4) 工程及水文地质条件：详见《地质查勘报告》。

(5) 全年主导风向：东北风，极大风速 32m/s；年平均气温 17℃，极端最高温度 41.9℃，极端最低温度-3.4℃，多年平均降雨量 1009mm，年平均相对湿度 83%。

4. 主要建筑物及其结构形式

站内主体建筑是配电综合楼为地上二层，框架结构，建筑高度 9.8m，建筑面积 678.8m²；继电器与门卫综合建筑为单层，砖混结构，建筑高度 3.9m，建筑面积 200.1m²。

建筑分类为二类厂房，火灾危险性类别戊类，耐火等级二级。建筑结构安全等级为二级，抗震设防烈度为 6 度。本建筑结构在正常施工、正常维护条件下合理使用年限为 50 年。

二、工程图纸

某 110kV 输变电工程图纸（变电建筑部分），详见附录 K1。

三、工作任务

编制主变压器基础施工图预算书。

第 2 单元　施工图预算编制的技术路线和方法

一、主变压器基础施工图预算编制的技术路线和方法

采用单位估价法（以定额为依据，利用工程项目的实物量逐项套价计算工程造价的方法）来进行主变压器基础工程施工图预算的编制。

单位估价法技术路线的主要步骤为：

（1）依据施工图图纸计算工程量。

（2）查相应项目定额单价中的基价、人工费、材料费、机械费，与相对应的分项工程量相乘，得出各分项工程的合价、人工费、材料费和机械费。

（3）汇总后得出分部分项工程的直接费。

（4）通过取费程序表，计算出间接费、利润和税金，进而得出工程造价。

二、施工图预算编制的依据

（1）给定某 110kV 主变压器基础施工图纸及其说明。

（2）《电力建设工程预算定额（2013 年版）　第一册　建筑工程》。

（3）《电网工程建设预算编制与计算规定（2013 年版）》。

（4）经审定的施工组织设计或施工技术措施方案（本案例中假定）。

（5）经审定的其他有关技术经济文件等。

（6）重庆市电力公司电网工程概预算编制、审查管理办法。

（7）定额〔2014〕48 号《2013 版电力建设工程概预算定额　2014 年度价格水平调整的通知》。

（8）渝电定额 4 号《关于 2013 版电力建设工程定额建设预算编制过程中相关规费及税金计取的说明》。

第 3 单元　任务实施过程

步骤一：熟悉变电工程建筑施工

详见附录 C。

步骤二：识读建筑施工图纸

读施工图

1. 阅读施工图的方法及步骤

房屋建筑施工图根据专业的不同，可分为建筑施工图（简称建施图）、结构施工图（简称结施图）和设备施工图（简称设施图）。各专业施工图的编排顺序一般是全局性图样在前，局部的图样在后；重要的在前，次要的在后；先施工的在前，后施工的在后。也就是说，按照图样目录、总说明、建筑施工图、结构施工图、设备（水暖电）施工图的顺序编排；每个工种的施工图，根据作图不同，又可分为表示全局性内容的基本图（如平面图、立面图、剖

面图等）及表示局部构件尺寸、材料做法的详图。

阅读施工图的方法及步骤可总结为以下几条：

（1）为了迅速地了解某一工程的大致内容，应首先查看图纸目录。看看这个工程由哪些图纸组成，各类图纸的张数，每张图纸都有哪些内容等。

（2）看图时要注意从粗到细，从大到小。先粗看一遍，了解工程的概貌，然后再细看。细看时应先看总说明和基本图纸，然后再深入看构件图和详图。

（3）注意图纸比例尺。在全套施工图中，一般都在图纸名称后面或在图标栏内注明本图与实物的比例关系，如 1∶100 或 1∶20 等，阅读时，应注意这些图形比例。

（4）注意附注与说明。在某些施工图中，往往写有附注或文字说明，以表达图中无法表示或不易表示，但又与施工工程质量或做法有关的问题。例如结构施工图中的混凝土标号、砖及砂浆标号等，这都是施工和编、审工程预算的依据。因此，应该认真阅读。

（5）注意计量单位。计量单位是表明建筑物大小的尺度。根据规定，总平面图及标高都以 m（米）为单位，其余都以 mm（毫米）为单位。个别情况也可用 cm（厘米）为单位，但一般都在图纸中注明。

（6）注意符号图例。国标规定了一些符号图例，并赋予特定的含义，在建筑施工图中使用时，不需另行说明。有些图纸中利用了一些没有统一规定或不常用的符号和图例，往往在图纸的某一部位画出并加以说明，阅读时应注意辨认，以便清楚地了解施工图内容。

（7）互相对照，综合看图。一套施工图的各图纸之间，往往互相配合，密切联系。因此，看图时不仅要求从粗到细，还要互相对照、综合看图。例如看建筑施工图中的平面图时，还应结合看立面图和剖面图。

（8）结合实际看图，根据实践、认识，再实践，再认识的规律，看图联系生产实践，对照图纸看施工，看完施工看图纸，就能比较快地掌握图纸的内容。

2. 识读施工图示例

详见附录 K1。

步骤三：熟悉预算定额、工程量计算规则

详见附录 D。

步骤四：计算分项工程量并套用预算定额

基础施工列项

1. 确定分项工程

分析主变压器基础图（附图 K1－3），对照变电站工程项目划分表，得知该图包含两个项目，即主变压器油坑及卵石和主变压器设备基础。

（1）主变压器油坑及卵石项目内容包括：

1）主变压器油坑挖土方。主变压器油坑为 10.48m×8.48m×0.95m，坑底面积大于 20m²，故应按挖土石方计算，土壤设为普通土，采用反铲挖掘机挖土方。

2）主变压器油坑混凝土垫层。按垫层面积不同，分别列项；混凝土垫层的强度等级不同，其工程量应分别计算，套用定额时，应注意强度换算。

3）主变压器油池砖砌围墙套用砌筑砖砌围墙定额。

4）主变压器油池 C15 混凝土压顶套用现浇零星构件定额。

5）水泥砂浆抹灰围墙套用砖墙水泥砂浆抹灰。

6）主变压器油池 C15 混凝土压顶水泥砂浆抹灰。挡土围墙压顶水泥砂浆抹面应套用装

饰工程的零星抹灰。

7）坑底整体面层水泥砂浆地面。按水泥砂浆配合比要求，套用水泥砂浆地面。

8）主变压器油池回填土。回填土按松填考虑。

9）干铺卵石。卵石按未计价材料考虑，估算其工程量和价格。

（2）主变压器设备基础项目内容包括：

1）主变压器设备基础挖土方。主变压器设备基础 4.84m×4.2m×0.5m，坑底面积大于 20m²，故应按挖土石方计算，土壤设为普通土，采用人工挖土方。

2）主变压器设备基础 C15 垫层。混凝土垫层按垫层面积不同，划分定额子目。套用定额前，应计算混凝土垫层面积和体积。

3）主变压器设备基础 C25 混凝土。主变压器设备基础采用混凝土的强度等级与定额中混凝土的强度等级不同，套用定额时需换算。

4）现浇混凝土钢筋应按直径在 10mm 以下（包括 10mm）和直径在 10mm 以上进行汇总，套用定额。

5）预埋钢板应按预埋铁件制作和安装分别套用定额。

6）主变压器设备基础回填土按夯填考虑，套用定额。

2. 确定分项工程工程量，套用定额

（1）主变压器油坑及卵石。

1）主变压器油坑反铲挖掘机挖土方。主变压器油坑 10.48m×8.48m× 0.95m，所挖土方坑不需放坡；坑底工作面宽度两边各取 300mm。主变压器油坑土方开挖工程量体积（V）为

钢筋混凝土
工程量计算

$$V = (10.48 + 0.15 \times 2 + 0.3 \times 2) \times (8.48 + 0.15 \times 2 + 0.3 \times 2)$$
$$\times (0.1 + 0.15 + 0.6 + 0.1)$$
$$= 11.38 \times 9.38 \times 0.95$$
$$= 101.41 \ (\text{m}^3)$$

套用定额 YT1-80，定额基价 2.03 元/m³，金额：101.41×2.03=206（元）

2）标高-0.95m 处 C10 垫层的工程量 V 为

$$V = [(10.48 + 0.15 \times 2) \times (8.48 + 0.15 \times 2) - (4.64 \times 4)] \times 0.1$$
$$= 76.09 \times 0.1$$
$$= 7.61 (\text{m}^3)$$

套用定额 YT4-3，定额基价 293.15 元/m³，金额：7.61×293.15=2231（元）

3）标高-0.85m 处，C15 垫层的工程量 V 为

$$V = [(10.48 + 0.15 \times 2) \times (8.48 + 0.15 \times 2) - (4.64 \times 4)] \times 0.15$$
$$= 76.09 \times 0.15$$
$$= 11.41 (\text{m}^3)$$

定额 YT4-3 现浇混凝土 C10 换算成 C15。

现浇混凝土 C10-40 集中搅拌，材料基价 202.89 元/m³（定额编号是 4000072）。

现浇混凝土 C15-40 集中搅拌，材料基价 212.28 元/m³（定额编号是 4000073）。

定额基价：（212.28-202.89）×1.004+293.15=302.58（元/m³）

金额：11.41×302.58=3453（元）

4）主变压器油坑砌砖围墙的工程量 V 为
$$V = [(10.48 - 0.12 \times 2) + (8.48 - 0.12 \times 2)] \times 2 \times 0.24 \times 0.6$$
$$= 36.96 \times 0.24 \times 0.6$$
$$= 5.32(\text{m}^3)$$

套用定额 YT3 - 8，定额基价 263.56 元/m³，金额：5.32×263.56＝1402（元）

5）C15 混凝土压顶的工程量 V 为
$$V = [(10.48 - 0.12 \times 2) + (8.48 - 0.12 \times 2)] \times 2 \times 0.24 \times (0.1 + 0.1)$$
$$= 36.96 \times 0.24 \times 0.2$$
$$= 1.77(\text{m}^3)$$

定额 YT4 - 89 现浇混凝土 C20 换算成 C15。

现浇混凝土 C20 - 20 集中搅拌，材料基价 231.16 元/m³（定额编号是 4000063）。

现浇混凝土 C15 - 20 集中搅拌，材料基价 222.66 元/m³（定额编号是 4000062）。

定额基价：(222.66－231.16)×1.009＋995.06＝986.48（元/m³）

金额：1.77×986.48＝1746（元）

6）挡土围墙水泥砂浆抹灰（内外两面）的工程量 S（面积）为
$$S = [(10.48 - 0.12 \times 2) + (8.48 - 0.12 \times 2)] \times 2 \times 0.6 \times 2$$
$$= 36.96 \times 2 \times 0.6 \times 2$$
$$= 88.70(\text{m}^2)$$

套用定额 YT11 - 16，定额基价 11.19 元/m²，金额：88.70×11.19＝993（元）

7）C15 混凝土压顶抹灰（有三面即内外面和上面）的工程量 S 为
$$S = [(10.48 - 0.12 \times 2) + (8.48 - 0.12 \times 2)] \times 2 \times (0.2 + 0.24 + 0.2)$$
$$= 36.96 \times 2 \times 0.64$$
$$= 47.31(\text{m}^2)$$

套用定额 YT11 - 21，定额基价 19.26 元/m²，金额：19.26×47.31＝911（元）

8）坑底整体面层水泥砂浆地面（配合比 1：2）的工程量 S 为
$$S = 10 \times 8 - 0.6 \times 3 \times 2$$
$$= 76.4(\text{m}^2)$$

定额 YT8 - 53 水泥砂浆地面 1：2.5 换算成水泥砂浆 1：2。

水泥砂浆地面 1：2.5，材料基价 242.82 元/m³（定额编号是 4200028）。

水泥砂浆地面 1：2，材料基价 260.31 元/m³（定额编号是 4200027）。

定额基价：(260.31－242.82)×0.0237＋9.9＝10.31（元/m²）

金额：76.4×10.31＝788（元）

9）主变压器油坑人工回填土（松填）的工程量 V 为
$$V = (10.48 + 0.15 \times 2 + 0.3 \times 2) \times (8.48 + 0.15 \times 2 + 0.3 \times 2) \times 0.95$$
$$- (10.48 \times 8.48) \times 0.7 - [(10.48 + 0.15 \times 2) \times (8.48 + 0.15 \times 2)] \times 0.25$$
$$= 11.38 \times 9.38 \times 0.95 - 10.48 \times 8.48 \times 0.7 - 10.78 \times 8.78 \times 0.25$$
$$= 15.54(\text{m}^3)$$

套用定额 YT1 - 27 人工回填土（松填），定额基价 2.36 元/m³，金额：15.54×2.36＝37（元）

10）干铺卵石。粒径 50～80mm 卵石，厚度 400mm，卵石按未计价材料考虑，估算其工程量和价格，即

$$V=(10\times8-0.6\times3\times2)\times0.4=30.56(\text{m}^3)$$

编制预算时，卵石市场价 100 元/m³，金额：30.56×100＝3056（元）

（2）主变压器设备基础。

1）主变压器设备基础人工挖土方。主变压器设备基础 4.84m×4.2m×0.5m，所挖土方坑不需放坡；坑底工作面宽度两边各取 300mm。其工程量 V 为

$$V=(4.64+0.1\times2+0.3\times2)\times(4+0.1\times2+0.3\times2)\times(0.1+0.4)$$
$$=5.44\times4.8\times0.5$$
$$=13.06(\text{m}^3)$$

套用定额 YT1-1，定额基价 6.09 元/m³，金额：13.06×6.09＝80（元）

2）标高−1.45m 处，C15 垫层的工程量 V 为

$$V=(4.64+0.1\times2)\times(4+0.1\times2)\times0.1$$
$$=4.84\times4.2\times0.1$$
$$=2.03(\text{m}^3)$$

定额 YT4-2 现浇混凝土 C10 换算成 C15。

现浇混凝土 C10-40 集中搅拌，材料基价 202.89 元/m³（定额编号是 4000072）。

现浇混凝土 C15-40 集中搅拌，材料基价 212.28 元/m³（定额编号是 4000073）。

定额基价：（212.28−202.89）×1.004＋303.56＝312.99（元/m³）

金额：2.03×312.99＝635（元）

3）C25 设备基础的工程量 V 为

$$V=4.64\times4\times(0.4+0.1+0.15)+3\times0.6\times(0.6+0.1+0.1+0.1)\times2$$
$$=4.64\times4\times0.65+3\times0.6\times0.9\times2$$
$$=15.30(\text{m}^3)$$

定额 YT4-70 现浇混凝土 C20 换算成 C25。

现浇混凝土 C20-40 集中搅拌，材料基价 225.13 元/m³（定额编号是 4000074）。

现浇混凝土 C25-40 集中搅拌，材料基价 236.47 元/m³（定额编号是 4000075）。

定额基价：（236.47−225.13）×1.009＋310.79＝322.23（元/m³）

金额：15.30×322.23＝4930（元）

4）现浇混凝土钢筋（暂未考虑连接钢筋和施工措施钢筋用量）。对附图 K1-3 中的钢筋编号，如图 2-5 所示。

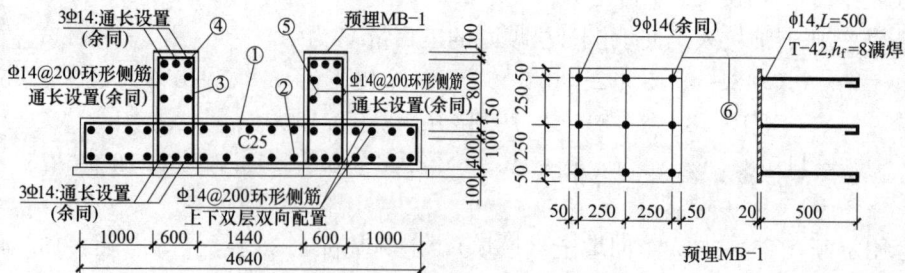

图 2-5 钢筋编号

Φ14 钢筋的单位长度质量为 1.208kg/m；根据图纸可知，钢筋的保护层厚度为 40mm。

① 号筋（Φ14@200 环形侧筋）：

单根长 $L_1 = (4.64+0.65) \times 2 = 10.58$（m）

根数 $n_1 = (4-2\times0.04) \div 0.2+1 = 20.6 \approx 21$（根）

①号筋的总长 $L_{1总} = 10.58 \times 21 = 222.18$（m）

② 号筋（Φ14@200 环形侧筋）：

单根长 $L_2 = (4+0.65) \times 2 = 9.3$（m）

根数 $n_2 = (4.64-2\times0.04) \div 0.2+1 = 23.8 \approx 24$（根）

② 号筋的总长 $L_{2总} = 9.3 \times 24 = 223.2$（m）

③ 号筋（$2\times$Φ14@200 环形侧筋）：

单根长 $L_3 = [(0.65+0.9+0.6)\times2]\times2 = 8.6$（m）

根数 $n_3 = (3-2\times0.04) \div 0.2+1 = 15.6 \approx 16$（根）

③ 号筋的总长 $L_{3总} = 8.6 \times 16 = 137.6$（m）

④ 号筋（4×3Φ14 通长直筋）：

单根长 $L_4 = 3-2\times0.04 = 2.92$（m）

根数 $n_4 = 4\times3 = 12$（根）

④ 号筋的总长 $L_{4总} = 2.92 \times 12 = 35.04$（m）

⑤ 号筋（Φ14@200 环形侧筋）：

单根长 $L_5 = (3+0.6) \times 2 = 7.2$（m）

根数 $n_5 = (0.65+0.9-2\times0.04) \div 0.2+1 = 8.35 \approx 9$（根）

⑤ 号筋的总长 $L_{5总} = 7.2 \times 9 = 64.8$（m）

⑥ 号筋（$9\times$Φ14 与预埋钢板焊接的通长直筋）：

⑥ 号筋的总长 $L_{6总} = (0.5+6.25\times0.014)\times9 = 5.29$（m）

Φ10 以上钢筋的总长为

$$L_{总} = 222.18+223.2+137.6+35.04+64.8+5.29 = 688.11（m）$$

Φ10 以上钢筋的总质量为

$$M_{总} = 688.11 \times 1.208 = 831.24（kg）$$

套用定额 YT4-118，定额基价 4767.26 元/t，金额：$0.83124 \times 4767.26 = 3963$（元）

5）预埋钢板 $4\times(600\times600\times20)$。钢的密度为 7.8×10^3kg/m^3。

$$M_{钢板} = [(0.6\times0.6\times0.02)\times4]\times7.8\times10^3 = 224.64（kg）$$

套用定额 YT4-130 预埋铁件制作，定额基价 4811.31 元/t，金额：$0.22464\times4811.31 = 1082$（元）

套用定额 YT4-133 预埋铁件安装，定额基价：645.60 元/t，金额：$0.22464\times645.60 = 145$（元）

6）主变压器设备基础人工回填土（夯填）的工程量 V 为

$$V = (4.64+0.1\times2+0.3\times2)\times(4+0.1\times2+0.3\times2)\times(0.1+0.4)$$
$$- (4.64+0.1\times2)\times(4+0.1\times2)\times0.1-4.64\times4\times0.4$$
$$= 5.44\times4.8\times0.5-4.84\times4.2\times0.1-4.64\times4\times0.4$$
$$= 3.6（m^3）$$

套用定额 YT1-28，人工回填土（夯填），定额基价 6.31 元/m³，金额：3.6×6.31＝23（元）

步骤五：填写建筑工程预算表

表 2-2　　　　　　　　　　　　　　建筑工程预算表

表三乙　　　　　　　　　　　　　　　　　　　　　　　　　金额单位：元

序号	编制依据	项目名称	单位	数量	建筑费单价		建筑费合价	
					金额	其中工资	金额	其中工资
		建筑工程					36152	4652
一		主要生产工程					36152	4652
2		配电装置建筑					36152	4652
2.1		主变压器系统					36152	4652
2.1.2		主变压器设备基础					15501	1288
	YT1-1	人工挖土方，普土深 2m 以内	m³	13.060	6.09	6.09	80	80
	换 YT4-2	混凝土垫层垫层面积 50m² 以内（现浇混凝土 C10-40 集中搅拌替换为现浇混凝土 C15-40 集中搅拌）	m³	2.030	312.99	60.17	635	122
	换 YT4-70	一般设备基础 50m³ 以内（现浇混凝土 C20-40 集中搅拌，替换为现浇混凝土 C25-40 集中搅拌）	m³	15.300	322.23	36.14	4930	553
	YT4-118	钢筋制作、安装 Φ10 以外	t	0.831	4767.26	287.02	3963	262
	YT4-130	预埋铁件制作	t	0.225	4811.31	734.41	1082	165
	YT4-133	预埋铁件安装	t	0.225	645.6	383.83	145	86
	YT1-28	人工回填土，夯填	m³	3.600	6.31	5.54	23	20
		小计					11252	1288
	一	直接费	元				12102	
	1	直接工程费	元				11252	
	1.1	人工费	元				1288	
	1.2	材料费	元				9563	
	1.3	施工机械使用费	元				401	
	2	措施费	元				850	
	2.1	冬雨季施工增加费	%	1.010	11252		114	
	2.2	夜间施工增加费	%	0.110	11252		12	
	2.3	施工工具用具使用费	%	0.670	11252		75	
	2.5	临时设施费	%	2.460	11252		277	
	2.6	施工机构迁移费	%	0.410	11252		46	
	2.7	安全文明施工费	%	2.900	11252		326	

续表

序号	编制依据	项目名称	单位	数量	建筑费单价		建筑费合价	
					金额	其中工资	金额	其中工资
	二	间接费	元				1906	
	1	规费	元				932	
	1.1	社会保险费	%	5.976	11252		672	
	1.2	住房公积金	%	2.160	11252		243	
	1.3	危险作业意外伤害保险费	%	0.150	11252		17	
	2	企业管理费	%	8.660	11252		974	
	三	利润	%	5.500	14008		770	
	四	编制基准期价差	元				212	
	1	人工价差	元				150	
	2	材料价差	元				16	
	3	机械价差	元				46	
	五	税金	%	3.410	14990		511	
	六	合计	元				15501	
2.1.3		主变压器油坑及卵石					20651	3364
	YT1-80	反铲挖掘机挖土	m³	101.410	2.03	0.17	206	17
	YT4-3	混凝土垫层，垫层面积 50m² 以外	m³	7.610	293.15	57.04	2231	434
	换 YT4-3	混凝土垫层，垫层面积 50m² 以外（现浇混凝土 C10-40 集中搅拌，替换为现浇混凝土 C15-40 集中搅拌）	m³	11.410	302.58	57.04	3453	651
	YT3-8	砌筑砖围墙	m³	5.320	263.56	57.85	1402	308
	换 YT4-89	现浇零星构件（现浇混凝土 C20-20 集中搅拌，替换为现浇混凝土 C15-20 集中搅拌）	m³	1.770	986.48	314.84	1745	557
	YT11-16	水泥砂浆，砖墙、砌块墙	m²	88.700	11.19	5.58	993	495
	YT11-21	水泥砂浆，零星项目	m²	47.310	19.26	12.83	911	607
	换 YT8-53	水泥砂浆面层，地面（水泥砂浆 1:2.5 替换为水泥砂浆 1:2）	m²	76.400	10.31	3.38	787	258
	YT1-27	人工回填土，松填	m³	15.540	2.36	2.36	37	37
		干铺卵石	m³	30.560	100		3056	
		主材费小计					3056	
		小计					11765	3364
	一	直接费	元				15942	

续表

序号	编制依据	项目名称	单位	数量	建筑费单价 金额	建筑费单价 其中工资	建筑费合价 金额	建筑费合价 其中工资
1		直接工程费	元				14821	
1.1		人工费	元				3364	
1.2		材料费	元				11186	
1.3		施工机械使用费	元				271	
2		措施费	元				1121	
2.1		冬雨季施工增加费	%	1.010	14821		150	
2.2		夜间施工增加费	%	0.110	14821		16	
2.3		施工工具用具使用费	%	0.670	14821		99	
2.5		临时设施费	%	2.460	14821		365	
2.6		施工机构迁移费	%	0.410	14821		61	
2.7		安全文明施工费	%	2.900	14821		430	
二		间接费	元				2511	
1		规费	元				1228	
1.1		社会保险费	%	5.976	14821		886	
1.2		住房公积金	%	2.160	14821		320	
1.3		危险作业意外伤害保险费	%	0.150	14821		22	
2		企业管理费	%	8.660	14821		1283	
三		利润	%	5.500	18453		1015	
四		编制基准期价差	元				502	
1		人工价差	元				392	
2		材料价差	元				86	
3		机械价差	元				24	
五		税金	%	3.410	19970		681	
六		合计	元				20651	

说明：

1. 表中所用费率及计算规则依据《预规》，详见附录 B。
2. 根据渝电定额〔2014〕4 号文，基本养老保险费率 20%，基本医疗保险费率 8%，大额医疗保险费率 1%，失业保险费率 2%，生育保险费率 0.7%，工伤保险费率 1.5%，故社会保险费费率为 33.2%。
3. 编制基准期价差详见表 2-3～表 2-7。

表 2-3　　　　　　　　　　建筑基准期价差明细表

序号	费用名称	金额	备注
1	建筑编制基准期价差	714.05	
1.1	人工价差	542.42	根据渝电定额〔2014〕48 号文，电力建设工程概预算定额人工费调整系数：重庆变电建筑工程 11.66%
1.2	材料价差	102.06	根据重庆工程造价信息 2015 年 3 期（电力工程造价与定额管理总站发布）

续表

序号	费用名称	金额	备注
1.3	机械价差	69.57	根据渝电定额〔2014〕48号文
2	合计	714.05	

说明：
1. 建设预算编制基准期是指建设预算编制时的基准日历时点，在确定建设预算编制基准期时应将时间至少确认到编制基准月份。
2. 建设预算编制基准期价格水平也称为"建设预算价格水平"或"基期价格水平"，是指建设预算编制基准期工程所在地的市场价格水平。为便于计算，建设预算编制基准期价格水平取定为由电力工程定额管理部门确认的建设预算编制基准期工程项目所在地的当月平均价格水平。
3. 编制基准期价差是指建设预算编制基准期价格水平与电力行业定额（造价）管理部门规定的取费价格之间的差额。编制基准期价差主要包括人工费价差、消耗性材料价差、施工机械使用费价差和装置性材料价差。

表 2-4   建筑人工按系数调差明细表

金额单位：元

序号	项目名称	单位	数量	单价	合价
	建筑工程	%	11.66	4652.00	542.42
一	主要生产工程	%	11.66	4652.00	542.42
	小计	元			542.42
	税率	%	3.41	542.42	18.50
	合计	元			560.92

表 2-5   建筑消材价差汇总表

金额单位：元

编号	材料名称	单位	数量	单价		合价		
				预算价	市场价	预算价	市场价	价差
C08020202	板材红白松二等	m³	0.0183	1580.000	1627.000	28.914	29.774	0.860
C10070101	标准砖 240×115×53	千块	3.0324	290.000	299.000	879.396	906.688	27.292
C21010101	水	t	24.4005	2.000	2.500	48.801	61.001	12.200
C22010432	木模板	m³	0.8147	1580.000	1627.000	1287.226	1325.517	38.291
	拆分材料人工价差	%	11.6600					23.397
	小计							102.040
	税率	%	3.4100					3.480
	合计							105.520

说明：
1. 消耗性材料是指施工过程中所消耗的、在建设成品中不体现其原有形态的材料，以及因施工工艺及措施要求需要进行摊销的施工工艺材料，也称辅助材料。消耗性材料在建设预算定额中已经计价，也称计价材料。
2. 消耗性材料费的计算方法执行电力行业定额中的规定。各地区、各年度消耗性材料的调整按照电力行业定额（造价）管理部门执行。

表 2 - 6　　　　　　　　　　　建筑配合比材料汇总表

金额单位：元

编号	材料名称	单位	数量	预算单价	预算合价
C09020114	水泥砂浆 M5	m³	1.2821	157.92	202.469
9101106	建筑普通工	工日	0.3385	34.00	11.509
9101107	建筑技术工	工日	0.0846	48.00	4.061
C09010101	普通硅酸盐水泥 32.5	t	0.2821	320.00	90.272
C10010101	中砂	m³	1.4744	56.50	83.304
C21010101	水	t	0.2564	2.00	0.513
J06 - 01 - 027	灰浆搅拌机 200L	台班	0.1756	72.97	12.814
C09020303	水泥砂浆 1：2	m³	1.8107	260.31	471.343
9101106	建筑普通工	工日	0.4780	34.00	16.252
9101107	建筑技术工	工日	0.1195	48.00	5.736
C09010101	普通硅酸盐水泥 32.5	t	1.0086	320.00	322.752
C10010101	中砂	m³	1.9012	56.50	107.418
C21010101	水	t	0.5432	2.00	1.086
J06 - 01 - 027	灰浆搅拌机 200L	台班	0.2481	72.97	18.104
C09020304	水泥砂浆 1：2.5	m³	0.9899	242.82	240.368
9101106	建筑普通工	工日	0.2613	34.00	8.884
9101107	建筑技术工	工日	0.0653	48.00	3.134
C09010101	普通硅酸盐水泥 32.5	t	0.4851	320.00	155.232
C10010101	中砂	m³	1.1087	56.50	62.642
C21010101	水	t	0.2970	2.00	0.594
J06 - 01 - 027	灰浆搅拌机 200L	台班	0.1356	72.97	9.895
C09020305	水泥砂浆 1：3	m³	2.2034	227.32	500.877
9101106	建筑普通工	工日	0.5817	34.00	19.778
9101107	建筑技术工	工日	0.1454	48.00	6.979
C09010101	普通硅酸盐水泥 32.5	t	0.8990	320.00	287.680
C10010101	中砂	m³	2.8865	56.50	163.087
C21010101	水	t	0.6610	2.00	1.322
J06 - 01 - 027	灰浆搅拌机 200L	台班	0.3019	72.97	22.030
C09032011	现浇混凝土 C15 - 20 集中搅拌	m³	1.7859	222.66	397.648
9101106	建筑普通工	工日	0.0396	34.00	1.346
9101107	建筑技术工	工日	0.0925	48.00	4.440

续表

编号	材料名称	单位	数量	预算单价	预算合价
C09010101	普通硅酸盐水泥 32.5	t	0.5554	320.00	177.728
C10010101	中砂	m³	1.0001	56.50	56.506
C10020102	碎石 20	m³	1.5716	60.60	95.239
C21010101	水	t	0.7144	2.00	1.429
J06-01-030	混凝土搅拌输送车 6m³	台班	0.0304	1349.51	41.025
J06-01-049	混凝土搅拌站 50m³/h	台班	0.0125	1597.73	19.972
C09032031	现浇混凝土 C10-40 集中搅拌	m³	7.6404	202.89	1550.161
9101106	建筑普通工	工日	0.1696	34.00	5.766
9101107	建筑技术工	工日	0.3958	48.00	18.998
C09010101	普通硅酸盐水泥 32.5	t	1.8184	320.00	581.888
C10010101	中砂	m³	4.3550	56.50	246.058
C10020103	碎石 40	m³	7.1056	60.60	430.599
C21010101	水	t	3.0562	2.00	6.112
J06-01-030	混凝土搅拌输送车 6m³	台班	0.1299	1349.51	175.301
J06-01-049	混凝土搅拌站 50m³/h	台班	0.0535	1597.73	85.479
C09032032	现浇混凝土 C15-40 集中搅拌	m³	13.4938	212.28	2864.464
9101106	建筑普通工	工日	0.2996	34.00	10.186
9101107	建筑技术工	工日	0.6990	48.00	33.552
C09010101	普通硅酸盐水泥 32.5	t	3.6568	320.00	1170.176
C10010101	中砂	m³	7.5565	56.50	426.942
C10020103	碎石 40	m³	12.4143	60.60	752.307
C21010101	水	t	5.3975	2.00	10.795
J06-01-030	混凝土搅拌输送车 6m³	台班	0.2294	1349.51	309.578
J06-01-049	混凝土搅拌站 50m³/h	台班	0.0945	1597.73	150.985
C09032034	现浇混凝土 C25-40 集中搅拌	m³	15.4377	236.47	3650.553
9101106	建筑普通工	工日	0.3427	34.00	11.652
9101107	建筑技术工	工日	0.7997	48.00	38.386
C09010101	普通硅酸盐水泥 32.5	t	5.6039	320.00	1793.248
C10010101	中砂	m³	7.8732	56.50	444.836
C10020103	碎石 40	m³	13.5852	60.60	823.263
C21010101	水	t	6.1751	2.00	12.350
J06-01-030	混凝土搅拌输送车 6m³	台班	0.2624	1349.51	354.111
J06-01-049	混凝土搅拌站 50m³/h	台班	0.1081	1597.73	172.715
	合计				9877.883

表 2 - 7　　　　　　　　　　建筑机械价差汇总表

金额单位：元

编号	机械名称	单位	数量	单价		合价		
				预算价	市场价	预算价	市场价	价差
J01-01-001	履带式推土机 75kW	台班	0.0203	609.400	678.560	12.371	13.775	1.404
J01-01-035	履带式单斗挖掘机（液压）1m³	台班	0.1825	968.200	1048.900	176.697	191.424	14.727
J01-01-053	夯实机	台班	0.1130	24.600	26.440	2.780	2.988	0.208
J03-01-033	汽车式起重机 5t	台班	0.0359	365.820	427.570	13.133	15.350	2.217
J03-01-034	汽车式起重机 8t	台班	0.1110	532.590	571.410	59.117	63.427	4.310
J04-01-002	载重汽车 5t	台班	0.1544	288.620	331.100	44.563	51.122	6.559
J04-01-003	载重汽车 6t	台班	0.4573	309.410	353.490	141.493	161.651	20.158
J04-01-004	载重汽车 8t	台班	0.0081	363.010	410.470	2.940	3.325	0.385
J06-01-052	混凝土振捣器（插入式）	台班	1.3781	13.960	14.400	19.238	19.845	0.607
J06-01-053	混凝土振捣器（平台式）	台班	1.3683	19.920	20.360	27.257	27.859	0.602
J08-01-006	钢筋弯曲机 40mm	台班	0.1554	24.380	25.800	3.789	4.009	0.220
J08-01-024	木工圆锯机 500mm	台班	1.3222	25.270	27.930	33.412	36.929	3.517
J08-01-058	摇臂钻床（钻孔直径 50mm）	台班	0.0113	119.950	121.050	1.355	1.368	0.013
J08-01-072	剪板机：厚度×宽度 40mm×3100mm	台班	0.0005	601.770	617.330	0.301	0.309	0.008
J08-01-073	型钢剪断机 500mm	台班	0.0025	185.100	190.010	0.463	0.475	0.012
J10-01-001	交流电焊机 21kVA	台班	2.1854	52.890	59.580	115.586	130.206	14.620
	小计							69.567
	税率	%	3.4100					2.372
	合计							71.939

步骤六：填写其他费用预算表

表 2 - 8　　　　　　　　　　其他费用预算表

表四

金额单位：元

序号	工程或费用项目名称	编制依据及计算说明	合价
2	项目建设管理费		4509
2.1	项目法人管理费	（建筑工程费＋安装工程费）×3.73%	1348
2.2	招标费	（建筑工程费＋安装工程费）×3.05%	1103
2.3	工程监理费	（建筑工程费＋安装工程费）×5.34%	1931
2.5	工程结算审核费	（建筑工程费＋安装工程费）×0.35%	127
3	项目建设技术服务费		1200

续表

序号	工程或费用项目名称	编制依据及计算说明	合价
3.1	项目前期工作费	（建筑工程费＋安装工程费）×2.52%	911
3.5	项目后评价费	（建筑工程费＋安装工程费）×0.5%	181
3.6	工程建设检测费		108
3.6.1	电力工程质量检测费	（建筑工程费＋安装工程费）×0.3%	108
4	生产准备费		741
4.2	工器具及办公家具购置费	（建筑工程费＋安装工程费）×1.35%	488
4.3	生产职工培训及提前进场费	（建筑工程费＋安装工程费）×0.7%	253
	小计		6450

说明：

1. 表中所用费率及计算规则依据《预规》，详见附录B。
2. 未计算的其他费用在表中均未列项。
3. 表中安装工程费未算，均设为零。

步骤七：填写建筑工程专业汇总预算表与建筑工程专业汇总预算表（取费）

表 2-9　　　　　　　　　　建筑工程专业汇总预算表

表二乙　　　　　　　　　　　　　　　　　　　　　　　　　金额单位：元

序号	工程或费用名称	建筑费	设备费	建筑工程费合计	单位	数量	指标
	建筑工程	36152		36152			
一	主要生产工程	36152		36152			
2	配电装置建筑	36152		36152			
2.1	主变压器系统	36152		36152	元/台		
2.1.2	主变压器设备基础	15501		15501	元/m³		
2.1.3	主变压器油坑及卵石	20651		20651	元/m³		
	合计	36152		36152			

表 2-10　　　　　　　　　建筑工程专业汇总预算表（取费）

表二乙　　　　　　　　　　　　　　　　　　　　　　　　　金额单位：元

序号	工程或费用名称	直接工程费	措施费	规费	企业管理费(8.66%)	利润(5.5%)	编制基准期价差	税金(3.41%)	合计
	建筑工程	26073	1971	2160	2257	1785	714	1192	36152
一	主要生产工程	26073	1971	2160	2257	1785	714	1192	36152
2	配电装置建筑	26073	1971	2160	2257	1785	714	1192	36152
2.1	主变压器系统	26073	1971	2160	2257	1785	714	1192	36152
2.1.2	主变压器设备基础	11252	850	932	974	770	212	511	15501

续表

序号	工程或费用名称	直接费		间接费		利润 (5.5%)	编制基准期价差	税金 (3.41%)	合计
		直接工程费	措施费	规费	企业管理费 (8.66%)				
2.1.3	主变压器油坑及卵石	14821	1121	1228	1283	1015	502	681	20651
	合计	26073	1971	2160	2257	1785	714	1192	36152

步骤八：填写总预算表

表 2 - 11　　　　　　　　　　总预算表

表一甲　　　　建设规模：　　　　　　　　　　　　　　　　　　金额单位：万元

序号	工程或费用名称	建筑工程费	设备购置费	安装工程费	其他费用	合计	各项占静态投资（%）	单位投资（元/kVA）
一	主要生产工程	4				4	80.00	1
二	辅助生产工程							
三	与站址有关的单项工程							
四	编制基准期价差（仅计列不汇总）							
	合计	4				4	80.00	1
五	其他费用				1	1	20.00	
1	建设场地征用及清理费							
2	项目建设管理费							
3	项目建设技术服务费							
4	生产准备费							
5	大件运输措施费							
六	基本预备费							
七	特殊项目费用							
	工程静态投资	4			1	5	100.00	1
	各类费用占静态投资比例（%）	80			20	100		
八	动态费用							
1	价差预备费							
2	建设期贷款利息							
	项目建设总费用（动态投资）	4			1	5		
	其中：生产期可抵扣的增值税							

说明：表中金额除单位投资外，均以万元为单位，不留小数，有小数时四舍五入。

步骤九：完成材料、机械用量汇总分析

表 2 - 12　　　　　　建筑主材（未计价材料）汇总表

金额单位：元

编号	材料名称	单位	设计用量	损耗率（%）	价格		重量	
					单价	合价	单重	总重
	卵石	m³	30.560		100.00	3056		
	小计					3056		

说明：
1. 装置性材料是指建设工程中构成工艺系统实体的工艺性材料，也称主要材料。装置性材料在概算或预算定额中未计价，也称未计价材料。
2. 装置性材料的预算价格按照电力行业定额（造价）管理部门公布的装置性材料或综合预算价格计算。各地区、各年度装置性材料的调整按照市场价格原则确定。

表 2 - 13　　　　　　建筑消材（计价材料）汇总表

金额单位：元

编号	材料名称	单位	数量	预算单价	预算合价
C01020701	铁件钢筋	kg	49.5000	3.000	148.500
C01020702	铁件型钢	kg	198.0000	3.200	633.600
C01020713	圆钢 φ10 以外	kg	941.4200	4.100	3859.822
C08020202	板材红白松二等	m³	0.0183	1580.000	28.914
C09021701	素水泥浆	m³	0.1284	400.000	51.360
C09041201	隔离剂	kg	22.5434	1.960	44.185
C10070101	标准砖 240×115×53	千块	3.0324	290.000	879.396
C11090201	胶黏剂 107 胶	kg	0.7570	1.800	1.363
C12010100	电焊条 J422 综合	kg	11.4984	5.400	62.091
C13050101	圆钉	kg	14.5521	6.500	94.589
C14010100	镀锌铁丝 8 号	kg	10.5721	5.110	54.023
C14010102	镀锌铁丝 18～22 号	kg	1.8737	4.760	8.919
C18040802	聚氯乙烯塑料薄膜 0.5mm	m³	77.6703	0.650	50.486
C19110101	氧气	m³	1.4377	5.890	8.468
C19110201	乙炔气	m³	0.6255	10.500	6.568
C20010101	防锈漆	kg	0.4865	10.000	4.865
C21010101	水	t	24.4005	2.000	48.801
C22010102	支撑钢管及扣件	kg	4.1157	4.960	20.414
C22010401	通用钢模板	kg	72.1242	4.850	349.802
C22010432	木模板	m³	0.8147	1580.000	1287.226
C99010102	其他材料费	元	173.1473	1.000	173.147
9101106	建筑普通工	工日	2.5110	34.000	85.374
9101107	建筑技术工	工日	2.4018	48.000	115.286

编号	材料名称	单位	数量	预算单价	预算合价
C09010101	普通硅酸盐水泥 32.5	t	14.3093	320.000	4578.976
C10010101	中砂	m³	28.1556	56.500	1590.791
C21010101	水	t	17.1008	2.000	34.202
J06-01-027	灰浆搅拌机 200L	台班	0.8612	72.970	62.842
C10020102	碎石 20	m³	1.5716	60.600	95.239
J06-01-030	混凝土搅拌输送车 6m³	台班	0.6521	1349.510	880.015
J06-01-049	混凝土搅拌站 50m³/h	台班	0.2686	1597.730	429.150
C10020103	碎石 40	m³	33.1051	60.600	2006.169
	合计				17694.703

表 2-14　　　　　　　　建筑机械汇总表

金额单位：元

编号	机械名称	单位	数量	预算单价	预算合价
J01-01-001	履带式推土机 75kW	台班	0.0203	609.400	12.371
J01-01-035	履带式单斗挖掘机（液压）1m³	台班	0.1825	968.200	176.697
J01-01-053	夯实机	台班	0.1130	24.600	2.780
J03-01-033	汽车式起重机 5t	台班	0.0359	365.820	13.133
J03-01-034	汽车式起重机 8t	台班	0.1110	532.590	59.117
J04-01-002	载重汽车 5t	台班	0.1544	288.620	44.563
J04-01-003	载重汽车 6t	台班	0.4573	309.410	141.493
J04-01-004	载重汽车 8t	台班	0.0081	363.010	2.940
J06-01-052	混凝土振捣器（插入式）	台班	1.3781	13.960	19.238
J06-01-053	混凝土振捣器（平台式）	台班	1.3683	19.920	27.257
J08-01-003	钢筋切断机 40mm	台班	0.0823	41.680	3.430
J08-01-006	钢筋弯曲机 40mm	台班	0.1554	24.380	3.789
J08-01-024	木工圆锯机 500mm	台班	1.3222	25.270	33.412
J08-01-058	摇臂钻床（钻孔直径 50mm）	台班	0.0113	119.950	1.355
J08-01-072	剪板机：厚度×宽度 40mm×3100mm	台班	0.0005	601.770	0.301
J08-01-073	型钢剪断机 500mm	台班	0.0025	185.100	0.463
J10-01-001	交流电焊机 21kVA	台班	2.1854	52.890	115.586
J10-01-010	对焊机 100kVA	台班	0.1005	142.360	14.307
	合计				672.224

表 2 - 15　　　　　　　　　　　　三材用量汇总表

金额单位：元

编号	序号	材料名称	单位	数量	单价	合价
		型钢				
C01020701	1	铁件钢筋	kg	49.50	3.00	148.50
C01020702	2	铁件型钢	kg	198.00	3.20	633.60
C01020713	3	圆钢 φ10 以外	kg	941.42	4.10	3859.82
		小计		1188.92		4641.92
		成材				
C08020202	1	板材红白松二等	m³	0.02	1580.00	28.44
		小计		0.02		28.44
		水泥				
C09010101	1	普通硅酸盐水泥 32.5	t	14.31	320.00	4578.88
		小计		14.31		4578.88

表 2 - 16　　　　　　　　　　　　地材用量汇总表

金额单位：元

编号	序号	材料名称	单位	数量	单价	合价
		砂				
C10010101	1	中砂	m³	28.16	56.50	1590.81
		小计		28.16		1590.81

步骤十：编写预算封面和编制说明

预算封面如图 2-6 所示，编制说明如图 2-7 所示，签字审批如图 2-8 所示。

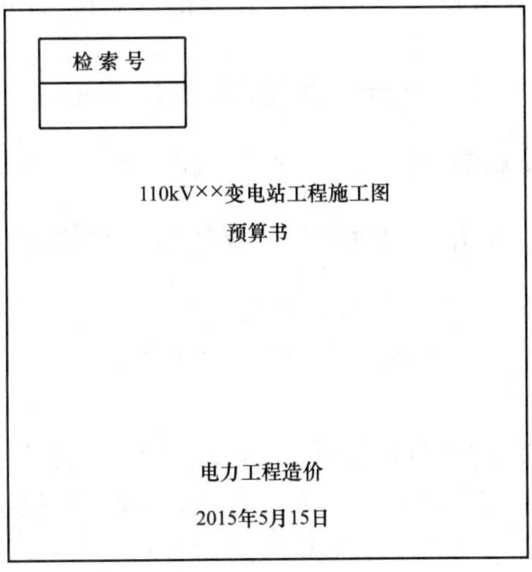

检索号

110kV××变电站工程施工图
预算书

电力工程造价
2015年5月15日

图 2-6　预算封面

```
              编 制 说 明
本卷为110kV××变电站预算书土建部分

一、设计依据


二、工程投资
   工程总投资：     万元
   其中，工程静态投资：      万元，
        单位静态投资：      元/kVA。

三、工程概况


四、编制依据


五、编制方法
```

图 2-7 编制说明

```
       110kV××变电站工程施工图

            预算书会签


    批    准：

    总 工 程 师：

    审    核：

    校    核：

    编    写：

    工程设计证书：
```

图 2-8 签字审批

步骤十一：对预算书进行校核、复核及审核

预算书编制完成后应该对其进行全面细致的校核、复核工作，以保证预算书内没有不应该的错误出现。

经校核、复核无误后，按照预算书的装订顺序（通常是封面、编制说明、取费程序表、分部分项工程费计算表、工程量汇总表、工程量计算表、主要材料表等）进行装订成册。

第 4 单元　任务总结

现在绝大多数情况下，计算各种建筑费用、套用定额、完成各种分析报表等，均通过工程造价软件完成，因此编写施工图预算书变得较为容易。当然，要想轻松驾驭计算机软件也需有过硬的基础才行，手工计算一定要先过关。

变压器
基础剖切

工作任务 2　编制主变压器基础设计概算

第 1 单元　基础资料与工作任务

设定主变压器基础的基础资料同工作任务一，试完成主变压器基础设计概算的编制。

第 2 单元　设计概算编制的技术路线和方法

一、主变压器基础设计概算编制的技术路线和方法

采用单位估价法完成主变压器基础工程设计概算的编制。

二、设计概算编制的依据

（1）给定某 110kV 主变压器基础设计图纸及其说明（假定设计图纸与施工图纸相同）。

（2）《电力建设工程概算定额（2013 年版）第一册 建筑工程》。

（3）《电网工程建设预算编制与计算规定（2013 年版）》。

（4）经审定的其他有关技术经济文件等。

（5）重庆市电力公司电网工程概预算编制、审查管理办法。

（6）定额〔2014〕48 号《2013 版电力建设工程概预算定额 2014 年度价格水平调整的通知》。

（7）渝电定额 4 号《关于 2013 版电力建设工程定额建设预算编制过程中相关规费及税金计取的说明》。

第 3 单元　任务实施过程

步骤一：熟悉变电工程建筑施工

详见附录 C。

步骤二：识读建筑设计图纸

详见附录 K1。

步骤三：熟悉概算定额、工程量计算规则

详见附录 E。

基础施工流程

步骤四：计算分项工程量并套用概算定额

根据主变压器基础图，可完成主变压器系统中的主变压器设备基础和主变压器油坑及卵石项目的工程量的计算。

1. 主变压器油坑及卵石项目

（1）主变压器油坑机械挖土方（坑深−0.95m）。挖坑深度未超过 1.2m，故不需放坡；坑底工作面宽度两边各取 600mm。其工程量为

$$V = (10.48+0.6×2) × (8.48+0.6×2) × (0.1+0.15+0.6+0.1)$$
$$= 11.68×9.68×0.95$$
$$= 107.41 （m^3）$$

套用定额 GT1−5，定额基价 18.31 元/m^3，金额：107.41×18.31＝1967（元）

（2）变压器油池。变压器基础油池按照变压器基础油池容积计算工程量：容积＝净空高度×净空面积，即

$$V = 10×8× (0.6+0.1+0.1) = 64 （m^3）$$

套用定额 GT2−16，定额基价 380.63 元/m^3，金额：64×380.63＝24360（元）

2. 主变压器油设备基础项目

（1）主变压器设备基础人工挖土方（坑深−0.5m）。挖坑深度未超过 1.2m，故不需放坡；坑底工作面宽度两边各取 350mm。其工程量为

$$V = (4.64+0.35×2) × (4+0.35×2) × (0.1+0.4)$$
$$= 5.34×4.7×0.5$$
$$= 12.55 （m^3）$$

套用定额 GT1−11，定额基价 23.84 元/m^3，金额：12.55×23.84＝299（元）

（2）主变压器基础的工程量为

$$V = 4.64×4× (0.4+0.1+0.15) +3×0.6× (0.6+0.1+0.1+0.1) ×2$$
$$= 4.64×4×0.65+3×0.6×0.9×2$$
$$= 15.3 （m^3）$$

套用定额 GT2−15，定额基价 372.81 元/m^3，金额：15.3×372.81＝5704（元）

（3）钢筋。钢筋（Φ14）设计用量 $M_{钢筋设计}=0.914\text{t}$，钢筋连接用量按设计用量的 4% 考虑，主变压器基础施工措施用量，按设计用量与连接用量之和的 2% 考虑。

$$M = 0.914 + 0.914 \times 4\% + (0.914 + 0.914 \times 4\%) \times 2\%$$
$$= 0.970 \ (\text{t})$$

套用定额 GT7-23，定额基价 4898.03 元/m^3，金额：$4898.03 \times 0.97 = 4751$（元）

步骤五：填写建筑工程概算表

表 2-17　　　　　　　　　　　建筑工程概算表

表三乙

金额单位：元

序号	编制依据	项目名称	单位	数量	建筑费单价 金额	建筑费单价 其中工资	建筑费合价 金额	建筑费合价 其中工资
		建筑工程					51389	6512
一		主要生产工程					51389	6512
2		配电装置建筑					51389	6512
2.1		主变压器系统					51389	6512
2.1.2		主变压器设备基础					14842	1367
	GT1-11	人工基坑土方，挖深2m以内	m³	12.550	23.84	20.31	299	255
	GT2-15	设备基础，变压器基础	m³	15.300	372.81	49.02	5704	750
	GT7-23	普通钢筋	t	0.970	4898.03	373.11	4751	362
		小计					10754	1367
	一	直接费	元				11568	
	1	直接工程费	元				10754	
	1.1	人工费	元				1367	
	1.2	材料费	元				8974	
	1.3	施工机械使用费	元				413	
	2	措施费	元				814	
	2.1	冬雨季施工增加费	%	1.010	10754		109	
	2.2	夜间施工增加费	%	0.110	10754		12	
	2.3	施工工具用具使用费	%	0.670	10754		72	
	2.5	临时设施费	%	2.460	10754		265	
	2.6	施工机构迁移费	%	0.410	10754		44	
	2.7	安全文明施工费	%	2.900	10754		312	
	二	间接费	元				1822	
	1	规费	元				891	
	1.1	社会保险费	%	5.976	10754		643	
	1.2	住房公积金	%	2.160	10754		232	
	1.3	危险作业意外伤害保险费	%	0.150	10754		16	

续表

序号	编制依据	项目名称	单位	数量	建筑费单价		建筑费合价	
					金额	其中工资	金额	其中工资
	2	企业管理费	％	8.660	10754		931	
	三	利润	％	5.500	13390		736	
	四	编制基准期价差	元				227	
	1	人工价差	元				159	
	2	材料价差	元				22	
	3	机械价差	元				46	
	五	税金	％	3.410	14353		489	
	六	合计	元				14842	
2.1.3		主变压器油坑及卵石					36547	5145
	GT1-5	机械其他建筑物与构筑物土方	m³	107.410	18.31	5.12	1967	550
	GT2-16	设备基础 变压器油池	m³	64.000	380.63	71.80	24360	4595
		小计					26327	5145
	一	直接费	元				28317	
	1	直接工程费	元				26327	
	1.1	人工费	元				5145	
	1.2	材料费	元				19493	
	1.3	施工机械使用费	元				1689	
	2	措施费	元				1990	
	2.1	冬雨季施工增加费	％	1.010	26327		266	
	2.2	夜间施工增加费	％	0.110	26327		29	
	2.3	施工工具用具使用费	％	0.670	26327		176	
	2.5	临时设施费	％	2.460	26327		648	
	2.6	施工机构迁移费	％	0.410	26327		108	
	2.7	安全文明施工费	％	2.900	26327		763	
	二	间接费	元				4461	
	1	规费	元				2181	
	1.1	社会保险费	％	5.976	26327		1573	
	1.2	住房公积金	％	2.160	26327		569	
	1.3	危险作业意外伤害保险费	％	0.150	26327		39	
	2	企业管理费	％	8.660	26327		2280	
	三	利润	％	5.500	32778		1803	
	四	编制基准期价差	元				761	

续表

序号	编制依据	项目名称	单位	数量	建筑费单价 金额	其中工资	建筑费合价 金额	其中工资
	1	人工价差	元				600	
	2	材料价差	元				21	
	3	机械价差	元				140	
五		税金	％	3.410	35342		1205	
六		合计	元				36547	

说明：
1. 表中所用费率及计算规则依据《预规》，详见附录 B。
2. 编制基准期价差详见表 2-18～表 2-22。

表 2-18　　　　建筑基准期价差明细表

序号	费用名称	金额（元）	备注
1	建筑编制基准期价差	988.08	
1.1	人工价差	759.30	根据渝电定额〔2014〕48 号文，电力建设工程概预算定额人工费调整系数：重庆建筑工程 11.66%
1.2	材料价差	43.25	根据重庆工程造价信息 2014 年 3 期（电力工程造价与定额管理总站发布）
1.3	机械价差	185.53	根据渝电定额〔2014〕48 号文
2	合计	988.08	

表 2-19　　　　建筑人工按系数调差明细表

金额单位：元

序号	项目名称	单位	数量	单价	合价
	建筑工程	％	11.66	6512.00	759.30
一	主要生产工程	％	11.66	6512.00	759.30
	小计	元			759.30
	税率	％	3.41	759.30	25.89
	合计	元			785.19

表 2-20　　　　建筑消材价差汇总表

金额单位：元

编号	材料名称	单位	数量	单价 预算价	单价 市场价	合价 预算价	合价 市场价	价差
C08020202	板材红白松二等	m³	0.1671	1580.000	1627.000	264.018	271.872	7.854
C21010101	水	t	15.8901	2.000	2.500	31.780	39.725	7.945
C22010143	木脚手板	m³	0.0080	1200.000	1236.000	9.600	9.888	0.288

续表

编号	材料名称	单位	数量	单价		合价		价差
				预算价	市场价	预算价	市场价	
C22010432	木模板	m³	0.1899	1580.000	1627.000	300.042	308.967	8.925
	拆分材料人工价差	%	11.6600					18.244
	小计							43.256
	税率	%	3.4100					1.475
	合计							44.731

表 2 - 21　　　　　　　　建筑配合比材料汇总表

金额单位：元

编号	材料名称	单位	数量	预算单价	预算合价
C09020114	水泥砂浆 M5	m³	0.6784	157.92	107.133
9101106	建筑普通工	工日	0.1791	34.00	6.089
9101107	建筑技术工	工日	0.0448	48.00	2.150
C09010101	普通硅酸盐水泥 32.5	t	0.1492	320.00	47.744
C10010101	中砂	m³	0.7802	56.50	44.081
C21010101	水	t	0.1357	2.00	0.271
J06 - 01 - 027	灰浆搅拌机 200L	台班	0.0929	72.97	6.779
C09020304	水泥砂浆 1：2.5	m³	0.4950	242.82	120.196
9101106	建筑普通工	工日	0.1307	34.00	4.444
9101107	建筑技术工	工日	0.0327	48.00	1.570
C09010101	普通硅酸盐水泥 32.5	t	0.2426	320.00	77.632
C10010101	中砂	m³	0.5544	56.50	31.324
C21010101	水	t	0.1485	2.00	0.297
J06 - 01 - 027	灰浆搅拌机 200L	台班	0.0678	72.97	4.947
C09020305	水泥砂浆 1：3	m³	1.1201	227.32	254.621
9101106	建筑普通工	工日	0.2957	34.00	10.054
9101107	建筑技术工	工日	0.0739	48.00	3.547
C09010101	普通硅酸盐水泥 32.5	t	0.4570	320.00	146.240
C10010101	中砂	m³	1.4673	56.50	82.902
C21010101	水	t	0.3360	2.00	0.672
J06 - 01 - 027	灰浆搅拌机 200L	台班	0.1535	72.97	11.201
C09032012	现浇混凝土 C20 - 20 集中搅拌	m³	0.0780	231.16	18.030

续表

编号	材料名称	单位	数量	预算单价	预算合价
9101106	建筑普通工	工日	0.0017	34.00	0.058
9101107	建筑技术工	工日	0.0040	48.00	0.192
C09010101	普通硅酸盐水泥 32.5	t	0.0268	320.00	8.576
C10010101	中砂	m³	0.0421	56.50	2.379
C10020102	碎石 20	m³	0.0679	60.60	4.115
C21010101	水	t	0.0312	2.00	0.062
J06-01-030	混凝土搅拌输送车 6m³	台班	0.0013	1349.51	1.754
J06-01-049	混凝土搅拌站 50m³/h	台班	0.0005	1597.73	0.799
C09032031	现浇混凝土 C10-40 集中搅拌	m³	0.9211	202.89	186.882
9101106	建筑普通工	工日	0.0204	34.00	0.694
9101107	建筑技术工	工日	0.0477	48.00	2.290
C09010101	普通硅酸盐水泥 32.5	t	0.2192	320.00	70.144
C10010101	中砂	m³	0.5250	56.50	29.663
C10020103	碎石 40	m³	0.8566	60.60	51.910
C21010101	水	t	0.3684	2.00	0.737
J06-01-030	混凝土搅拌输送车 6m³	台班	0.0157	1349.51	21.187
J06-01-049	混凝土搅拌站 50m³/h	台班	0.0064	1597.73	10.225
C09032033	现浇混凝土 C20-40 集中搅拌	m³	15.4377	225.13	3475.489
9101106	建筑普通工	工日	0.3427	34.00	11.652
9101107	建筑技术工	工日	0.7997	48.00	38.386
C09010101	普通硅酸盐水泥 32.5	t	4.9709	320.00	1590.688
C10010101	中砂	m³	8.0276	56.50	453.559
C10020103	碎石 40	m³	13.8939	60.60	841.970
C21010101	水	t	6.1751	2.00	12.350
J06-01-030	混凝土搅拌输送车 6m³	台班	0.2624	1349.51	354.111
J06-01-049	混凝土搅拌站 50m³/h	台班	0.1081	1597.73	172.715
C09032034	现浇混凝土 C25-40 集中搅拌	m³	19.3728	236.47	4581.086
9101106	建筑普通工	工日	0.4301	34.00	14.623
9101107	建筑技术工	工日	1.0035	48.00	48.168
C09010101	普通硅酸盐水泥 32.5	t	7.0323	320.00	2250.336
C10010101	中砂	m³	9.8801	56.50	558.226
C10020103	碎石 40	m³	17.0481	60.60	1033.115
C21010101	水	t	7.7491	2.00	15.498

续表

编号	材料名称	单位	数量	预算单价	预算合价
J06－01－030	混凝土搅拌输送车 6m³	台班	0.3293	1349.51	444.394
J06－01－049	混凝土搅拌站 50m³/h	台班	0.1356	1597.73	216.652
C09032212	水工现浇混凝土 C25－40 集中搅拌	m³	3.8720	247.05	956.578
9101106	建筑普通工	工日	0.0860	34.00	2.924
9101107	建筑技术工	工日	0.2006	48.00	9.629
C09010102	普通硅酸盐水泥 42.5	t	1.3242	385.00	509.817
C10010101	中砂	m³	2.0522	56.50	115.949
C10020103	碎石 40	m³	3.0202	60.60	183.024
C21010101	水	t	1.5488	2.00	3.098
J06－01－030	混凝土搅拌输送车 6m³	台班	0.0658	1349.51	88.798
J06－01－049	混凝土搅拌站 50m³/h	台班	0.0271	1597.73	43.298
	合计				9700.015

表 2－22　　　　　　　　　　　　　建筑机械价差汇总表

金额单位：元

编号	机械名称	单位	数量	单价		合价		
				预算价	市场价	预算价	市场价	价差
J01－01－023	轮胎式装载机 2m³	台班	0.1509	673.400	756.940	101.616	114.222	12.606
J01－01－053	夯实机	台班	2.6446	24.600	26.440	65.057	69.923	4.866
J03－01－033	汽车式起重机 5t	台班	0.1743	365.820	427.570	63.762	74.525	10.763
J03－01－034	汽车式起重机 8t	台班	0.1482	532.590	571.410	78.930	84.683	5.753
J03－01－078	塔式起重机 1500kNm	台班	0.0003	4600.000	4687.160	1.380	1.406	0.026
J03－01－079	塔式起重机 2500kNm	台班	0.0004	5400.000	5502.790	2.160	2.201	0.041
J04－01－002	载重汽车 5t	台班	0.3997	288.620	331.100	115.361	132.341	16.980
J04－01－003	载重汽车 6t	台班	0.5533	309.410	353.490	171.197	195.586	24.389
J04－01－004	载重汽车 8t	台班	0.0463	363.010	410.470	16.807	19.005	2.198
J04－01－016	自卸汽车 12t	台班	1.5419	640.170	703.120	987.078	1084.141	97.063
J05－01－001	电动卷扬机（单筒快速）10kN	台班	0.0040	98.950	102.600	0.396	0.410	0.014
J05－01－010	电动卷扬机（单筒慢速）50kN	台班	0.0489	116.180	119.910	5.681	5.864	0.183
J06－01－052	混凝土振捣器（插入式）	台班	3.1039	13.960	14.400	43.330	44.696	1.366
J06－01－053	混凝土振捣器（平台式）	台班	0.0597	19.920	20.360	1.189	1.215	0.026
J08－01－006	钢筋弯曲机 40mm	台班	0.2704	24.380	25.800	6.592	6.976	0.384
J08－01－024	木工圆锯机 500mm	台班	0.2366	25.270	27.930	5.979	6.608	0.629

续表

编号	机械名称	单位	数量	单价		合价		
				预算价	市场价	预算价	市场价	价差
J08-01-058	摇臂钻床（钻孔直径50mm）	台班	0.0095	119.950	121.050	1.140	1.150	0.010
J10-01-001	交流电焊机21kVA	台班	1.2313	52.890	59.580	65.123	73.361	8.238
	小计							185.535
	税率	%	3.4100					6.327
	合计							191.862

步骤六：填写其他费用概算表

表2-23　　　　　　　　　　　其他费用概算表

表四　　　　　　　　　　　　　　　　　　　　　　　　　　　　　　　　金额单位：元

序号	工程或费用项目名称	编制依据及计算说明	合价
2	项目建设管理费		6408
2.1	项目法人管理费	（建筑工程费＋安装工程费）×3.73%	1917
2.2	招标费	（建筑工程费＋安装工程费）×3.05%	1567
2.3	工程监理费	（建筑工程费＋安装工程费）×5.34%	2744
2.5	工程结算审核费	（建筑工程费＋安装工程费）×0.35%	180
3	项目建设技术服务费		1706
3.1	项目前期工作费	（建筑工程费＋安装工程费）×2.52%	1295
3.5	项目后评价费	（建筑工程费＋安装工程费）×0.5%	257
3.6	工程建设检测费		154
3.6.1	电力工程质量检测费	（建筑工程费＋安装工程费）×0.3%	154
4	生产准备费		1054
4.2	工器具及办公家具购置费	（建筑工程费＋安装工程费）×1.35%	694
4.3	生产职工培训及提前进场费	（建筑工程费＋安装工程费）×0.7%	360
	小计		9168

说明：
1. 表中所用费率及计算规则依据《预规》，详见附录B。
2. 未计算的其他费用在表中均未列项。
3. 表中安装工程费未算，均设为零。

步骤七：填写建筑工程专业汇总概算表与建筑工程专业汇总概算表（取费）

表2-24　　　　　　　　　　　建筑工程专业汇总概算表

表二乙　　　　　　　　　　　　　　　　　　　　　　　　　　　　　　　金额单位：元

序号	工程或费用名称	建筑费	设备费	建筑工程费合计	技术经济指标		
					单位	数量	指标
	建筑工程	51389		51389			
一	主要生产工程	51389		51389			

续表

序号	工程或费用名称	建筑费	设备费	建筑工程费合计	技术经济指标		
					单位	数量	指标
2	配电装置建筑	51389		51389			
2.1	主变压器系统	51389		51389	元/台		
2.1.2	主变压器设备基础	14842		14842	元/m³		
2.1.3	主变压器油坑及卵石	36547		36547	元/m³		
	合计	51389		51389			

表 2 - 25　　　　　　　　建筑工程专业汇总概算表（取费）

表二乙　　　　　　　　　　　　　　　　　　　　　　　　　　　金额单位：元

序号	工程或费用名称	直接费		间接费		利润（5.5%）	编制基准期价差	税金（3.41%）	合计
		直接工程费	措施费	规费	企业管理费（8.66%）				
	建筑工程	37081	2804	3072	3211	2539	988	1694	51389
一	主要生产工程	37081	2804	3072	3211	2539	988	1694	51389
2	配电装置建筑	37081	2804	3072	3211	2539	988	1694	51389
2.1	主变压器系统	37081	2804	3072	3211	2539	988	1694	51389
2.1.2	主变压器设备基础	10754	814	891	931	736	227	489	14842
2.1.3	主变压器油坑及卵石	26327	1990	2181	2280	1803	761	1205	36547
	合计	37081	2804	3072	3211	2539	988	1694	51389

步骤八：填写总概算表

表 2 - 26　　　　　　　　　　　总概算表

表一甲　　建设规模：　　　　　　　　　　　　　　　　　　　　金额单位：万元

序号	工程或费用名称	建筑工程费	设备购置费	安装工程费	其他费用	合计	各项占静态投资（%）	单位投资（元/kVA）
一	主要生产工程	5				5	83.33	1
二	辅助生产工程							
三	与站址有关的单项工程							
四	编制基准期价差（仅计列不汇总）							
	合计	5				5	83.33	1
五	其他费用				1	1	16.67	
1	建设场地征用及清理费							
2	项目建设管理费				1	1		
3	项目建设技术服务费							

序号	工程或费用名称	建筑工程费	设备购置费	安装工程费	其他费用	合计	各项占静态投资（%）	单位投资（元/kVA）
4	生产准备费							
5	大件运输措施费							
六	基本预备费							
七	特殊项目费用							
	工程静态投资	5			1	6	100.00	1
	各类费用占静态投资比例（%）	83			17	100		
八	动态费用							
1	价差预备费							
2	建设期贷款利息							
	项目建设总费用（动态投资）	5			1	6		
	其中：生产期可抵扣的增值税							

步骤九：完成材料、机械用量汇总分析

表 2-27　　　　　　　　　　计价材料汇总表

金额单位：元

编号	材料名称	单位	数量	预算单价	预算合价
C01020701	铁件钢筋	kg	24.1780	3.000	72.534
C01020702	铁件型钢	kg	96.7120	3.200	309.478
C01020712	圆钢 φ10 以内	kg	148.4100	4.100	608.481
C01020713	圆钢 φ10 以外	kg	849.2350	4.100	3481.864
C01040101	钢丝绳 φ8 以下	kg	0.0256	7.000	0.179
C07010502	加工铁件综合	kg	1.5360	5.800	8.909
C08010102	圆木杉木	m³	0.0128	1450.000	18.560
C08020102	方材红白松二等	m³	0.0128	1580.000	20.224
C08020202	板材红白松二等	m³	0.1671	1580.000	264.018
C09021701	素水泥浆	m³	0.0031	400.000	1.240
C09041201	隔离剂	kg	12.6693	1.960	24.832
C10020802	卵石（滤油）	m³	42.7392	265.000	11325.888
C10070101	标准砖 240×115×53	千块	1.7664	290.000	512.256
C11090201	黏结剂 107 胶	kg	0.0566	1.800	0.102
C12010100	电焊条 J422 综合	kg	8.3477	5.400	45.078
C13011603	对拉螺栓 M16	kg	10.2528	5.890	60.389
C13050101	圆钉	kg	9.3562	6.500	60.815

续表

编号	材料名称	单位	数量	预算单价	预算合价
C14010100	镀锌铁丝 8 号	kg	28.8965	5.110	147.661
C14010102	镀锌铁丝 18～22 号	kg	2.9706	4.760	14.140
C18040802	聚氯乙烯塑料薄膜 0.5mm	m^3	64.6256	0.650	42.007
C19030101	溶剂汽油 200 号	kg	0.0563	6.050	0.341
C19110101	氧气	m^3	1.5738	5.890	9.270
C19110201	乙炔气	m^3	0.6134	10.500	6.441
C20010101	防锈漆	kg	0.7387	10.000	7.387
C20070902	环氧云铁漆	kg	0.3840	21.200	8.141
C21010101	水	t	15.8901	2.000	31.780
C22010101	钢管脚手架 包括扣件	kg	5.6776	4.850	27.536
C22010102	支撑钢管及扣件	kg	12.4101	4.960	61.554
C22010131	钢脚手板 50×250×4000	块	0.1923	58.000	11.153
C22010143	木脚手板	m^3	0.0080	1200.000	9.600
C22010321	尼龙编织布	m^3	0.0161	3.450	0.056
C22010401	通用钢模板	kg	159.3306	4.850	772.753
C22010431	复合木模板	m^3	5.7600	38.300	220.608
C22010432	木模板	m^3	0.1899	1580.000	300.042
C99010102	其他材料费	元	282.7329	1.000	282.733
9101106	建筑普通工	工日	1.4864	34.000	50.538
9101107	建筑技术工	工日	2.2069	48.000	105.931
C09010101	普通硅酸盐水泥 32.5	t	13.0980	320.000	4191.360
C10010101	中砂	m^3	23.3289	56.500	1318.083
C21010101	水	t	16.4928	2.000	32.986
J06-01-027	灰浆搅拌机 200L	台班	0.3142	72.970	22.927
C10020102	碎石 20	m^3	0.0679	60.600	4.115
J06-01-030	混凝土搅拌输送车 6m^3	台班	0.6745	1349.510	910.244
J06-01-049	混凝土搅拌站 50m^3/h	台班	0.2777	1597.730	443.690
C10020103	碎石 40	m^3	34.8188	60.600	2110.019
C09010102	普通硅酸盐水泥 42.5	t	1.3242	385.000	509.817
	合计				28467.678

表 2-28   **建筑机械汇总表**

金额单位：元

编号	机械名称	单位	数量	预算单价	预算合价
J01-01-001	履带式推土机 75kW	台班	0.1289	609.400	78.552
J01-01-023	轮胎式装载机 2m^3	台班	0.1509	673.400	101.616
J01-01-035	履带式单斗挖掘机（液压）1m^3	台班	0.2363	968.200	228.786

续表

编号	机械名称	单位	数量	预算单价	预算合价
J01-01-053	夯实机	台班	2.6446	24.600	65.057
J03-01-033	汽车式起重机 5t	台班	0.1743	365.820	63.762
J03-01-034	汽车式起重机 8t	台班	0.1482	532.590	78.930
J03-01-055	龙门式起重机 20t	台班	0.0192	560.960	10.770
J03-01-078	塔式起重机 1500kNm	台班	0.0003	4600.000	1.380
J03-01-079	塔式起重机 2500kNm	台班	0.0004	5400.000	2.160
J04-01-002	载重汽车 5t	台班	0.3997	288.620	115.361
J04-01-003	载重汽车 6t	台班	0.5533	309.410	171.197
J04-01-004	载重汽车 8t	台班	0.0463	363.010	16.807
J04-01-016	自卸汽车 12t	台班	1.5419	640.170	987.078
J05-01-001	电动卷扬机（单筒快速）10kN	台班	0.0040	98.950	0.396
J05-01-010	电动卷扬机（单筒慢速）50kN	台班	0.0489	116.180	5.681
J05-01-023	单笼施工电梯 75m	台班	0.0004	256.940	0.103
J05-01-034	卷扬机架（单笼 5t 以内）架高 40m 以内	台班	0.0040	21.300	0.085
J06-01-052	混凝土振捣器（插入式）	台班	3.1039	13.960	43.330
J06-01-053	混凝土振捣器（平台式）	台班	0.0597	19.920	1.189
J08-01-003	钢筋切断机 40mm	台班	0.1088	41.680	4.535
J08-01-006	钢筋弯曲机 40mm	台班	0.2704	24.380	6.592
J08-01-024	木工圆锯机 500mm	台班	0.2366	25.270	5.979
J08-01-058	摇臂钻床（钻孔直径 50mm）	台班	0.0095	119.950	1.140
J10-01-001	交流电焊机 21kVA	台班	1.2313	52.890	65.123
J10-01-002	交流电焊机 30kVA	台班	0.4160	72.940	30.343
J10-01-010	对焊机 100kVA	台班	0.1107	142.360	15.759
	小计				2101.694
	其他机械费				0.306
	合计				2102.000

表 2-29　　　　　三材用量汇总表

金额单位：元

编号	序号	材料名称	单位	数量	单价	合价
		型钢				
C01020701	1	铁件钢筋	kg	24.18	3.00	72.53
C01020702	2	铁件型钢	kg	96.71	3.20	309.48
C01020712	3	圆钢 φ10 以内	kg	148.41	4.10	608.48
C01020713	4	圆钢 φ10 以外	kg	849.24	4.10	3481.86

续表

编号	序号	材料名称	单位	数量	单价	合价
		小计		1118.54		4472.36
		钢丝、钢丝绳				
C01040101	1	钢丝绳 $\phi 8$ 以下	kg	0.03	7.00	0.18
		小计		0.03		0.18
		圆木				
C08010102	1	圆木杉木	m³	0.01	1450.00	18.85
		小计		0.01		18.85
		成材				
C08020102	1	方材红白松二等	m³	0.01	1580.00	20.54
C08020202	2	板材红白松二等	m³	0.17	1580.00	263.86
		小计		0.18		284.40
		水泥				
C09010101	1	普通硅酸盐水泥 32.5	t	13.10	320.00	4191.36
C09010102	2	普通硅酸盐水泥 42.5	t	1.32	385.00	509.74
		小计		14.42		4701.10

表 2-30　　　　　　　　　　地材用量汇总表

金额单位：元

编号	序号	材料名称	单位	数量	单价	合价
		砂				
C10010101	1	中砂	m³	23.33	56.50	1318.09
		小计		23.33		1318.09
		石				
C10020802	1	卵石（滤油）	m³	42.74	265.00	11325.84
		小计		42.74		11325.84

步骤十：编写概算封面和编制说明

略

步骤十一：对概算书进行校核、复核及审核

略

第4单元　任务总结

对比变电建筑工程概算书与预算书中的工程造价数据，深入理解概算与预算的主要区别。

（1）所起的作用不同，概算编制在初步设计阶段，并作为向国家和地区报批投资的文件，经审批后用以编制固定资产计划，是控制建设项目投资的依据；预算编制在施工图设计阶段，起着建筑产品价格的作用，是工程价款的标底。

（2）编制依据不同，概算依据概算定额或概算指标进行编制，其内容项目经扩大而简化，概括性大；预算则依据预算定额进行编制，其项目较详细，工作内容更加具体，工程量计算更加细致。比如，在概算定额中，砌筑基础按体积计算工程量，基础体积包括基础、基础短柱、基础墙、地圈梁的体积。基础与墙、柱均以室内地坪标高分界（不分材料是否相同），计算体积时不扣除含在基础中的过梁、构造柱柱根所占体积，也不计算基础垫层、附属在基础上支墩的体积；在预算定额中，砌筑基础同样按体积计算工程量，但基础体积包括内容和计算规则不同于概算定额，具体表现为：①砖基础、基础柱、基础墙、地圈梁、过梁、构造柱、基础垫层等，各自单列项目；②要计算基础垫层的工程量；③要扣除混凝土用量；④基础与墙按材料不同分情况进行划分；⑤计算条形基础体积时，基础长度按基础中心线长度计算，而在概算中，按建筑轴线长度计算。

（3）编制内容不同，概算应包括工程建设的全部内容，如总概算要考虑从筹建开始到竣工验收交付使用前所需的一切费用；预算一般不编制总预算，只编制单位工程预算和综合预算书，它不包括准备阶段的费用（如勘察、征地、生产职工培训费用等）。

一般情况下，决算不能超过预算、预算不能超过概算、概算不能超过估算。

习　题

一、单选题

1. 热轧钢筋分为Ⅰ、Ⅱ、Ⅲ、Ⅳ四个等级，其中（　　）是由碳素结构轧制的，其余均由低合金钢轧制而成。

A. Ⅰ级钢筋　　　　B. Ⅱ级钢筋　　　　C. Ⅲ级钢筋　　　　D. Ⅳ级钢筋

2. 如果测得混凝土标准试件28天的抗压强度为23MPa，则其强度等级应定为（　　）。

A. C20　　　　B. C23　　　　C. C25　　　　D. C30

3. 砂浆的强度等级符号是（　　）。

A. M　　　　B. C　　　　C. CL　　　　D. MU

4. 从建筑施工的角度，可根据（　　），将土石分为八类。

A. 粒径大小　　　B. 承载能力　　　C. 坚硬程度　　　D. 孔隙率

5. 土石方施工中，普土开挖需考虑放坡的起点高度是（　　）。

A. 1m　　　　B. 1.2m　　　　C. 1.5m　　　　D. 1.8m

6. 平整场地指建筑场地的就地挖、填及找平，厚度在（　　）。

A. 30cm 以内　　B. 30cm 以上　　C. ±30cm 以内　　D. ±30cm 以上

7. 人工挖沟槽的预算工程量，外墙按中心线计算，内墙按（　　）计算。

A. 内墙中心线　　　　　　　　　　　B. 内墙净长线总长

C. 基础底面净长　　　　　　　　　　D. 基础底面净长加工作面的宽度

8. 根据预算定额计算工程量，当（　　）施工时，每边各需增加工作面宽 300mm。

A. 砖基础　　　　　　　　　　　　　B. 浆砌毛石

C. 混凝土基础支模板　　　　　　　　D. 基础垂直面做防水层

9. 以下不属于《预规》所定义的建设预算内容的是（　　）。

A. 投资估算　　　B. 初步设计概算　　　C. 施工图预算　　　D. 施工预算

10. 按照《预规》的规定，社会保险费中养老保险费的费率取（　　）。

A. 工程所在地政府部门规定的社会基本养老保险费费率

B. 工程所在地政府部门规定的（社会基本养老保险＋补充养老保险）费率

C. 施工企业注册地政府部门规定的社会基本养老保险费费率

D. 施工企业注册地政府部门规定的（社会基本养老保险＋补充养老保险）费率

11. 变电站建筑工程社会保险费的计算公式为（　　）。

A. 社会保险费＝直接工程费×0.18×缴费费率

B. 社会保险费＝直接工程费×1.12×缴费费率

C. 社会保险费＝直接工程费×1.2×缴费费率

D. 社会保险费＝直接工程费×1.6×缴费费率

12. 根据《预规》的规定，建筑安装工程费的措施费项目计算公式中，费率按不同电压等级取定的是（　　）。

A. 夜间施工增加费　　　　　　　　　B. 施工机构转移费

C. 临时设施费　　　　　　　　　　　D. 特殊地区施工增加费

13. 电力建筑工程项目划分和费用性质划分是按（　　）规定执行。

A.《电网工程建设预算编制与计算规定》

B.《电力建设工程预算定额》

C.《电力建设工程概算定额》

D.《电力建设工程量清单计价规范》

14. 某工程项目，材料甲消耗量为 200t，材料供应价格为 1000 元/t，运杂费为 15 元/t，运输损耗率为 2%，采购保管费率为 1%，每吨材料的检验试验费为 30 元/t，则该项目材料甲的材料费为（　　）元。

A. 215130.6　　　B. 200000　　　C. 209130　　　D. 202950

15.（　　）项目不能列入电力建筑工程费中。

A. 建筑物的上下水、采暖、通风、空调、照明、消防设施

B. 建筑物（如办公楼、厂房等）用电梯的设备及其安装

C. 配电系统的断路器、电抗器、电流互感器

D. 屋外配电装置的金属结构、金属构架或支架

16. 定额中采用"××以内"或"××以下"字样者，均（　　）××本身。

A. 包括　　　　　　　　　　　　　　B. 不包括

C. 根据情况确定是否包括　　　　　　D. 根据子目区分是否包括

17. 根据《预规》的规定，电网工程建设预算在履行编制、校核、审核和批准程序时，

各级人员中可以不加盖电力工程造价人员专用章的是（   ）。

    A. 编制人   B. 校核人   C. 审核人   D. 批准人

18. 按照《预规》的规定，变电工程初步设计概算书中的表四是（   ）。

    A. 专业概算汇总表   B. 其他费用计算表

    C. 其他费用汇总表   D. 工程概况及主要技术经济指标表

19. 某项目购买一台国产设备，其购置费为 1325 万元，运杂费率为 12%，则设备的原价为（   ）万元。

    A. 1166   B. 1183   C. 1484   D. 1506

20. 生产某产品的工人小组由 4 人组成，在正常施工条件下，其完成单位合格产品所必需的工作时间为 4h，则生产该产品的劳动定额为（   ）工日。

    A. 2   B. 4   C. 8   D. 16

二、多选题

1. 《预规》所说的建设预算中包括（   ）。

    A. 投资匡算   B. 投资估算

    C. 初步设计概算   D. 施工图预算

    E. 竣工决算

2. 装置性材料预算价格中已经包括了（   ）。

    A. 材料包装费   B. 材料保险保价费

    C. 材料保管费   D. 材料堆放仓库的折旧费

    E. 建筑材料的检验试验费

3. 根据《预规》的规定，变电站内以下设施中应计入建筑工程费的是（   ）。

    A. 建筑物的上下水、采暖、空调   B. 屋外配电装置的金属结构

    C. 室外道路照明   D. 建筑物的防雷设施

    E. 设备基础、地脚螺栓

4. 根据《预规》的规定，变电站内以下设施中应计入安装工程费的是（   ）。

    A. 屋内配电装置的金属结构   B. 设备的维护平台及扶梯

    C. 室外道路照明   D. 建筑物的照明设施

    E. 消防设施

5. 以下关于初步设计概算的概念正确的是（   ）。

    A. 在初步设计阶段对工程项目预先测算和确定的工程造价

    B. 在初步设计阶段编制和测算工程项目概算文件的过程

    C. 使用概算定额编制出来的造价文件

    D. 在初步设计阶段经过业主同意并包干使用的投资额

    E. 在初步设计阶段进行招投标时的造价限额投资

6. 变电工程施工图预算的编制说明中应包括（   ）。

    A. 工程概况   B. 编制原则

    C. 编制依据   D. 造价水平分析

    E. 财务评价

7. 根据《预规》的规定，以下设备中，属于变电工程设备监造范围的是（   ）。

A. 变压器　　　　　　　　　　　B. 电抗器

C. 断路器　　　　　　　　　　　D. 电压互感器

E. 封闭母线

8. 根据《预规》的规定，设计文件评审费项下所包括的内容有（　　　）。

A. 可行性研究设计文件评审费　　B. 初步设计文件评审费

C. 施工图文件审查费　　　　　　D. 招标文件评审费

E. 竣工图文件评审费

9. 根据《预规》的规定，以下费用项目中属于间接费的是（　　　）。

A. 企业管理费　　　　　　　　　B. 施工企业配合调试费

C. 规费　　　　　　　　　　　　D. 措施费

E. 项目建设管理费

10. 按照《预规》规定，社会保险费的内容包括（　　　）。

A. 养老保险　　　　　　　　　　B. 失业保险

C. 财产保险　　　　　　　　　　D. 医疗保险

E. 生育保险

三、计算题

1. 根据建筑施工图纸和建筑预算定额计算出变电站主变压器设备基础的 C25 钢筋混凝土工程量为 35.5m³，试套用定额，确定预算价值及主要消耗指标。

2. 根据建筑预算定额和配电装置楼基础施工图（详见附图 K1 - 4）。试对该工程列项，计算其工程量和定额费用。

3. 国家电网公司在重庆市郊区拟新建一座 110kV 变电站工程。根据建筑预算定额和主变压器基础施工平面图和剖面图，如图 2 - 9、图 2 - 10 所示，试对该工程列项并计算其工程量及定额费用。

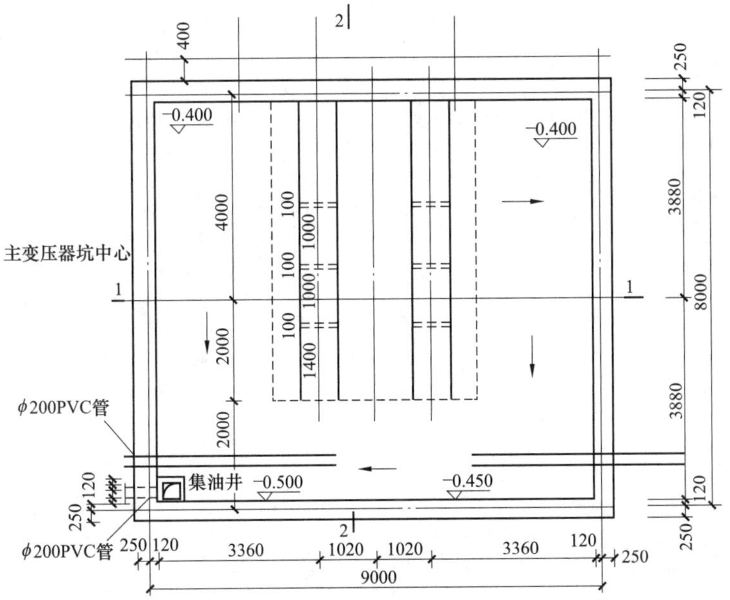

图 2 - 9　主变压器基础施工平面图

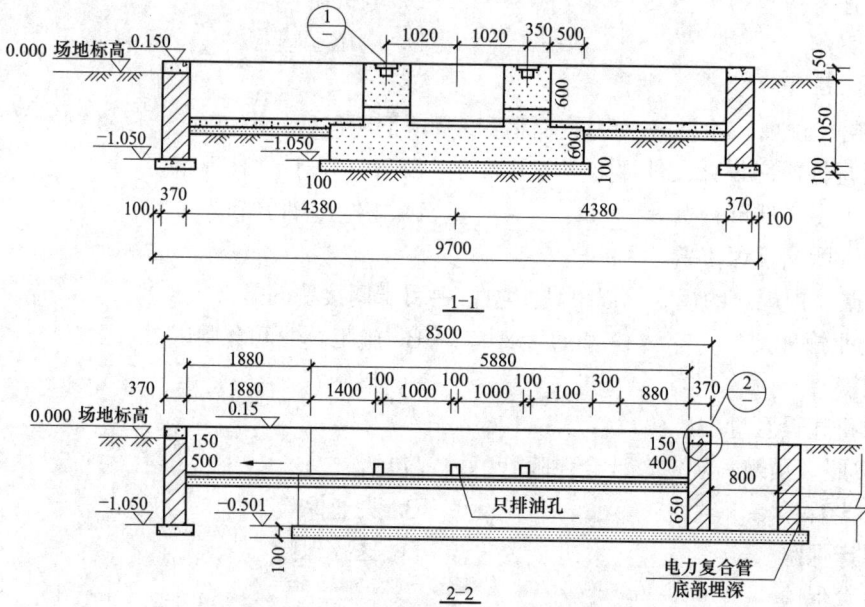

图 2-10　主变压器基础施工剖面图

模块 3　编制变电安装工程概（预）算书

模块 3 课件

变电安装工程是建设工程的一项重要组成部分，内容包括变配电装置、照明工程、架空线路工程、电缆工程、蓄电池及整流装置、防雷接地装置、配管、配线、起重设备电气装置、电气设备调整、闭路电视系统、电话通信系统、广播音响系统、火灾报警与自动灭火系统等。图 3-1 为变电站全景图。

图 3-1　变电站全景图

电网建设中变电安装工程项目的划分见表 3-1。

表 3-1　　　　　　　　　　　变电安装工程项目的划分表

编号	项目名称	主要内容及范围说明	技术经济指标单位
一	主要生产工程		
1	主变压器系统	包括主变压器及主变压器系统各电压侧回路内设备，母线、导线、金具及绝缘子等	元/kVA
1.1	主变压器		
2	配电装置	包括断路器、隔离开关、避雷器、电流互感器、电压互感器、低压开关柜、母线、导线、金具及绝缘子等	元/kVA
2.1	屋内配电装置		
2.1.1	××kV 配电装置		
2.1.2	××kV 配电装置		
2.2	屋外配电装置		
2.2.1	××kV 配电装置		
2.2.2	××kV 配电装置		
3	无功补偿		
3.1	高压电抗器	包括固定高压电抗器、可控高压电抗器成套设备及中性点电抗器、隔离开关、避雷器、母线、导线、金具及绝缘子等	
3.1.1	××kV 固定高压电抗器		元/kvar

编号	项目名称	主要内容及范围说明	技术经济指标单位
3.1.2	××kV 可控高压电抗器		元/kvar
3.2	串联补偿装置	包括串联补偿装置成套设备及旁路断路器、旁路隔离开关、串联隔离开关、接地开关、母线、导线、金具及绝缘子等	
3.2.1	××kV 固定串联补偿装置		元/kvar
3.2.2	××kV 可控串联补偿装置		元/kvar
3.3	低压电容器	包括电容器、隔离开关、避雷器、母线、导线、金具及绝缘子等	元/kvar
3.4	低压电抗器	包括电抗器、隔离开关、避雷器、母线、导线、金具及绝缘子等	元/kvar
3.5	静止无功补偿装置	包括晶闸管阀组、电抗器、电容器、电流互感器、电压互感器及避雷器、母线、导线、金具及绝缘子等	元/kvar
4	控制及直流系统		元/kVA
4.1	计算机监控系统		
4.1.1	计算机监控系统	包括计算机监控设备、交换机等	
4.1.2	智能设备	智能终端、合并单元、智能控制柜等	
4.1.3	同步时钟		
4.2	继电保护	包括系统及元件保护	
4.3	直流系统及 UPS	包括充电装置直流屏、蓄电池、UPS 及交直流一体化电源等	
4.4	智能辅助控制系统	包括图像监视系统、火灾报警系统、环境监测系统等	
4.5	在线监测系统		
5	站用电系统		元/kVA
5.1	站用变压器		
5.2	站用配电装置	包括站用相关的开关柜、配电屏、专用屏、动力电源箱、动力检修箱等	
5.3	站区照明	包括投光灯、庭院灯、草坪灯、照明箱等	
6	电缆及接地		
6.1	全站电缆	含照明电缆、厂供电缆安装	
6.1.1	电力电缆	电力电缆	元/m
6.1.2	控制电缆	控制电缆、光缆，光缆接续及成端	元/m
6.1.3	电缆辅助设施	包括电缆支架、桥架、槽盒、保护管及防腐材料等	
6.1.4	电缆防火	包括防火包、堵料、涂料、防火隔板、防火膨胀模块等	
6.2	全站接地	包括接地扁钢、接地钢排、铜绞线、接地极、接地深井、降阻剂等	元/m

续表

编号	项目名称	主要内容及范围说明	技术经济指标单位
7	通信及远动系统		元/kVA
7.1	通信系统	包括载波、行政和调度电话等	
7.2	远动及计费系统	RTU、电量计费系统、数据网接入系统及安全防护设备等	
8	全站调试		元/kVA
8.1	分系统调试		
8.2	整套启动调试		
8.3	特殊调试		
二	辅助生产工程		
1	检修及修配设备		
2	试验设备		
3	油及 SF_6 处理设备		
三	与站址有关的单项工程		
1	站外电源	电力线及电源变电站出线间隔	
1.1	站外电源线路		元/km
1.2	站外电源间隔		元/间隔
2	站外通信		
2.1	站外通信线路		元/km

本模块依据某新建 110kV 变电站施工图，以主变压器系统安装的预算、概算编制为例，讲述变电安装工程施工图预算和初设概算的编制步骤、方法及注意事项。

工作任务 1   编制主变压器系统安装施工预算书

第 1 单元   基础资料与工作任务

1. 110kV 变电站（新建）建设规模

（1）主变压器容量：最终 3×40MVA，本期 2×40MVA，有载调压变压器，电压等级 110/35/10kV。

（2）110kV 出线：最终 6 回，本期 2 回，预留 4 回。采用双母线接线。

（3）35kV 出线：最终 8 回，本期 2 回，预留 6 回。本期采用单母线分段接线，最终形成单母线三分段接线。

（4）10kV 出线：最终 24 回，本期 12 回，预留 12 回。本期采用单母线分段接线，最终形成单母线四分段接线。

（5）10kV 无功补偿装置：最终为 3×2×3006kvar，本期为 2×2×3006kvar。

（6）本期工程安装屏柜共 36 面，34 面安装在二次设备间，2 面安装在配电室。其中：监控系统组柜 12 面（含 35、10kV 配电室交换机柜各 1 面），110kV 线路电能表柜 1 面、主变压器电能表柜 2 面、保护柜 7 面、故障录波柜 1 面、低周减载装置柜 2 面、不间断电源柜 1 面、同步时钟柜 1 面、图像监视及安全柜 1 面。

本站按无人值班变电站进行设计。站内建筑、构架按最终规模设计，支架和设备基础只按本期规模建设。

2. 工程图纸

见附录 K2。

3. 工作任务

完成主变压器系统安装施工图预算的编制。

第 2 单元　施工图预算编制的技术路线和方法

本单元是采用定额计价法编制主变压器基础工程施工图预算的过程。

1. 主变压器系统安装施工图预算编制的技术路线和方法

（1）按照表 3-1 变电安装工程项目的划分，主变压器系统包括主变压器回路隔离开关、避雷器、电流互感器等。

（2）熟悉图纸，参加施工图的技术交底和图纸会审，详尽地了解施工图纸和有关设计文件；熟悉施工组织设计（方案），了解施工方法、工序和操作工艺及现场的施工条件等。

（3）计算工程量。计算工程量是预算工作中工作量最大的内容之一，应注意以下几点：

1）图纸校核工程量表（设备材料明细表）中提供的工程量是否正确，避免重复计算和丢项、漏项，如有疑问应与图纸设计人协商确定。

2）在进行工程量统计计算时，注意工程量单位必须与相关定额单位一致。套用定额时要熟悉定额总说明、各章说明和子目下面的注释（见附录 G），同时还需注意掌握以下几项内容。

a. 各子目的适用范围及工作内容，避免重复与漏计安装项目。

b. 工程量表中单位与定额单位不一致时需按相关材料（见附录 F）或产品手册进行换算。凡以"t"为计量单位的项目，取以下三位小数；凡以"m"或"m²"为计量单位的项目，均取以下两位小数；两位或三位小数后的数则按四舍五入法取舍。

c. 注意区分计价与未计价材料。除有特殊规定外，工程量均不包括材料损耗，在统计计算未计价材料时正确处理材料损耗（见附录 F）问题。

（4）套用定额计算填制工程预算表。整理和填写定额项目及工程量；按照定额与单位估价表套用、调整或换算分项工程单位；计算分析工程直接费和其他直接费；按照取费标准和费用计算程序计算间接费、利润和税金，汇计工程造价。

（5）编制预算书。为了保证预算书清晰、明了、标准，除计算表格和必要数据外，编制说明也是一项必不可少的内容。完成后的预算应经有关人员和部门进行审核，修改无误后，按规定要求格式整理出正式预算书。依照预算编制办法规定，交由有关部门组织审定。

2. 施工图预算编制的依据

（1）给定的某 110kV 变电站新建工程主变压器系统安装施工设计图纸及其说明。

（2）《电力建设工程预算定额（2013 年版）第三册 电气设备安装工程》。

（3）《电网工程建设预算编制与计算规定（2013 年版）》。

（4）经审定的施工组织设计或施工技术措施方案（本案例中假定）。

（5）经审定的其他有关技术经济文件等。

（6）定额〔2014〕48 号《2013 版电力建设工程概预算定额 2014 年度价格水平调整的通知》。

（7）渝电定额 4 号《关于 2013 版电力建设工程定额建设预算编制过程中相关规费及税金计取说明》。

第 3 单元 任务实施过程

步骤一：熟悉主变压器系统中各设备安装施工流程

变压器、隔离开关、电流互感器、避雷器等设备安装施工流程图见图附录 F。

步骤二：识读电气施工设计图纸

本工作任务的主变压器系统相关图纸见附图 K2-1、附图 K2-2、附图 K2-6。

步骤三：熟悉预算定额、工程量计算规则

详见附录 G。

步骤四：依据设计图纸和预算定额计算工程量。

校核设备材料明细见表 3-2。

表 3-2　　　　　　　　110kV 主变压器系统电气设备材料表

序号	设备名称	规格	单位	数量	备注
1	110kV 主变压器	户外三相三绕组油浸自冷式有载调压 40MVA SSZ10-40000/110 110±8×1.25%/38.5±2×2.5%/10.5kV $U_{k1-2\%}$=10.5，$U_{k1-3\%}$=17.5， $U_{k2-3\%}$=6.5，40/40/40MVA 连接组别：YN，yn0，d11 附套管电流互感器（每相） 高压侧：LRB-110，300～400～600/5A，2 只 LR-110，300～400～600/5A，1 只 中性点：LRB-66，200～400～600/5A，2 只	台	1	
2	户外隔离开关	GW13-72.5W/630A，31.5kA（4s），80kA，户外双柱式单相不接地防污型	台	1	主变压器 110kV 中性点成套设备（TJZB-110）
3	电流互感器	LZZBJ9-12，400/5A，2 只，支柱式	只	1	
4	间隙	Φ78 球间隙	套	1	
5	氧化锌避雷器	Y1.5W-72/186，户外单相，额定电压 72kV，标称放电电流 1.5kA，附在线监测器 1 只	台	1	
6	氧化锌避雷器	YH1.5W-33/85，户外单相，额定电压 33kV，标称放电电流 1.5kA，附在线监测器 1 只	台	1	35kV 侧中性点
7	氧化锌避雷器	YH5WZ-51/134，户外单相，额定电压 51kV，标称放电电流 5kA，附在线监测器 1 只	台	3	35kV 侧
8	氧化锌避雷器	YH5WZ-17/45，户外单相，额定电压 17kV，标称放电电流 5kA，附在线监测器 1 只	台	3	10kV 侧
9	钢芯铝绞线	LGJ-300/25	m	250	
10	钢芯铝绞线	LGJ-630/55	m	90	
11	钢芯铝绞线	LGJ-120/7	m	15	
12	绝缘子串	8（XWP-100），单片绝缘子泄漏距离≥450mm	串	12	

续表

序号	设备名称	规格	单位	数量	备注
13	棒形支柱绝缘子	ZSW-126/4K-3	只	3	
14	绝缘子串	4（XWP-100），单片绝缘子泄漏距离≥450mm	串	9	防污型
15	铜排	2×（TMY-120×10）	m	170	长度按单片统计
16	热镀锌扁钢	-50×6	m	45	
17	支柱绝缘子	ZSW-24/16	只	65	
18	全铜母线伸缩节	MST-125×10（设备与母线连接）	套	6	
19	全铜母线伸缩节	MST-160×10（设备与母线连接）	套	6	
20	软母线固定金具	MDG-5-140	套	3	
21	悬垂线夹	XGU-5A	套	6	
22	耐压型耐张线夹	NY-300/25	套	6	
23	压缩型铜铝过度设备线夹	SYG-300/25B-80×80	套	3	
24	压缩型铜铝过渡设备线夹	SYG-630/55B-100×100	套	3	
25	压缩型铜铝过渡设备线夹	SYG-630/55B-63×63	套	1	
26	液压型T型/压缩型设备线夹	（TY-630/55）/（SY-120/7A）	套	3	
27	压缩型设备线夹	SY-630/55B-80×80	套	4	
28	压缩型设备线夹	SY-120/7B-80×80	套	3	
29	悬垂线夹	XGU-6A	套	3	
30	液压型耐张线夹	NY-600/55	套	6	
31	热缩套及其附件	配2（TMY-125×10）	m	170	
32	矩形母线固定金具	MWP-204	套	65	
33	热镀锌安装板	-10×230×230	块	65	
34	热镀锌槽钢	[10×1600	根	22	
35	热镀锌角钢	∟63×63×6	m	10	
36	热镀锌抱箍	Φ300-100×10	套	3	
37	间隔垫	MJG-04	套	215	
38	U型挂环	U-10	套	42	
39	球头挂环	QP-10	套	21	
40	碗头挂环	WS-10	套	21	

步骤五：填写建筑工程预算表

按取费标准（见附录B）计算各种费用及主变压器系统安装工程造价，见表3-3。

表3-3
表三甲

安装工程预算表

金额单位：元

序号	编制依据	项目名称及规范	单位	数量	单价 设备	单价 装置性材料	单价 安装费	单价 其中工资	合价 设备	合价 装置性材料	合价 安装费	合价 其中工资
		安装工程							3445428	205159	100226	14359
一		主要生产工程							3445428	205159	100226	14359
1		主变压器系统							3445428	205159	100226	14359
1.1		主变压器							3445428	205159	100226	14359
		变压器 SSZ10-40000/110	台	1.000	3400000				3400000			
	YD2-23 R*1.1①	110kV三相三绕组变压器安装 50000kVA以下	台	1.000			14736.23	6120.51			14737	6121
		110kV中性点设备。包括：氧化锌避雷器 Y1.5W－72/1861台；户外隔离开关 GW13－72.5W/630A 单相1台；电流互感器 LZZBJ9－12, 400/5A, 2只；Φ78 球间隙, 1套	套	1.000	16630				16630			
	YD3-260	中性点接地成套设备安装	套	1.000			1505.64	416.17			1505	416
		避雷器 YH1.5W－33/85	台	1.000	3500				3500			
		避雷器 YH5WZ－51/134 附带监测功能的双指针放电记数器	台	3.000	1800				5400			
	YD3-192	避雷器安装氧化锌式35kV	组	1.400②			652.18	142.02			913	199
		避雷器 Y5WZ－17/45	台	3.000	900				2700			
	YD3-191	避雷器安装氧化锌式20kV以下	组	1.000			319.98	83.88			320	84
		110kV绝缘子串8（XWP-100）：单片绝缘子泄漏距离≥450mm	串	12.000		794.00				9528		

续表

序号	编制依据	项目名称及规范	单位	数量	单价 设备	单价 装置性材料	单价 安装费	单价 其中工资	合价 设备	合价 装置性材料	合价 安装费	合价 其中工资
	YD4-2	悬垂绝缘子单串安装额定电压110kV	串	6.000			144.11	54.57			864	327
		电站电瓷高压棒式支柱绝缘子ZSW-126/4K-3	只	3.000		1455.39				4366		
	YD4-21	户外支持绝缘子安装额定电压110kV	个	3.000			160.48	64.97			482	195
		钢芯铝绞线LGJ-300/25	t③	0.265		15368.00				4073		
		变电单双软母线固定金具MDG-5	件	3.000		54.54				164		
		线路悬垂线夹XGU-5A	件	6.000		60.71				364		
		线路耐张线夹（压缩式）NY-300/25	件	6.000		160.52				963		
		变电铜铝过渡设备线夹（压缩型B型）SYG-300/25B-80×80	件	3.000		48.36				145		
	YD4-44	软母线安装 110kV 截面积400mm²	跨/三相	1.000			896.06	481.56			896	482
	YD4-62	引下线、跳线及设备连引线安装35～220kV截面积600mm²	组/三相	2.000			209.80	60.12			419	120
		铜铝过渡设备线夹（压缩型B型）SYG-630/55B-100×100	件	3.000		113.19				340		
		铜铝过渡设备线夹（压缩型B型）SYG-630/55B-63×63	件	1.000		113.19				113		
		悬垂线夹XGU-6A带碗头挂板	件	3.000		63.80				191		
		T型线夹（压缩型）TY-630/55	件	3.000		189.34				568		

续表

序号	编制依据	项目名称及规范	单位	数量	单价 设备	单价 装置性材料	单价 安装费	单价 其中工资	合价 设备	合价 装置性材料	合价 安装费	合价 其中工资
		耐张线夹（压缩型）NY-600/55	件	6.000		506.00				3036		
		钢芯铝绞线 LGJ 630/55	t④	0.199		16049.00				3194		
		钢芯铝绞线 LGJ 120/7	t⑤	0.006		16475.00				99		
		设备线夹（压缩型 A、B 型）SY-120/7A, B (SY1, SY2-120)	件	3.000		12.35				37		
		设备线夹（压缩型 A、B 型）SY-630/55B-80×80	件	4.000		73.06				292		
		设备线夹（压缩型 A、B 型）SY-120/7B-80×80	件	3.000		12.35				37		
	YD4-40	软母线 安装 35kV 截面积1000mm²	跨/三相	1.000			973.15	662.48			972	662
	YD4-63	引下线、跳线及设备连引线安装 35～220kV 截面积800mm²	组/三相	1.000			330.03	84.71			330	85
	YD4-1	35kV 绝缘子串	串	9.000		397.00				3573		
		悬垂绝缘子单串安装额定电压 35kV	串	3.000			98.82	32.26			296	97
	YD4-19	电站电瓷高压棒式支柱绝缘子 ZSW-24/10	只	65.000		283.25				18411		
		户外支持绝缘子安装额定电压 20kV	个	65.000			43.71	15.45			2840	1004
		铜母线 TMY, TMR 7 以上×90～125	t⑥	1.891		67481.00				127607		
		热镀锌扁钢-50×6	t⑦	0.106		5980.00				634		
		矩形母线固定金具 MWP-204	套	65.000		24.00				1560		

66　　　　　　　　　　变电工程造价实务（第二版）

续表

序号	编制依据	项目名称及规范	单位	数量	单价 设备	单价 装置性材料	单价 安装费	单价 其中工资	合价 设备	合价 装置性材料	合价 安装费	合价 其中工资
		热镀锌安装板-10×230×230	块	65.000		100.00				6500		
		热镀锌槽钢 10×1600	根	22.000		130.00				2860		
		热镀锌角钢∟ 63×63×6	m	10.000		100.00				1000		
		热镀锌抱箍 Φ300—100×10	套	3.000		100.00				300		
		间隔垫	套	215.000		15.00				3225		
		热镀锌螺栓 M16×80	套	260.000		10.00				2600		
	调 YD4-80＊1.4⑧	每相多片带形铝母线每相2片安装每相2片 截面积 1250mm²	m	85.000			88.49	39.63			7523	3369
		全铜母线伸缩节 MST-125×10	套	6.000		50.00				300		
		全铜母线伸缩节 MST-160×10	套	6.000		55.00				330		
	YD4-86	母线伸缩节安装每相2片	个	6.000			37.08	22.56			222	135
	YD4-92	接头热缩带形母线伸缩节	个	6.000			15.58	10.83			94	65
		热缩套及其附件配2（TMY-125×10）	m	170.000		24.00				4080		
	YD4-90	绝缘热缩套安装 截面积 1400mm²	m	170.000			12.49	5.87			2123	998
		主要设备运杂费	%	0.500	3400000				17000			
		普通设备运杂费	%	0.700	28230				197			
		设备费小计							3445428			
		主材损耗费								4669		
		主材费小计								205159		
		小计							3445428	205159	34536	14359

续表

序号	编制依据	项目名称及规范	单位	数量	单价				合价			
					设备	装置性材料	安装费	其中工资	设备	装置性材料	安装费	其中工资
	一	直接费	元								256952	
	1	直接工程费	元								239695	
	1.1	定额直接费	元								34536	
	1.1.1	人工费	元								14359	
	1.1.2	材料费	元								7190	
	1.1.3	施工机械使用费	元								12987	
	1.2	装置性材料费	元								205159	
	1.2.2	乙供装置性材料费	元								205159	
	2	措施费	元								17257	
	2.1	冬雨季施工增加费	%	8.570			14359.00				1231	
	2.2	夜间施工增加费	%	1.050			14359.00				151	
	2.3	施工工具用具使用费	%	6.950			14359.00				998	
	2.5	临时设施费	%	2.620			239695.00				6280	
	2.6	施工机构迁移费	%	11.460			14359.00				1646	
	2.7	安全文明施工费	%	2.900			239695.00				6951	
	二	间接费	元								18954	
	1	规费	元								6822	
	1.1	社会保险费	%	33.200			14359.00				4767	
	1.2	住房公积金	%	12.000			14359.00				1723	
	1.3	危险作业意外伤害保险费	%	2.310			14359.00				332	
	2	企业管理费	%	73.930			14359.00				10616	
	3	施工企业配合调试费	%	0.590			256952.00				1516	

续表

序号	编制依据	项目名称及规范	单位	数量	单价				合价			
					设备	装置性材料	安装费	其中工资	设备	装置性材料	安装费	其中工资
三		利润	%	6.000			275906.00				16554	
四		编制基准期价差	元								2855	
1		人工价差	元								1519	
2		材料价差	元								476	
3		机械价差	元								860	
五		税金	%	3.410			295315.00				10070	
六		安装费	元								100226	
七		主材费	元								205159	
八		合计	元						3445428		305385	

① 《电力建设工程预算定额（2013 版）》第二章说明中规定，带负荷调压变压器、同容量变压器安装执行同电压、同容量变压器安装定额，其人工费乘以系数 1.10，所以该项需要进行调整。

② 《电力建设工程预算定额（2013 版）》第三章说明中规定，避雷器按同电压等级的避雷器定额乘以系数 0.4。

③ 钢芯铝绞线材料价格按设重量计算。根据查得到的设备材料明细表，LGJ-300/25 为 250m，单相避雷器三相为一组，LGJ-300/25 为 1058kg/km，由此可得该钢芯铝绞线重量为 0.265t。以 t 为单位的计算到小数点后三位。

④ 同③可得 LGJ-630/55 钢芯铝绞线每千米重量为 2209kg，可得 90m 钢芯铝绞线重量为 0.199t。以 t 为单位的计算到小数点后三位。

⑤ 同③可得 LGJ-120/7 钢芯铝绞线每千米重量为 379kg，可得 15m 钢芯铝绞线重量为 0.006t。以 t 为单位的计算到小数点后三位。

⑥ 根据附表 F-1 铜母排重量计算方法可得，TMY125×10 母排的截面积 $S=12.5\text{cm}^2$，每米体积为 1250cm^3，则每米重量为 $1250\times8.9=11125\text{g}=11.125\text{kg}$，则 170m 铜母排重量为 1.891t。

⑦ 根据附表 F-5，热镀锌扁钢单位重量为 2.36kg，则本例中热镀锌扁钢重量为 $2.36\times45\div1000=0.106\text{t}$。

⑧ 根据《电力建设工程预算定额（2013 版）》第四章说明中规定，带形铜母线安装执行同截面铝母线定额乘以 1.40 的系数。

表 3-4   安装基准期价差明细表

金额单位：元

序号	费用名称	金额	备注
1	安装编制基准期价差	2855.07	
1.1	人工价差	1519.18	
1.2	材料价差	476.12	
1.3	机械价差	859.77	
2	合计	2855.07	

表 3-5   安装人工按系数调差明细表

金额单位：元

序号	项目名称	单位	数量	单价	合价
	安装工程	%	10.58	14359.00	1519.18
一	主要生产工程	%	10.58	14359.00	1519.18
	小计	元			1519.18
	税率	%	3.41	1519.18	51.80
	合计	元			1570.99

注 根据定额〔2014〕48 号《关于发布 2013 版电力建设工程概预算定额 2014 年度价格水平调整的通知》规定，重庆安装工程人工调整系数为 10.58。

表 3-6   安装材料按系数调差明细表

金额单位：元

序号	项目名称	单位	数量	单价	合价
	安装工程	%	6.62	7190.00	475.98
一	主要生产工程	%	6.62	7190.00	475.98
	小计	元			475.98
	税率	%	3.41	475.98	16.23
	合计	元			492.21

注 根据定额〔2014〕48 号《关于发布 2013 版电力建设工程概预算定额 2014 年度价格水平调整的通知》规定，重庆 110kV 变电安装定额材机调整系数为 6.62。

表 3-7   安装机械按系数调差明细表

金额单位：元

序号	项目名称	单位	数量	单价	合价
	安装工程	%	6.62	12987.00	859.74
一	主要生产工程	%	6.62	12987.00	859.74
	小计	元			859.74

续表

序号	项目名称	单位	数量	单价	合价
	税率	％	3.41	859.74	29.32
	合计	元			889.06

注　根据定额〔2014〕48 号《关于发布 2013 版电力建设工程概预算定额 2014 年度价格水平调整的通知》规定，重庆 110kV 变电安装定额材机调整系数为 6.62。

步骤六：填写其他费用预算表

表 3-8　　　　　　　　　　　　　其他费用明细表

表四　　　　　　　　　　　　　　　　　　　　　　　　　金额单位：元

序号	工程或费用项目名称	编制依据及计算说明	合价
2	项目建设管理费		68057
2.1	项目法人管理费	（建筑工程费＋安装工程费）×3.73％	11391
2.2	招标费	（建筑工程费＋安装工程费）×3.05％	9314
2.3	工程监理费	（建筑工程费＋安装工程费）×5.34％	16308
2.4	设备监造费	（设备购置费－进口设备费）×0.87％	29975
2.5	工程结算审核费	（建筑工程费＋安装工程费）×0.35％	1069
3	项目建设技术服务费		10139
3.1	项目前期工作费	（建筑工程费＋安装工程费）×2.52％	7696
3.5	项目后评价费	（建筑工程费＋安装工程费）×0.5％	1527
3.6	工程建设检测费		916
3.6.1	电力工程质量检测费	（建筑工程费＋安装工程费）×0.3％	916
4	生产准备费		21765
4.1	管理车辆购置费	（设备购置费）×0.45％	15504
4.2	工器具及办公家具购置费	（建筑工程费＋安装工程费）×1.35％	4123
4.3	生产职工培训及提前进场费	（建筑工程费＋安装工程费）×0.7％	2138
	小计		99961

注　1. 表中所用费率及计算规则依据《预规》2013 年版，详见附录 B。
　　2. 表中建筑工程费未算，均设为零。

步骤七：填写安装工程专业汇总预算表与安装工程专业汇总预算表（取费）

表 3-9　　　　　　　　　　　　安装工程专业汇总预算表

表二甲　　　　　　　　　　　　　　　　　　　　　　　金额单位：元

序号	工程或费用名称	设备购置费	安装工程费			合计	技术经济指标		
			装置性材料	安装	小计		单位	数量	指标
	安装工程	3445428	205159	100226	305385	3750813			
一	主要生产工程	3445428	205159	100226	305385	3750813			
1	主变压器系统	3445428	205159	100226	305385	3750813	元/kVA		
1.1	主变压器	3445428	205159	100226	305385	3750813			
	合计	3445428	205159	100226	305385	3750813			

表 3-10　　　　　　**安装工程专业汇总预算表（取费）**

表二甲　　　　　　　　　　　　　　　　　　　　　金额单位：元

序号	工程或费用名称	直接费		间接费			利润(6%)	编制基准期价差	税金(3.41%)	安装费	主材费	合计
		直接工程费	措施费	规费	企业管理费(73.93%)	施工企业配合调试费(0.59%)						
	安装工程	239695	17257	6822	10616	1516	16554	2855	10070	100226	205159	305385
一	主要生产工程	239695	17257	6822	10616	1516	16554	2855	10070	100226	205159	305385
1	主变压器系统	239695	17257	6822	10616	1516	16554	2855	10070	100226	205159	305385
1.1	主变压器	239695	17257	6822	10616	1516	16554	2855	10070	100226	205159	305385
	合计	239695	17257	6822	10616	1516	16554	2855	10070	100226	205159	305385

步骤八：填写总预算表

表 3-11　　　　　　**总　预　算　表**

表一甲　建设规模：　　　　　　　　　　　　　　　金额单位：万元

序号	工程或费用名称	建筑工程费	设备购置费	安装工程费	其他费用	合计	各项占静态投资(%)	单位投资(元/kVA)
一	主要生产工程		345	31		376	97.41	94
二	辅助生产工程							
三	与站址有关的单项工程							
四	编制基准期价差（仅计列不汇总）							
	合计		345	31		376	97.41	94
五	其他费用				10	10	2.59	3
1	建设场地征用及清理费							
2	项目建设管理费				7	7		
3	项目建设技术服务费				1	1		
4	生产准备费				2	2		
5	大件运输措施费							
六	基本预备费							
七	特殊项目费用							
	工程静态投资		345	31	10	386	100.00	97
	各类费用占静态投资比例（%）		89	8	3	100		
八	动态费用							
1	价差预备费							
2	建设期贷款利息							
	项目建设总费用（动态投资）		345	31	10	386		
	其中：生产期可抵扣的增值税							

步骤九：设备和主材汇总表

表 3 - 12　　　　　　　　　　　　　设备汇总表

金额单位：元

编号	设备名称	单位	数量	价格		运杂费		合计
				单价	合价	费率（%）	合价	
S0970（甲）	变压器 SSZ10 - 40000/110	台	1.000	3400000.00	3400000	0.500	17000	3417000
S1822（甲）	避雷器 Y5WZ - 17/45	台	3.000	900.00	2700	0.700	19	2719
S1826（甲）	避雷器　YH1.5W - 33/85	台	1.000	3500.00	3500	0.700	25	3525
S1830（甲）	避雷器　YH5WZ - 51/134 附带监测功能的双指针放电计数器	台	3.000	1800.00	5400	0.700	38	5438
补充设备 - 1（甲）	110kV 中性点设备。包括：氧化锌避雷器 Y1.5W - 72/186 1 台；户外隔离开关 GW13 - 72.5W/630A 单相 1 台；电流互感器 LZZBJ9 - 12，400/5A，2 只；Φ78 球间隙，1 套	套	1.000	16630.00	16630	0.700	116	16746
	小计				3428230		17198	3445428

表 3 - 13　　　　　　　　　　　　主要材料汇总表

金额单位：元

编号	材料名称	单位	设计用量	损耗率（%）	价格		重量	
					单价	合价	单重	总重
	钢芯铝绞线 LGJ - 300/25	t	0.265	1.300	15368.00	4126		
	35kV 绝缘子串	串	9.000	2.000	397.00	3644		
	110kV 绝缘子串 8（XWP - 100）；单片绝缘子泄漏距离≥450mm	串	12.000	2.000	794.00	9719		
	电站电瓷高压棒式支柱绝缘子 ZSW - 24/10	只	65.000	2.000	283.25	18780	18.000	1193.400
	电站电瓷高压棒式支柱绝缘子 ZSW - 126/4K - 3	只	3.000	2.000	1455.39	4453	90.500	276.930
	线路悬垂线夹 XGU - 5A	件	6.000	1.500	60.71	369	5.700	34.713
	悬垂线夹 XGU - 6A 带碗头挂板	件	3.000	1.500	63.80	194	6.100	18.575
	耐张线夹（压缩型）NY - 600/55	件	6.000	1.500	506.00	3082	12.000	73.080

续表

编号	材料名称	单位	设计用量	损耗率（%）	价格		重量	
					单价	合价	单重	总重
	线路耐张线夹（压缩式）NY-300/25	件	6.000	1.500	160.52	977	2.880	17.539
	T型线夹（压缩型）TY-630/55	件	3.000	1.500	189.34	577	3.050	9.287
	设备线夹（压缩型A、B型）SY-120/7A、B（SY1、SY2-120）	件	3.000	1.500	12.35	38	0.210	0.639
	设备线夹（压缩型A、B型）SY-120/7B-80×80	件	3.000	1.500	12.35	38	0.210	0.639
	设备线夹（压缩型A、B型）SY-630/55B-80×80	件	4.000	1.500	73.06	296	1.600	6.496
	变电铜铝过渡设备线夹（压缩型B型）SYG-300/25B-80×80	件	3.000	1.500	48.36	147	0.730	2.223
	铜铝过渡设备线夹（压缩型B型）SYG-630/55B-100×100	件	3.000	1.500	113.19	345	1.810	5.511
	铜铝过渡设备线夹（压缩型B型）SYG-630/55B-63×63	件	1.000	1.500	113.19	115	1.810	1.837
	变电单双软母线固定金具MDG-5	件	3.000	1.500	54.54	166	0.940	2.862
	铜母线 TMY、TMR 7以上×90~125	t	1.891	2.300	67481.00	130542	1000.000	1934.493
	钢芯铝绞线 LGJ-120/7	t	0.006		16475.00	99	1000.000	6.000
	钢芯铝绞线 LGJ-630/55	t	0.199		16049.00	3194	1000.000	199.000
	全铜母线伸缩节 MST-125×10	套	6.000	1.500	50.00	305		
	全铜母线伸缩节 MST-160×10	套	6.000	1.500	55.00	335		
	热缩套及其附件配2（TMY-125×10）	m	170.000	5.000	24.00	4284		
	热镀锌安装板-10×230×230	块	65.000	4.000	100.00	6760		
	热镀锌扁钢-50×6	吨	0.106	4.000	5980.00	659		
	热镀锌抱箍Φ300-100×10	套	3.000	4.000	100.00	312		
	热镀锌槽钢10×1600	根	22.000	4.000	130.00	2974		

续表

编号	材料名称	单位	设计用量	损耗率（%）	价格		重量	
					单价	合价	单重	总重
	热镀锌螺栓 M16×80	套	260.000	2.000	10.00	2652		
	热镀锌角钢 ∟63×63×6	m	10.000	4.000	100.00	1040		
	矩形母线固定金具 MWP-204	套	65.000	1.500	24.00	1583		
	间隔垫	套	215.000	4.000	15.00	3354		
	小计					205159		3783.223

步骤十：编写预算封面和编制说明

略

步骤十一：对预算书进行校核、复核及审核

略

第4单元　任务总结

主变压器系统的施工图预算安装工程费用见表3-3，对比表3-1变电安装工程的项目划分可知，这只是整个变电站安装工程的几个扩大单位工程之一，其他扩大单位工程的安装工程费用计算与此相似，可按此方法分别计算，再汇总可得变电站安装工程汇总表。

工作任务2　编制主变压器系统安装概算书

第1单元　基础资料与工作任务

本工程的建设规模、工程图纸均与工作任务1相同，本任务的工作是完成主变压器系统安装初设概算的编制。

第2单元　设计概算编制的技术路线和方法

与工作任务1相似，本单元介绍采用定额计价法编制主变压器系统安装工程初设概算的过程。概算编制的技术路线和方法与工作任务1相同，编制依据中只是定额采用《电力建设工程概算定额（2013年版）第三册　安装工程》，其他均相同。

第3单元　任务实施过程

步骤一：熟悉主变压器系统中各设备安装施工流程

变压器、隔离开关、电流互感器、避雷器等设备安装施工流程图见附录F。

步骤二：识读电气施工设计图纸

本工作任务的主变压器系统相关图纸如附图K2-1、附图K2-2、附图K2-6所示。

步骤三：熟悉概算定额、工程量计算规则

详见附录H。预算定额与概算定额比较，在工作内容、人、材、机等方面均有较大的不同。

步骤四：依据设计图纸和预算定额计算工程量

校核设备材料明细，见表 3 - 12。

步骤五：填写建筑工程概算表

按取费标准（见附录 B）计算各种费用及主变压器系统安装工程造价，见表 3 - 3 安装工程预算表。

表 3 - 14　　　　　　　　110kV 主变压器系统电气设备材料表

序号	设备名称	规格	单位	数量	备注
1	110kV 主变压器	户外三相三绕组油浸自冷式有载调压 40MVA SSZ10 - 40000/110 110±8×1.25％/38.5±2×2.5％/10.5kV $U_{k1-2\%}$=10.5, $U_{k1-3\%}$=17.5, $U_{k2-3\%}$=6.5, 40/40/40MVA 联结组别：YN, yn0, d11 附套管电流互感器（每相） 高压侧：LRB - 110, 300～400～600/5A, 2 只 LR - 110, 300～400～600/5A, 1 只 中性点：LRB - 66, 200～400～600/5A, 2 只	台	1	主变压器 110kV 中性点成套设备（TJZB - 110）
2	户外隔离开关	GW13 - 72.5W/630A, 31.5kA（4s）, 80kA, 户外双柱式单相不接地防污型	台	1	
3	电流互感器	LZZBJ9 - 12, 400/5A, 2 只, 支柱式	只	1	
4	间隙	Φ78 球间隙	套	1	
5	氧化锌避雷器	Y1.5W - 72/186, 户外单相, 额定电压 72kV, 标称放电电流 1.5kA, 附在线监测器 1 只	台	1	
6	氧化锌避雷器	YH1.5W - 33/85, 户外单相, 额定电压 33kV, 标称放电电流 1.5kA, 附在线监测器 1 只	台	1	35kV 侧中性点
7	氧化锌避雷器	YH5WZ - 51/134, 户外单相, 额定电压 51kV, 标称放电电流 5kA, 附在线监测器 1 只	台	3	35kV 侧
8	氧化锌避雷器	YH5WZ - 17/45, 户外单相, 额定电压 17kV, 标称放电电流 5kA, 附在线监测器 1 只	台	3	10kV 侧
9	钢芯铝绞线	LGJ - 300/25	跨/三相	1	
10	钢芯铝绞线	LGJ - 630/55	跨/三相	1	
11	绝缘子串	8（XWP - 100）, 单片绝缘子泄漏距离≥450mm	串	12	
12	棒形支柱绝缘子	ZSW - 126/4K - 3	只	3	
13	绝缘子串	4（XWP - 100）, 单片绝缘子泄漏距离≥450mm	串	9	防污型
14	铜排	2×(TMY - 120×10)	m	170	长度按单片统计
15	热镀锌扁钢	- 50×6	m	45	

序号	设备名称	规格	单位	数量	备注
16	支柱绝缘子	ZSW-24/16	只	65	
17	全铜母线伸缩节	MST-125×10（设备与母线连接）	套	6	
18	全铜母线伸缩节	MST-160×10（设备与母线连接）	套	6	
19	软母线固定金具	MDG-5-140	套	3	
20	悬垂线夹	XGU-5A	套	6	
21	耐压型耐张线夹	NY-300/25	套	6	
22	压缩型铜铝过渡设备线夹	SYG-300/25B-80×80	套	3	
23	压缩型铜铝过渡设备线夹	SYG-630/55B-100×100	套	3	
24	压缩型铜铝过渡设备线夹	SYG-630/55B-63×63	套	1	
25	液压型T型/压缩型设备线夹	（TY-630/55）/（SY-120/7A）	套	3	
26	压缩型设备线夹	SY-630/55B-80×80	套	4	
27	压缩型设备线夹	SY-120/7B-80×80	套	3	
28	悬垂线夹	XGU-6A	套	3	
29	液压型耐张线夹	NY-600/55	套	6	
30	热缩套及其附件	配2（TMY-125×10）	m	170	
31	矩形母线固定金具	MWP-204	套	65	
32	热镀锌安装板	—10×230×230	块	65	
33	热镀锌槽钢	[10×1600	根	22	
34	热镀锌角钢	∟63×63×6	m	10	
35	热镀锌抱箍	Φ300-100×10	套	3	
36	间隔垫	MJG-04	套	215	
37	U型挂环	U-10	套	42	
38	球头挂环	QP-10	套	21	
39	碗头挂环	WS-10	套	21	

表3-15

安装工程概算表

表三甲　　　　　　　　　　　　　　　　　　　　　　　　　　　　　　金额单位：元

序号	编制依据	项目名称及规范	单位	数量	单价				合价			
					设备	装置性材料	安装费	其中工资	设备	装置性材料	安装费	其中工资
		安装工程							3455380	202639	133739	16474
一		主要生产工程							3455380	202639	133739	16474
1		主变压器系统							3455380	202639	133739	16474
1.1		主变压器							3455380	202639	133739	16474
		变压器 SSZ10-40000/110	台	1.000	3400000				3400000			
	调GD2-21*1.1①	110kV三相三绕组变压器安装 装容量 50000kVA	台	1.000			44576.58	10608.05			44577	10608
		中性点设备包括：氧化锌避雷器 Y1.5W-72/1861 台；户外隔离开关 GW13-72.5W/630A 单相互感器 1台；电流互感器 LZZBJ9-12，400/5A，2 只；Φ78 球间隙，1 套	套	1.000	16630				16630			
	GD3-253	成套高压配电柜中性点成套设备安装	套	1.000			1505.63	416.17			1505	416
		避雷器 YH1.5W-33/85	台	1.000	3000				3000			
	调GD3-191*0.4②	氧化锌避雷器安装 35kV	组	1.000			336.67	77.34			336	77
		氧化锌避雷器 YH5WZ-51/134	台	3.000	3200				9600			
	GD3-191	氧化锌避雷器安装 35kV	组	1.000			841.68	193.34			841	193
		避雷器 YH5WZ-17/45 带泄漏电流监测双指针计数器	台	3.000	710				2130			
	GD3-190	氧化锌避雷器安装 20kV	组	1.000			509.48	135.20			509	135
		电站电瓷高压支柱绝缘子 ZSW-126/4K-3	只	3.000		1455.39				4366		

续表

序号	编制依据	项目名称及规范	单位	数量	单价				合价			
					设备	装置性材料	安装费	其中工资	设备	装置性材料	安装费	其中工资
	GD4-3	支持绝缘子安装 额定电压110kV	个	3.000			160.48	64.97			482	195
		110kV绝缘子串	串	12.000		794.00				9528		
		变电单双软母线固定金具 MDG-5	件	3.000		54.54				164		
		线路悬垂线夹 XGU-5A	件	6.000		60.71				364		
		线路耐张线夹（压缩式）NY-300/25	件	6.000		160.52				963		
		变电铜铝过渡设备线夹（压缩型B型）SYG-300/25B-80×80	件	3.000		48.36				145		
		110kV软母线 400mm²②	跨（三相）	1.000		4361.00				4361		
	GD4-22	软母线安装 110kV 截面积400mm²	跨/三相	1.000			1788.08	758.99			1789	759
		35kV绝缘子串	串	9.000		397.00				3573		
		变电T型线夹（压缩型）TY-630/55	件	3.000		189.34				568		
		变电设备线夹（压缩型A,B型）SY-120/7A,B(SY1,SY2-120)	件	3.000		12.35				37		
		变电设备线夹（压缩型A,B型）SY-630/55B-80×80	件	4.000		73.06				292		
		变电设备线夹（压缩型A,B型）SY-120/7B-80×80	件	3.000		12.35				37		
		线路悬垂线夹 XGU-6A 带碗头挂板	件	3.000		63.80				191		

续表

序号	编制依据	项目名称及规范	单位	数量	单价				合价			
					设备	装置性材料	安装费	其中工资	设备	装置性材料	安装费	其中工资
		线路耐张线夹（压缩型）NY-600K	件	6.000		506.00				3036		
		变电铜铝过渡设备线夹（压缩型 B 型）SYG-630/55B-100×100	件	3.000		113.19				340		
		变电铜铝过渡设备线夹（压缩型 B 型）SYG-630/55B-63×63	件	1.000		113.19				113		
		35kV 软母线 630mm²	跨（三相）	1.000		4160.00				4160		
	GD4-18	软母线安装 35kV 截面积 1000mm²	跨/三相	1.000			1915.34	967.58			1915	968
		电站电瓷高压棒式支柱绝缘子 ZSW-24/16	只	65.000		283.25				18411		
	GD4-1	支持绝缘子安装 额定电压 20kV	个	65.000			43.71	15.45			2840	1004
		铜母线 TMY, TMR 7 以上 ×90~125	t④	1.891		67481.00				127607		
		热镀锌扁钢-50×6	t⑤	0.106		5980.00				634		
		矩形母线固定金具 MWP-204	套	65.000		24.00				1560		
		热镀锌安装板-10×230×230	块	65.000		100.00				6500		
		热镀锌槽钢 10×1600	根	22.000		130.00				2860		
		热镀锌角钢∟63×63×6	m	10.000		100.00				1000		
		热镀锌抱箍 Φ300-100×10	套	3.000		100.00				300		
		间隔垫	套	215.000		15.00				3225		
		热镀锌螺栓 M16×80	套	260.000		10.00				2600		
		全铜母线伸缩节 MST-125×10	套	6.000		50.00				300		

续表

序号	编制依据	项目名称及规范	单位	数量	单价				合价			
					设备	装置性材料	安装费	其中工资	设备	装置性材料	安装费	其中工资
		全铜导线伸缩节 MST-160×10	套	6.000		55.00				330		
		热缩套及其附件配 2（TMY-125×10）	m	170.000		24.00				4080		
	GD4-40⑩	带形母线安装截面积 1250mm²	m	85.000			51.70	24.93			4395	2119
		普通设备运杂费	%	0.700	3431360				24019			
		设备费小计							3455380			
		主材损耗费								994		
		主材费小计								202639		
		小计							3455380	202639	59189	16474
一		直接费	元								280899	
1		直接工程费	元								261828	
1.1		定额直接费	元								59189	
1.1.1		人工费	元								16474	
1.1.2		材料费	元								11895	
1.1.3		施工机械使用费	元								30820	
1.2		装置性材料费	元								202639	
1.2.2		乙供装置性材料费	元								202639	
2		措施费	%	8.570							19071	
2.1		冬雨季施工增加费	%	1.050			16474.00				1412	
2.2		夜间施工增加费	%	6.950			16474.00				173	
2.3		施工工具用具使用费	%	2.620			16474.00				1145	
2.5		临时设施费					261828.00				6860	

续表

序号	编制依据	项目名称及规范	单位	数量	单价				合价			
					设备	装置性材料	安装费	其中工资	设备	装置性材料	安装费	其中工资
	2.6	施工机构迁移费	%	11.460			16474.00				1888	
	2.7	安全文明施工费	%	2.900			261828.00				7593	
二		间接费	元								21663	
1		规费	元								7827	
1.1		社会保险费	%	33.200			16474.00				5469	
1.2		住房公积金	%	12.000			16474.00				1977	
1.3		危险作业意外伤害保险费	%	2.310			16474.00				381	
2		企业管理费	%	73.930			16474.00				12179	
3		施工企业配合调试费	%	0.590			280899.00				1657	
三		利润	%	6.000			302562.00				18154	
四		编制基准期价差	元								4570	
1		人工价差	元								1743	
2		材料价差	元								787	
3		机械价差	元								2040	
五		税金	%	3.410			325286.00				11092	
六		安装费	元								133739	
七		主材费	元								202639	
八		合计	元						3455380		336378	

① 《电力建设工程概算定额(2013版)》第二章说明中规定，带负荷调压变压器安装执行同电压、同容量变压器安装定额，其人工费乘以系数1.10，所以该项需要进行调整。

② 《电力建设工程概算定额(2013版)》第三章说明中规定，单相避雷器按同电压等级的避雷器定额乘以系数0.4。

③ 此处假定铝芯绞线数量未确定，采用综合价格，以跨/三相为单位。

④ 根据附表F-1铜母排重量计算方法可得，TMY125×10母排的截面积S=12.5cm²，每米体积为1250cm³，则每米重量为1250×8.9=11125g=11.125kg，则170m铜母排重量为1.891t。

⑤ 根据附表F-5，热镀锌扁钢单位重量为2.36kg，则本例中热镀锌扁钢重量为2.36×45÷1000=0.106t。

⑥ 《电力建设工程预算定额(2013版)》第四章说明中规定，带形母线定额已综合考虑单相多片及各种材质，使用时定额不作调整。

表 3 - 16   安装基准期价差明细表

金额单位：元

序号	费用名称	金额	备注
1	安装编制基准期价差	4570.73	
1.1	人工价差	1742.95	
1.2	材料价差	787.44	
1.3	机械价差	2040.34	
2	合计	4570.73	

表 3 - 17   安装人工按系数调差明细表

金额单位：元

序号	项目名称	单位	数量	单价	合价
	安装工程	%	10.58	16474.00	1742.95
一	主要生产工程	%	10.58	16474.00	1742.95
	小计	元			1742.95
	税率	%	3.41	1742.95	59.43
	合计	元			1802.38

表 3 - 18   安装材料按系数调差明细表

金额单位：元

序号	项目名称	单位	数量	单价	合价
	安装工程	%	6.62	11895.00	787.45
一	主要生产工程	%	6.62	11895.00	787.45
	小计	元			787.45
	税率	%	3.41	787.45	26.85
	合计	元			814.30

表 3 - 19   安装机械按系数调差明细表

金额单位：元

序号	项目名称	单位	数量	单价	合价
	安装工程	%	6.62	30820.00	2040.28
一	主要生产工程	%	6.62	30820.00	2040.28
	小计	元			2040.28
	税率	%	3.41	2040.28	69.57
	合计	元			2109.86

步骤六：填写其他费用概算表

表 3-20

其他费用概算表

表四　　　　　　　　　　　　　　　　　　　　　　　　　　　　　　　　　　金额单位：元

序号	工程或费用项目名称	编制依据及计算说明	合价
2	项目建设管理费		72009
2.1	项目法人管理费	（建筑工程费＋安装工程费）×3.73％	12547
2.2	招标费	（建筑工程费＋安装工程费）×3.05％	10260
2.3	工程监理费	（建筑工程费＋安装工程费）×5.34％	17963
2.4	设备监造费	（设备购置费－进口设备费）×0.87％	30062
2.5	工程结算审核费	（建筑工程费＋安装工程费）×0.35％	1177
3	项目建设技术服务费		11168
3.1	项目前期工作费	（建筑工程费＋安装工程费）×2.52％	8477
3.5	项目后评价费	（建筑工程费＋安装工程费）×0.5％	1682
3.6	工程建设检测费		1009
3.6.1	电力工程质量检测费	（建筑工程费＋安装工程费）×0.3％	1009
4	生产准备费		22445
4.1	管理车辆购置费	（设备购置费）×0.45％	15549
4.2	工器具及办公家具购置费	（建筑工程费＋安装工程费）×1.35％	4541
4.3	生产职工培训及提前进场费	（建筑工程费＋安装工程费）×0.7％	2355
	小计		105622

说明：

1. 表中所用费率及计算规则依据《预规》2013 年版，详见附录 B。

2. 表中建筑工程费未算，均设为零。

步骤七：填写安装工程专业汇总概算表与建筑工程专业汇总概算表（取费）

表 3-21

安装工程专业汇总概算表

表二甲　　　　　　　　　　　　　　　　　　　　　　　　　　　　　　　　　金额单位：元

序号	工程或费用名称	设备购置费	安装工程费			合计	技术经济指标		
			装置性材料	安装	小计		单位	数量	指标
	安装工程	3455380	202639	133739	336378	3791758			
一	主要生产工程	3455380	202639	133739	336378	3791758			
1	主变压器系统	3455380	202639	133739	336378	3791758	元/kVA		
1.1	主变压器	3455380	202639	133739	336378	3791758			
	合计	3455380	202639	133739	336378	3791758			

表 3－22 安装工程专业汇总概算表（取费）

表二甲

金额单位：元

| 序号 | 工程或费用名称 | 直接费 | | 间接费 | | | 利润（6%） | 编制基准期价差 | 税金（3.41%） | 安装费 | 主材费 | 合计 |
		直接工程费	措施费	规费	企业管理费（73.93%）	施工企业配合调试费（0.59%）						
	安装工程	261828	19071	7827	12179	1657	18154	4570	11092	133739	202639	336378
一	主要生产工程	261828	19071	7827	12179	1657	18154	4570	11092	133739	202639	336378
1	主变压器系统	261828	19071	7827	12179	1657	18154	4570	11092	133739	202639	336378
1.1	主变压器	261828	19071	7827	12179	1657	18154	4570	11092	133739	202639	336378
	合计	261828	19071	7827	12179	1657	18154	4570	11092	133739	202639	336378

步骤八：填写总概算表

表 3－23 总概算表

表一甲　建设规模：

金额单位：万元

序号	工程或费用名称	建筑工程费	设备购置费	安装工程费	其他费用	合计	各项占静态投资（%）	单位投资（元/kVA）
一	主要生产工程		346	34		380	97.19	95
二	辅助生产工程							
三	与站址有关的单项工程							
四	编制基准期价差（仅计列不汇总）							
	合计		346	34		380	97.19	95
五	其他费用				11	11	2.81	3
1	建设场地征用及清理费							
2	项目建设管理费				7	7		
3	项目建设技术服务费				1	1		
4	生产准备费				2	2		
5	大件运输措施费							
六	基本预备费							
七	特殊项目费用							
	工程静态投资		346	34	11	391	100.00	98
	各类费用占静态投资比例（%）		88	9	3	100		
八	动态费用							
1	价差预备费							
2	建设期贷款利息							

续表

序号	工程或费用名称	建筑工程费	设备购置费	安装工程费	其他费用	合计	各项占静态投资（%）	单位投资（元/kVA）
	项目建设总费用（动态投资）		346	34	11	391		
	其中：生产期可抵扣的增值税							

步骤九：设备和主材汇总分析

表 3 - 24　　　　　　　　　　设备汇总表

金额单位：元

编号	设备名称	单位	数量	价格		运杂费		合计
				单价	合价	费率（%）	合价	
AZ－GD2－21（甲）	中性点设备包括：氧化锌避雷器 Y1. 5W－72/1861 台；户外隔离开关 GW13－72.5W/630A 单相 1 台；电流互感器 LZZBJ9－12，400/5A，2 只；Φ78 球间隙，1 套	套	1.000	16630.00	16630	0.700	116	16746
AZ－GD3－191（甲）	避雷器 YH1.5W－33/85	台	1.000	3000.00	3000	0.700	21	3021
AZ－GD3－192（甲）	氧化锌式避雷器 YH5WZ－51/134	台	3.000	3200.00	9600	0.700	67	9667
S0970（甲）	变压器 SSZ10－40000/110	台	1.000	3400000.00	3400000	0.700	23800	3423800
S1829（甲）	避雷器 YH5WZ－17/45 带泄漏电流监测双指针计数器	台	3.000	710.00	2130	0.700	15	2145
	小计				3431360		24019	3455379

表 3 - 25　　　　　　　　　　主要材料汇总表

金额单位：元

编号	材料名称	单位	设计用量	损耗率（%）	价格		重量	
					单价	合价	单重	总重
	35kV 软母线　630mm²	跨（三相）	1.000		4160.00	4160		
	110kV 软母线　400mm²	跨（三相）	1.000	1.300	4361.00	4418		
	35kV 绝缘子串	串	9.000		397.00	3573		
	110kV 绝缘子串	串	12.000		794.00	9528		
	电站电瓷高压棒式支柱绝缘子 ZSW－24/16	只	65.000		283.25	18411	18.000	1170.000
	电站电瓷高压棒式支柱绝缘子 ZSW－126/4K－3	只	3.000		1455.39	4366	90.500	271.500
	线路悬垂线夹 XGU－5A	件	6.000	1.500	60.71	369	5.700	34.713

续表

编号	材料名称	单位	设计用量	损耗率（%）	价格 单价	价格 合价	重量 单重	重量 总重
	线路悬垂线夹 XGU‐6A 带碗头挂板	件	3.000	1.500	63.80	194	6.100	18.575
	线路耐张线夹（压缩型）NY‐600K	件	6.000	1.500	506.00	3082	12.000	73.080
	线路耐张线夹（压缩式）NY‐300/25	件	6.000	1.500	160.52	977	2.880	17.539
	变电 T 型线夹（压缩型）TY‐630/55	件	3.000		189.34	568	3.050	9.150
	变电设备线夹（压缩型 A、B 型）SY‐120/7A、B（SY1、SY2‐120）	件	3.000		12.35	37	0.210	0.630
	变电设备线夹（压缩型 A、B 型）SY‐120/7B‐80×80	件	3.000		12.35	37	0.210	0.630
	变电设备线夹（压缩型 A、B 型）SY‐630/55B‐80×80	件	4.000		73.06	292	1.600	6.400
	变电铜铝过渡设备线夹（压缩型 B 型）SYG‐300/25B‐80×80	件	3.000		48.36	145	0.730	2.190
	变电铜铝过渡设备线夹（压缩型 B 型）SYG‐630/55B‐100×100	件	3.000		113.19	340	1.810	5.430
	变电铜铝过渡设备线夹（压缩型 B 型）SYG‐630/55B‐63×63	件	1.000		113.19	113	1.810	1.810
	变电单双软母线固定金具 MDG‐5	件	3.000		54.54	164	0.940	2.820
	铜母线 TMY、TMR 7 以上×90～125	t	1.891		67481.00	127607	1000.000	1891.000
	全铜母线伸缩节 MST‐125×10	套	6.000	1.500	50.00	305		
	全铜母线伸缩节 MST‐160×10	套	6.000	1.500	55.00	335		
	热缩套及其附件配 2（TMY‐125×10）	m	170.000	5.000	24.00	4284		
	热镀锌安装板‐10×230×230	块	65.000	4.000	100.00	6760		
	热镀锌扁钢‐50×6	t	0.106	4.000	5980.00	659		
	热镀锌抱箍 Φ300‐100×10	套	3.000	4.000	100.00	312		
	热镀锌槽钢 10×1600	根	22.000	4.000	130.00	2974		
	热镀锌螺栓 M16×80	套	260.000	2.000	10.00	2652		
	热镀锌角钢∟63×63×6	m	10.000	4.000	100.00	1040		
	矩形母线固定金具 MWP‐204	套	65.000	1.500	24.00	1583		

续表

编号	材料名称	单位	设计用量	损耗率（%）	价格		重量	
					单价	合价	单重	总重
	间隔垫	套	215.000	4.000	15.00	3354		
	小计					202639		3505.466

步骤十：编写概算封面和编制说明

略

步骤十一：对概算书进行校核、复核及审核

略

第 4 单元　任务总结

变电安装概算与预算步骤基本一致，所不同的是概算的分项比预算要粗，每项定额子目所包括的工作内容比预算的要多。例如带形母线安装，在概算中就包括了带形母线、伸缩节及附件安装和绝缘热缩安装，而在预算中母线伸缩节和热缩安装都不包括在硬母线安装的定额中，需要另行套用相应定额，因此在实际编制过程中一定要注意概算和预算之间的区别，避免漏项。

习　题

一、单选题

1. 重庆在电网工程建设概预算中归类为（　　）。

A. Ⅰ类地区　　　　　　　　　　　B. Ⅱ类地区

C. Ⅲ类地区　　　　　　　　　　　D. Ⅳ类地区

2. 根据新预规的规定，在编制概预算时，单体调试应计入（　　）。

A. 安装工程费　　　　　　　　　　B. 分系统调试费

C. 整套启动试运费　　　　　　　　D. 特殊试验项目

3. 变电工程中，为变压器启动试运而备用的变压器油的购置费应计入（　　）。

A. 建筑工程费　　　　　　　　　　B. 安装工程费

C. 设备购置费　　　　　　　　　　D. 其他费用

4. 某项目购买一台国产设备，其购置费为 1325 万元，运杂费率为 12%，则设备的原价为（　　）万元。

A. 1166　　　　　　　　　　　　　B. 1183

C. 1484　　　　　　　　　　　　　D. 1506

5. 110kV 及以上支持绝缘子在户内安装时，人工乘以系数（　　）。

A. 1.1　　　　　　　　　　　　　　B. 1.15

C. 1.2　　　　　　　　　　　　　　D. 1.3

6. 低压电器设备中成套开关柜定额（　　）。

A. 分进线柜、出线柜、联络柜、计量柜、电容器柜等分别套用定额

B. 一律套用计量柜定额

C. 直接套用端子箱安装定额

D. 综合考虑了各种进线柜、出线柜、联络柜、计量柜、电容器柜等工作内容，套用时不论柜型只按台数计算即可，不作换算

7. 编制建设预算在统计工程量时单位应以（　　）为准。

A. 公制单位　　　　　　　　　　　B. 行业标准单位

C. 国际标准　　　　　　　　　　　D. 定额单位

8. 电气预算定额除各章节另有具体说明者外，（　　）。

A. 均不得因实际施工组织，操作方法等的差异而对定额进行调整或换算

B. 可以因实际施工组织，操作方法等的差异而对定额进行调整或换算

C. 不得因实际施工组织，但可以因操作方法的差异对定额进行调整或换算

D. 可以因实际施工组织，但不得因操作方法的差异对定额进行调整或换算

9. 复合绝缘子用于安装软母线时，复合绝缘子的安装费（　　）。

A. 不得另计　　　　　　　　　　　B. 按悬式绝缘子串考虑

C. 接悬式绝缘子串乘以系数 0.8　　D. 以上均不对

10. 软母线架设过程中不用的施工机具有（　　）。

A. 电动卷扬机　　　　　　　　　　B. 汽车起重机

C. 绞磨　　　　　　　　　　　　　D. 千斤顶

11. 电气定额是按（　　）。

A. 在正常的气候、地理、环境条件下施工考虑，并考虑了冬雨季等特殊条件下施工的因素

B. 在正常的气候、地理、环境条件下施工考虑，并考虑了安全文明的施工因素

C. 在正常的气候、地理、环境条件下施工考虑，未考虑场内运搬损耗、施工现场堆放损耗、施工操作损耗

D. 在正常的气候、地理、环境条件下施工考虑，未考虑冬雨季等特殊条件施工的因素

12. 统计工程量应以（　　）单位为准，如不一致需要按相关材料或产品手册进行换算。

A. 施工图　　　　　　　　　　　　B. 定额

C. 国标　　　　　　　　　　　　　D. 项目划分

13. 电气预算定额自耦变压器的安装应套用（　　）。

A. 同电压同容量的单相双绕组变压器安装定额

B. 同电压同容量的三相三组变压器安装定额

C. 同电压同容量的消弧线圈安装定额

D. 同电压同容量同绕组数变压器安装定额

14. 当电流互感器安装在变压器高压套管中时（　　）。

A. 单独套用电流互感器定额　　　　B. 不单独套用电流互感器定额

C. 单独套用穿墙套管定额　　　　　D. 变压器定额乘以系数 1.1

15. SF_6 断路器安装未包括的工作内容（　　）。

A. 开箱清点检查　　　　　　　　B. 断路器组合及吊装

C. 检漏试验　　　　　　　　　　D. SF_6 气体质量检验

16. 电气预算定额罐式断路器安装时，（　　）。

A. 套用断路器安装定额　　　　　B. 定额人工费乘以系数 1.20

C. 定额人工费和机械费乘以系数 1.20　　D. 定额乘以系数 1.20

17. 电气概算定额单相避雷器（　　）。

A. 按同类型同电压等级的避雷器定额乘以系数 1/3

B. 按同类型同电压等级的避雷器定额乘以系数 0.4

C. 直接套用同电压等级的磁吹式避雷器定额乘以系数 1/3

D. 套用同电压等级的氧化锌避雷器定额乘以系数 1/3

18. 电气预算定额软母线、带形母线、槽形母线、管形母形的安装预算定额内（　　）。

A. 包括母线、金具等的主材量

B. 不包括母线的主材量，包括金具的主材量

C. 不包括母线、金具等的主材量，可按设计数量加损耗计算

D. 不包括母线、金具等的主材量，可按设计数量计算，不需要加损耗

19. 软母线架设电气预算定额是按（　　）。

A. 单串绝缘子悬挂考虑的，如设计为双串时，定额不作调整

B. 单串绝缘于悬挂考虑的，如设计为双串时，定额乘以系数 1.1

C. 单串绝缘子悬挂考虑的，如设计为双串时，定额机械费乘以系数 1.1

D. 电气预算定额单串绝缘子悬挂考虑的，如设计为双串时，定额人工费乘以系数 1.1

20. 在计算软母线引下线工程量时，人字形应按（　　）组计算。

A. 4 组　　　　　　　　　　　　B. 3 组

C. 2 组　　　　　　　　　　　　D. 1 组

二、多项选择题

1. 调试定额中人工工日消耗量包括（　　）。

A. 项目前准备阶段的人工用量　　B. 现场操作阶段的人工用量

C. 项目总结阶段的人工用量　　　D. 设备安装阶段的人工用量

E. 单体调试阶段的人工用量

2. 以下调试定额中以一个变电站为单位的有（　　）。

A. 电力变压器调试　　　　　　　B. 电力变压器系统调试

C. 同期系统调试　　　　　　　　D. 升压站微机监控元件调试

E. 接地网调试

3. 在安装工程中以人工费为取费基数的是（　　）。

A. 冬雨季施工增加费　　　　　　B. 临时设施费

C. 施工机械转移费　　　　　　　D. 企业管理费

E. 施工企业配合调试费

4. 变压器安装概算定额包括（　　）等安装工作。

A. 变压器控制箱　　　　　　　　B. 变压器引下线

C. 变压器保护装置　　　　　　　D. 变压器干燥

E. 变压器油过滤

5. 在概算定额中以下说法不正确的是（　　　）。

A. 管形母线做设备连接线时不计主材费

B. 管形母线做设备连接线时不计安装费

C. 断路器以"台"为计量单位

D. 隔离开关安装高度超过 6m 时应增加超高费用

E. 同电压的阀式避雷器和氧化锌避雷器套用同一个定额

6. 电力工程建设预算必须履行（　　　）程序。

A. 编制　　　　　　　　　　　　B. 讨论

C. 校核　　　　　　　　　　　　D. 审计

E. 批准

7. 基本预备费可用于（　　　）等造成的损失。

A. 一般自然灾害　　　　　　　　B. 地震

C. 贷款利率提高　　　　　　　　D. 设计变更

E. 施工质量问题

8. 以下（　　　）可作为预算编制依据。

A. 工程施工图设计说明　　　　　B. 预算定额

C. 当地最低工资标准　　　　　　D. 发布的工资性补贴标准

E. 国外同类工程的造价

9. 电气安装施工图预算书中应包括（　　　）。

A. 编制说明　　　　　　　　　　B. 工程量计算书

C. 表二甲　　　　　　　　　　　D. 表三甲

E. 施工图

10. 工程设计费是指设计人根据委托人的委托，提供（　　　）等服务所需用费用。

A. 施工图设计文件　　　　　　　B. 工程勘察资料

C. 初步设计文件　　　　　　　　D. 初步设计概算

E. 竣工决算

三、计算题

1. 根据附录 K2 中电气部分图纸，计算 110kV 屋外配电装置的安装工程费（不计设备购置费）。

2. 根据附录 K2 中电气部分图纸，计算 35kV 屋内配电装置的安装工程费（不计设备购置费）。

附　　录

附录A　电网工程建设概（预）算表格形式

附表A-1　　　　　　　　　　　总 概 (预) 算 表

表一甲　　建设规模：　　　　　　　　　　　　　　　　　　　　　　金额单位：万元

序号	工程或费用名称	建筑工程费	设备购置费	安装工程费	其他费用	合计	各项占静态投资（%）	单位投资（元/kVA）
一	主要生产工程							
二	辅助生产工程							
三	与站址有关的单项工程							
四	编制基准期价差							
	合计							
五	其他费用							
（一）	建设场地征用及清理费							
（二）	项目建设管理费							
（三）	项目建设技术服务费							
（四）	生产准备费							
（五）	大件运输措施费							
六	基本预备费							
七	特殊费用							
	工程静态投资（一～七项合计）							
	各项占静态投资比例（%）							
八	动态费用							
（一）	价差预备费							
（二）	建设期贷款利息							
	项目建设总费用（动态投资）							
	其中：生产期可抵扣的增值税							

注　1. 本表适用于变电站、换流站、串联补偿站、通信站工程。

　　2. 本表金额除单位投资外，均以万元为单位，不留小数，有小数时四舍五入。

　　3. 如编制基准期价差已经在各单位工程中计算时，本表中"编制基准期价差"可汇总计列，但不得重复计算。

附表A-2　　　　　　　　　安装工程专业汇总概（预）算表

表二甲　　　　　　　　　　　　　　　　　　　　　　　　　　　　金额单位：元

序号	工程或费用名称	设备购置费	安装工程费			其他费用	合计	技术经济指标		
			装置性材料	安装	小计			单位	数量	指标

注　1. 按单位工程从表三汇入。

　　2. 技术经济指标按项目划分表中的技术经济指标单位填写。

附表 A-3　　　　　建筑工程专业汇总概（预）算表

表二乙　　　　　　　　　　　　　　　　　　　　　　　　金额单位：元

序号	工程或费用名称	建筑费	设备费	建筑工程费合计	技术经济指标		
					单位	数量	指标

注　1. 按单位工程从表三汇入。建筑工程中给排水、暖气、通风、空调、照明、消防等项目按建筑费、设备费汇总计入表二，再以建筑工程费（建筑费＋设备费）合计数汇入表一。
　　2. 技术经济指标按项目划分表中的技术经济指标单位填写。

附表 A-4　　　　　　　安装工程概（预）算表

表三甲　　　　　　　　　　　　　　　　　　　　　　　　金额单位：元

序号	编制依据	项目名称及规范	单位	数量	单价（元）				合价（元）			
					设备	装置性材料	安装	其中工资	设备	单位	数量	其中工资

注　1. 编制本表时，应将所采用的定额编号在编制依据栏内注明，采用其他资料亦应注明"参××工程"、"补"、"估"或相应字样，不得遗漏。
　　2. 本表单价栏可以有两位小数，合价不留小数，有小数时四舍五入。
　　3. 本表适用于变电站、换流站、串联补偿站、通信站工程。

附表 A-5　　　　　　　建筑工程概（预）算表

表三乙　　　　　　　　　　　　　　　　　　　　　　　　金额单位：元

序号	编制依据	项目名称及规范	单位	数量	单价（元）		合价（元）	
					金额	其中工资	数量	其中工资

注　1. 在编制依据栏应注明采用的定额或指标编号，调整使用的应注明调整系数，参照使用的应注明"参＋编号"；采用其他资料时应注明"参××工程"，"补"或"估"字样。
　　2. 给排水、暖气、通风、空调、照明、消防等项目中的设备购置费列入设备栏中。
　　3. 单价栏中的数据应保留两位小数，合价栏中的数据只保留整数，有小数时四舍五入。
　　4. 本表适用于变电站、换流站、串联补偿站、通信站、电缆线路工程。

附表 A-6　　　　　　　其他费用概（预）算表

表四　　　　　　　　　　　　　　　　　　　　　　　　金额单位：元

序号	工程或费用名称	编制依据及计算说明	合计

注　1. 编制依据及计算说明必须详细填写，并注明数据来源及计算过程。
　　2. 本表适用于全部电网工程。

附表 **A－7**　　　　　　　　　　**变电工程概况及主要技术经济指标**

表五乙

本期容量			MVA	规划容量		MVA
站区自然条件						
地耐力	kPa		地震烈度	度	地下水位	m
最低温度	℃		污秽等级	级	是否采暖区	是/否
建筑工程技术条件						
站区占地	公顷		总建筑面积	m²	主控楼建筑面积	m²
站区利用系数	%		建筑系数	%	进站道路	m²
站区挖方量	m³		站区填方量	m³		

全站设备支架及基础		进出线构架及基础				
钢支架	t	kV	本期规模：　跨	钢构架：　t	混凝土：　m³	
混凝土支架	m³	kV	本期规模：　跨	钢构架：　t	混凝土：　m³	
混凝土基础	m³	kV	本期规模：　跨	钢构架：　t	混凝土：　m³	

主变压器构架及基础		地基处理		防护工程		
本期规模	组	浅层地基加固	是/否	防洪墙	m³	
钢支架	t	桩基础	是/否	挡土墙	m³	
混凝土支架	m³	基坑支护	是/否	护坡	m³	
主变压器消防型式	Mvar	站区消防型式		站区供水方式		
主控楼空调		是否市政供暖	是/否			

主要工艺技术条件						
电压等级	主接线方式	本期出线	规划出线	配电装置型式	母线型式	
××kV		回	回		管母/软母	
××kV		回	回		管母/软母	
××kV		回	回		管母/软母	

主变压器	串联补偿	电容器	高压电抗器	低压电抗器	
型号		组	组	组	组
台数		Mvar/组	Mvar/组	Mvar/组	Mvar/组

控制方式		保护方式		接地方式	
计算机监控	是/否	集中布置	是/否	铜基地	
其他		集中下放	是/否	镀锌扁钢	
		分散下放	是/否	其他	

主要材料消耗指标					
35kV 电力电缆	m	10kV 电力电缆	m	10kV 以下电力电缆	m
控制电缆	m	计算机电缆	m	镀锌钢管	t
建筑钢材	t	木材	m³	水泥	t

主要设备材料价格					
主变压器	万元/台	高压电抗器	万元/台	GIS/HGIS	万元/台

续表

××kV 断路器	万元/台	××kV 断路器	万元/台	××kV 断路器	万元/台
××kV 开关柜	万元/面	××kV 开关柜	万元/面	××kV 开关柜	万元/面
35kV 电力电缆	元/m	10kV 电力电缆	元/m	10kV 以下电力电缆	元/m
控制电缆	元/m	计算机电缆	元/m	镀锌钢管	元/t
建筑钢材	元/t	木材	元/m³	水泥	元/t

附表 A-8   建设场地征用及清理费用概（预）算表

表七   金额单位：元

序号	工程或费用名称	编制依据及计算说明	合价

注 1. 编制依据及计算说明必须详细填写，并注明数据来源及计算过程。

2. 本表适用于全部电网工程。

附录 B　变电工程费用构成及费率一览表

说明：附录 B 依据《电网工程建设预算编制与计算规定（2013 年版）》和渝电定额〔2014〕4 号文件。

附表 B-1   变电建筑工程费用构成及费率一览表

序号	项目构成	计算标准	费率% 变电工程	
			110kV 及以下	220kV
1	直接费	1.1＋1.2		
1.1	直接工程费	1.1.1＋1.1.2＋1.1.3		
1.1.1	人工费	定额基价		
1.1.2	材料费	1.1.2.1＋1.1.2.2		
1.1.2.1	装置性材料费			
1.1.2.2	消耗性材料费	定额基价		
1.1.3	施工机械使用费	定额基价		
1.2	措施费	1.2.（1＋2＋…＋6）		
1.2.1	冬雨季施工增加费	1.1×费率	1.01	
1.2.2	夜间施工增加费	1.1×费率	0.11	
1.2.3	施工工具用具使用费	1.1×费率	0.67	
1.2.4	临时设施费	1.1×费率	2.46	

续表

序号	项目构成	计算标准	费率%	
			变电工程	
			110kV 及以下	220kV
1.2.5	施工机构迁移费	1.1×费率	0.41	0.39
1.2.6	安全文明施工费	1.1×费率	2.9	
2	间接费	2.1+2.2		
2.1	规费	2.1.(1+2+3)		
2.1.1	社会保险费	1.1×0.18×费率	33.2	
2.1.2	住房公积金	1.1×0.18×费率	12	
2.1.3	危险作业意外伤害保险费	1.1×费率	0.15	
2.2	企业管理费	1.1×费率	8.66	
3	利润	(1+2)×费率	5.5	
4	编制基准期价差	4.1+4.2+4.3		
4.1	人工价差			
4.2	材料价差			
4.3	机械价差			
5	税金	(1+2+3+4)×税率	市区 3.48%，县城、镇 3.41%，其他 3.28%	

附表 B-2　　　　　　　**变电安装工程费用构成及费率一览表**

序号	项目构成	计算标准	费率%	
			变电工程	
			110kV 及以下	220kV
1	直接费	1.1+1.2		
1.1	直接工程费	1.1.1+1.1.2+1.1.3		
1.1.1	人工费	定额基价		
1.1.2	材料费	1.1.2.1+1.1.2.2		
1.1.2.1	装置性材料费			
1.1.2.2	消耗性材料费	定额基价		
1.1.3	施工机械使用费	定额基价		
1.2	措施费	1.2.(1+2+…+6)		
1.2.1	冬雨季施工增加费	1.1.1×费率	8.57	
1.2.2	夜间施工增加费	1.1.1×费率	1.05	
1.2.3	施工工具用具使用费	1.1.1×费率	6.95	
1.2.4	临时设施费	1.1×费率	2.62	
1.2.5	施工机构迁移费	1.1.1×费率	11.46	11.02
1.2.6	安全文明施工费	1.1×费率	2.9	
2	间接费	2.1+2.2+2.3		

续表

序号	项目构成	计算标准	费率% 变电工程	
			110kV 及以下	220kV
2.1	规费	2.1.（1+2+3）		
2.1.1	社会保险费	1.1.1×1.6×费率	33.2	
2.1.2	住房公积金	1.1.1×1.6×费率	12	
2.1.3	危险作业意外伤害保险费	1.1.1×费率	2.31	
2.2	企业管理费	1.1.1×费率	73.93	
2.3	施工企业配合调试费	1×费率	0.59	0.77
3	利润	（1+2）×费率	6	
4	编制基准期价差	4.1+4.2+4.3		
4.1	人工价差			
4.2	材料价差			
4.3	机械价差			
5	税金	（1+2+3+4）×税率	市区 3.48%，县城、镇 3.41%，其他 3.28%	

附表 B-3　　　　　　　　　变电工程其他费用构成及费率一览表

序号	项目构成	计算标准	费率% 变电工程 kV		
			35	110	220
1	其他费用				
1.1	建设场地征用及清理费				
1.1.1	土地征用费	根据有关法律、法规、国家行政主管部门以及省（自治区、直辖市）人民政府规定计算			
1.1.2	施工场地租用费	根据有关法律、法规、国家行政主管部门和工程所在地人民政府规定，按照项目法人与土地所有者签订的租用合同计算			
1.1.3	迁移补偿费	按照工程所在地人民政府规定计算			
1.1.4	余物清理费	取费基数（工程类别）×费率	余物清理费费率用表		
1.1.5	输电线路走廊施工赔偿费	按照工程所在地人民政府规定计算			
1.1.6	通信设施防输电线路干扰措施费	依据设计方案以及项目法人与通信部门签订的合同或达成的补偿协议计算			
1.2	项目建设管理费				
1.2.1	项目法人管理费	（建筑工程费+安装工程费）×费率	3.73		
1.2.2	招标费	（建筑工程费+安装工程费）×费率	3.05		
1.2.3	工程监理费	（建筑工程费+安装工程费）×费率	6.45	5.34	4.46

续表

序号	项目构成	计算标准	费率%		
			变电工程 kV		
			35	110	220
1.2.4	设备监造费	(设备购置费－成套进口设备费)×费率	0.87		
1.2.5	工程结算审核费	(建筑工程费＋安装工程费)×费率	0.35		
1.3	项目建设技术服务费				
1.3.1	项目前期工作费	(建筑工程费＋安装工程费)×费率	2.52		
1.3.2	知识产权转让与研究试验费	根据项目法人提出的项目和费用计列			
1.3.3	勘察设计费	勘察费＋设计费			
1.3.4	设计文件评审费				
1.3.4.1	可行性研究设计文件评审费		变电工程设计文件评审费用表		
1.3.4.2	初步设计文件评审费				
1.3.4.3	施工图文件审查费				
1.3.5	项目后评价费	根据项目法人要求确定是否计列（建筑工程费＋安装工程费)×费率	0.5		
1.3.6	工程建设检测费				
1.3.6.1	电力工程质量检测费	(建筑工程费＋安装工程费)×费率	0.3		
1.3.6.2	特种设备安全监测费		1 万元		
1.3.6.3	环境监测验收费	根据工程所在省、自治区、直辖市行政主管部门收费标准计列			
1.3.6.4	水土保持项目验收及补偿费	根据工程所在省、自治区、直辖市行政主管部门收费标准计划			
1.3.6.5	桩基检测费	由项目法人根据工程实际情况审核确定			
1.3.7	电力工程技术经济标准编制管理费	(建筑工程费＋安装工程费)×费率	0.1		
1.5	生产准备费				
1.5.1	管理车辆购置费	设备购置费×费率	0.45		0.37
1.5.2	工器具及办公家具购置费	(建筑工程费＋安装工程费)×费率	新建　1.35		1.20
			扩建　1.14		1.02
1.5.3	生产职工培训及提前进场费	(建筑工程费＋安装工程费)×费率	0.7		0.6
1.6	大件运输措施费	根据运输条件及运输方案计算			
2	编制年价差				
2.1	材料价差	材料价差×(1＋税金)			
2.2	机械价差	机械价差×(1＋税金)			
3	基本预备费	(建筑＋安装＋设备＋其他费用＋价差)×费率	可研阶段 4.0，初设阶段 2.5，施工图预算 1.0		

附录 C　变电工程建筑施工

一、变电工程建筑施工中常用建筑材料

1. 混凝土

由水泥、砂、石子、水及必要的化学外加剂组成，经过水泥凝结硬化后形成的、干体积密度为 $2000\sim2800kg/m^3$，具有一定强度和耐久性的人造石材，称为普通混凝土，又称水泥混凝土，简称混凝土。除普通混凝土外，其他混凝土均为特种混凝土。

普通混凝土由水泥、粗骨料（碎石或卵石）、细骨料（砂）和水拌和经水化和硬化而形成的一种人造石材，它的主要技术性质如下：

（1）混凝土的和易性。主要包括流动性、黏聚性和保水性三个方面的性质。

（2）混凝土的强度。按其抗压强度平均值分为 C7.5、C10、Cl5、C20、C25、C30、C35、C40、C45、C50、C55、C60、C65、C70、C75、C80 共 16 个等级。C7.5～Cl5 的混凝土用于垫层、基础、地坪及受力不大的工程部位，C20～C30 用于工民建的普通钢筋混凝土结构中的梁、板、柱、楼梯、框架等部位，C30 以上的混凝土主要用于公路、桥梁、桥式起重机梁、预应力钢筋混凝土构件。

（3）混凝土的耐久性。混凝土的耐久性是指混凝土在长期使用过程中，能抵抗各种外界因素的作用，而保持其强度和外观完整性的能力，主要包括抗冻性、抗渗性、抗侵蚀性、碳化及碱集料反应等。

（4）混凝土外加剂可以明显改善混凝土的性能，包括改善混凝土拌和物和易性、调节凝结时间、提高混凝土强度及耐久性等。最常用外加剂有减水剂、早强剂、引气剂、缓凝剂、速凝剂、泵送剂和防冻剂。

2. 建筑砂浆

建筑砂浆是将砌筑块体材料（砖、石、砌块）黏结为整体的砂浆。

建筑砂浆和混凝土的区别在于不含粗骨料，它是由胶凝材料（水泥、石灰、石膏等）、细骨料和水按一定的比例配制而成。按其用途分为砌筑砂浆和抹面砂浆；按所用材料不同，分为水泥砂浆、石灰砂浆、石膏砂浆和水泥石灰混合砂浆等。合理使用砂浆对节约胶凝材料、方便施工、提高工程质量有着重要的作用。

砂浆的主要技术性质如下：

（1）新拌砂浆的和易性。砂浆的和易性是指砂浆是否容易在砖石等表面铺成均匀、连续的薄层，且与基层紧密黏结的性质，包括流动性和保水性两方面性质。

（2）砂浆的强度。砂浆的强度等级共有 M2.5、M5、M7.5、M10、M15、M20 等六个等级，M 后的数字为砂浆抗压强度平均值，单位 MPa。

3. 建筑钢材

钢材是以铁为主要元素，碳的质量分数在 2% 以下，并含有其他元素的铁碳合金材料。建筑钢材是指建筑工程中使用的各种钢材，包括钢结构用各种型材（如圆钢、角钢，槽钢、工字钢、钢管）、板材（中板、薄板），以及混凝土结构用钢筋、钢丝、钢绞线等。钢筋混凝土常用钢筋见附表 C-1。

附表 C‑1　　　　　　　　　　　　　　　钢筋混凝土用钢筋

表面形状	强度	牌号	符号	公称直径 d (mm)	屈服极限等级表示 σ_s（MPa）
光滑钢筋	Ⅰ	HPB235（Q235）	Φ	8～20	235
带肋钢筋	Ⅱ	HRB335（20MnSi）	Φ	6～50	335
	Ⅲ	HRB400（20MnSiV、20MnSiNb、20MnTi）	Φ	6～50	400
	Ⅳ	RRB400（K20MnSi）	$Φ^R$	8～40	400

　　注　HPB（Hot Rolled Plain Steel Bar），热轧光面钢筋。

　　　　HRB（Hot Rolled Ribbed Steel Bar），热轧带肋钢筋。

　　　　RRB（Remained heat treatment Ribbed Steel Bar），余热处理钢筋。

二、建筑施工

　　根据房屋传力系统的特性，土建施工首先是基础，后是主要承重结构件，再是一般构件和消防水、上下水、通风、照明，最后进行粉刷、装饰、油漆等。这就形成施工的一般规律，基础部分先深后浅，地面以上部分先下后上，整体部分先结构后装饰，临时设施拆除先上后下，全部工程先重点后一般等。在施工中要结合工程具体特点和特殊要求进行调整。

　　（一）土石方工程

　　土方工程有场地平整、基坑（槽）与管沟的开挖、路基填土及碾压等。施工内容包括土的开挖或爆破、运输、填筑、平整和压实等主要施工过程，以及排水、降水和土壁支撑等准备工作与辅助施工工作。

　　土石方工程有大、小型之分。在建筑工程预算定额中，把工程量 10000m³ 以上划为大型，10000m³ 以下划为小型。

　　1. 土的工程分类

　　土的种类繁多，其性质直接影响施工方法和工程质量等。建筑预算定额中将土石方工程分为 8 类 16 级，即：松软土、普通土、坚土、砂砾坚土、软石、次坚石、坚石、特坚硬石等 8 类。

　　2. 土的工程性质

　　土的工程性质对土方工程量计算和调配平衡，以及选用施工方法等有直接关系。土的基本性质有可松性、含水量、容量、渗透系数、摩擦系数和黏结力。

　　3. 土方工程施工准备和辅助工作

　　土方工程施工准备和辅助工作的主要内容包括：

　　（1）大型土方工程在施工前应编制施工组织设计（或施工方案）。

　　（2）施工前的场地平整和有关准备工作。

　　（3）边坡的留设和土壁支撑。

　　为了防止塌方和保证施工安全，在挖填方的深度和高度超过一定限度时，土壁均应留成一定斜率的坡度，或者设置临时支撑以保持土壁的稳定。在开挖基坑或沟槽时，常因受场地限制不能放坡，或放坡增加土方量很大时，可采用设置支撑的施工方法。

　　（4）人工降低地下水位。地下水位若高于开挖基坑、沟槽的底面时，应采用人工降低地下水位的方法，以保证施工质量和施工安全。人工降低地下水位的方法有集水井降水法和井点降水法。

（5）土方调配。土方调配是将挖填方的数量、弃取方向进行综合协调和处理。好的调配方案应使土方运输量最小，施工方便。土方调配主要是将各个挖填方的项目，划分为数个调配区，说明调配方向、土方数量及每一对挖、填区之间的平均运距。

4. 土方开挖

根据不同的基础形式，一般将挖土工程分为挖土方、挖地槽和挖地坑三种，凡沟槽底宽在 3m 以内且长度大于宽度 3 倍的挖土为挖地槽；基础底面积在 20m² 以内的挖土为挖地坑；超出上述两种范围的挖土为挖土方。土方工程量达到大型或系独立土方工程时，应单独编制预算施工。挖土方又分人工挖土方和机械挖方。人工挖方一般为工程量小，土壤类别低，挖土深度浅，运距短的土方工程。除此之外，一般均采用机械挖土。

土方开挖的一般工艺流程如图附录 C-1。图中的虚线方格是指该项工序在有的工程中可能遇到，有的工程中不一定遇到。

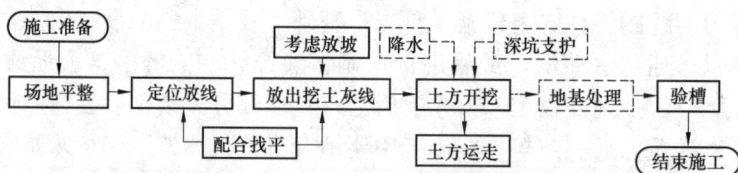

附图 C-1　土方开挖工艺流程图

（1）场地平整。场地平整就是将需进行建筑范围内的自然地面，通过人工或机械平整改造成为设计所需要的平面。在目前总承包施工中，三通一平的工作往往是由施工单位来实施，因此场地平整也成为开工前的一项工作内容。

（2）基槽（坑）土方施工。

1）定位放线。在基础施工之前根据建筑总平面图设计要求，将拟建房屋的平面位置和零点标高在地面上固定下来，再根据基础的宽度、土质情况、基础埋置深度及施工方法，计算确定基槽（坑）上口开挖宽度，拉通线后用石灰在地面上画出基槽（坑）开挖的上口边线即放线，如附图 C-2 所示。

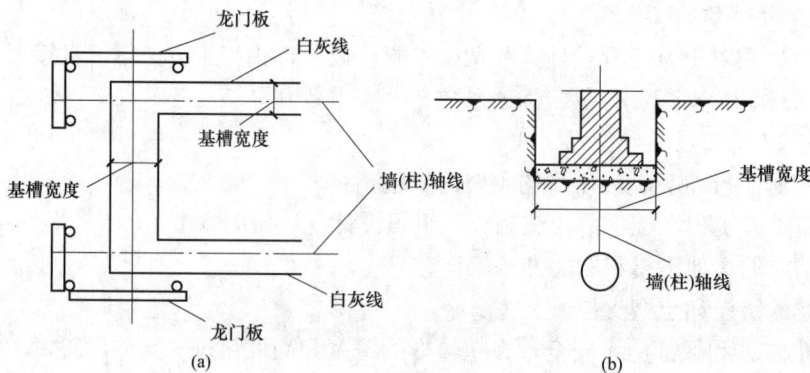

附图 C-2　放线示意图

变电站构筑物基础定位放线应根据建筑测量方格网为准，应设立轴线控制桩、标高控制桩。定位放线后，应进行复核，并经业主或监理核实。

2）基槽（坑）土方开挖。开挖基槽（坑）应按规定的尺寸，合理安排开挖顺序和分层进行，且必须并遵循"开槽支撑，先撑后挖，分层开挖，严禁超挖"的原则。

　　3）土方回填。基础施工后回填土是一项很重要的工作，填土的土料应符合设计要求：含有大量有机物、石膏和水溶性硫酸盐（含量大于 5%）的土及淤泥、冻土、膨胀土等均不应作为填方土料；含水量大的黏土也不宜作填土用；基槽（坑）土方回填应两侧对称进行，并分层夯实，夯实机械有夯锤、内燃夯土机和蛙式打夯机等。

　　（3）土石方施工机械。在土方施工中，人工开挖只适用于小型基坑（槽）、管沟及土方量少的场所，对大量土方一般均应采用机械化施工。常用的施工机械有推土机、铲运机、单斗挖土机、装载机等，施工时应正确选用施工机械，加快施工进度。

　　1）推土机。推土机是土方工程施工的主要机械之一，是在履带式拖拉机上安装推土铲刀等工作装置而成的机械。按铲刀的操纵机构不同，推土机分为索式和液压式两种。

　　索式推土机铲刀借本身自重切入土中，硬土中切土深度较小。液压式推土机由于用液压操纵，能使铲刀强制切入土中，切入深度较大。同时液压式推土机铲刀还可以调整角度，具有更大的灵活性，是目前常用的一种推土机，如附图 C-3 所示。

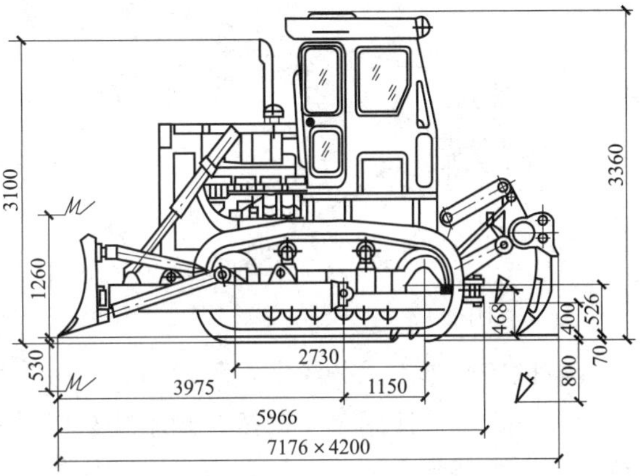

附图 C-3　油压操纵的 T-180 型推土机

　　推土机可以推挖一～三类土，经济运距 100m 以内，效率最高为 60m。多用于场地清理和平整、开挖深度 1.5m 内的基坑，填平沟坑及配合铲运机、挖土机工作等。

　　2）铲运机。铲运机由牵引机械和土斗组成，按行走方式分为拖式和自行式两种，如附图 C-4、附图 C-5 所示。

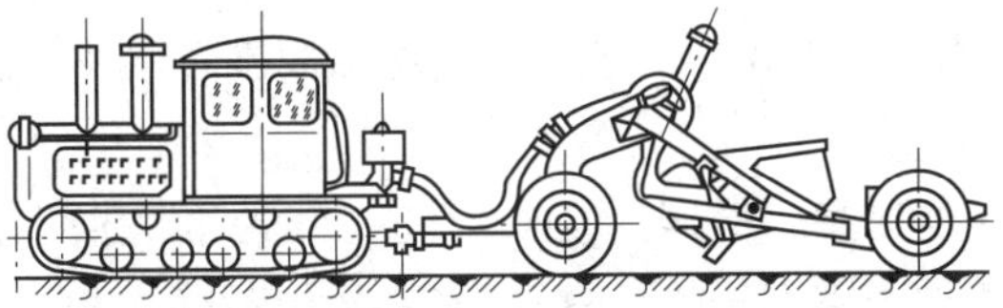

附图 C-4　C6-2.5 型拖式铲运机外形图

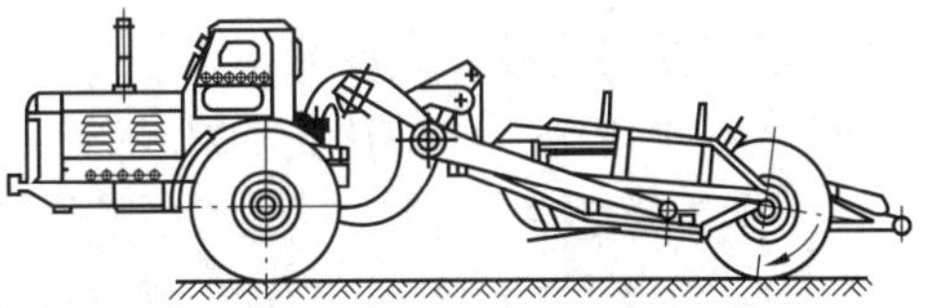

附图 C-5　C3-6 型自行式铲运机外形图

　　铲运机的特点是能综合完成挖土、运土、平土或填土等全部土方施工工序，对行驶道路要求较低；操纵灵活、运转方便，生产率高，在土方工程中常应用于大面积场地平整，开挖大基坑、沟槽及填筑路基等工程。适宜于铲运含水量不大于 27% 的松土和普通土，不适于在砾石层和冻土地带及沼泽区工作。

　　3）单斗挖土机。单斗挖土机在土方工程中应用较广，种类很多，按其行走装置的不同，分为履带式和轮胎式两类。单斗挖土机还可根据工作的需要，更换其工作装置。按其工作装置不同，分为正铲、反铲、拉铲和抓铲等，其外形如附图 C-6～C-9 所示。

　　4）运土机械。基坑开挖采用单斗（反铲等）挖土机施工时，需用运土车辆配合，将挖出的土随时运走。常用的运土机械包括装载机、自卸汽车等。

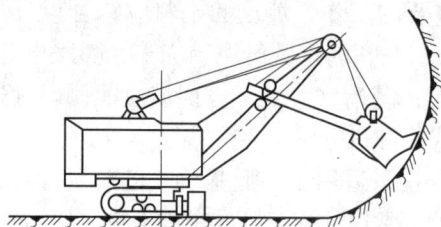

附图 C-6 履带式机械正铲挖土机外形

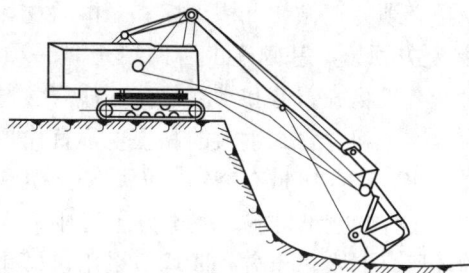

附图 C-7 反铲挖土机外形

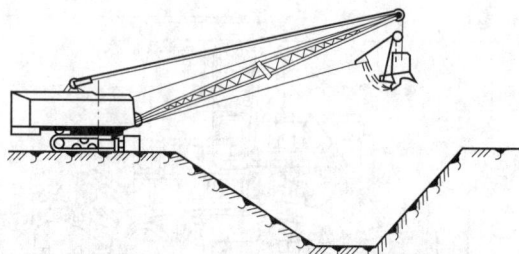

附图 C-8 履带式拉铲挖土机外形

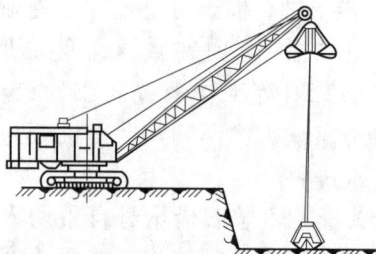

附图 C-9 履带式抓铲挖土机外形

　　装载机按行走方式分履带式和轮胎式，按工作方式分单斗式装载机、链式和轮斗式装载机。土方工程主要使用单斗铰接式轮胎装载机。它具有操作轻便、灵活、转运方便、快速等特点，适用于装卸土方和散料，也可用于松软土表层剥离、地面平整和场地清理等工作。

　　自卸汽车是车厢配有自动倾卸装置的汽车，又称为翻斗工程车，由汽车底盘、液压举升机构、动力装置和货厢组成。由于装载车厢能自动倾翻一定角度卸料，大大节省卸料时间和劳动力，提高生产效率，降低运输成本，是常用的运输机械。

　　（4）土壁支护。不管是用人工或是机械开挖土方，在施工时为了防止土壁坍塌都要采取一定的施工措施，如放坡、支挡板或打护坡桩。

　　当土方开挖深度超过一定限度时，为防止土壁坍塌，将上口开挖宽度增大，将土壁做成具有一定坡度的边坡称为放坡，是施工中较常用的一种措施。当地质条件和周围环境不允许放坡时，就要使用一些特殊支护结构。

　　1）横撑式支撑。开挖较窄的沟槽多用横撑式支撑。根据挡土板不同，分为水平挡土板支撑［见附图 C-10（a）］和垂直挡土板支撑［见附图 C-10（b）］，前者又分断续式和连续式两种。对松散和湿度很大的土可用垂直挡土板式支撑。

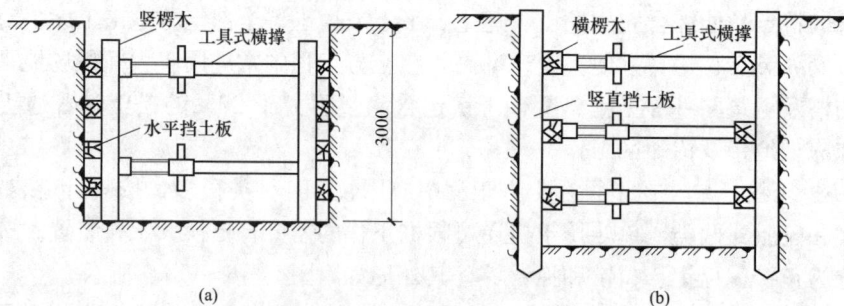

附图 C-10 横撑式支撑

（a）水平挡土板支撑；（b）垂直挡土板支撑

2）土钉墙支护。土钉墙支护是由被加固土体、设置在土体中的土钉和喷射混凝土面层形成一个类似重力式挡土墙，以此来抵抗墙后传来的土压力和其他荷载，从而保持开挖面的稳定，适用于地下水位以上非软土场地的边坡支护工程。工艺过程：挖土→喷射混凝土→打孔→插筋、注浆→铺放、压固钢筋网→喷射混凝土→挖下层土。

3）地下连续墙。地下连续墙是在地面上采用一种挖槽机械，沿着深开挖基坑周边轴线，在泥浆护壁条件下，开挖一条狭长的深槽，清槽后在槽内吊放钢筋笼，然后用导管法逐段浇筑水下混凝土，最终在地下筑成一道连续的钢筋混凝土墙壁，防水、防渗、承重和挡土。工艺过程：作导槽→钻槽孔→放钢筋笼→水下灌注混凝土→基坑开挖与支撑。

（5）施工排水。在开挖基坑、地槽、管沟或其他土方时，土的含水层常被切断，地下水将会不断地渗入坑内。雨季施工时，地面水也会流入坑内。为了保证施工的正常进行，防止边坡塌方和地基承载能力的下降，必须做好基坑降水工作。降水方法分明排水法和井点降水两类。

1）明排水法。在基坑或沟槽开挖时。沿坑底周围或中央开挖排水沟，再在沟底设集水井，使基坑内水经排水沟流向集水井，然后用水泵抽走（见附图 C-11）。

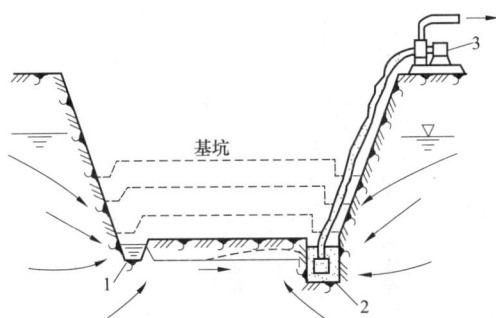

附图 C-11　集水井降水
1—排水沟；2—集水坑；3—水泵

明排水法设备简单、排水方便，采用较为普遍，但开挖深度大、地下水位较高且土质又不好时，明排水法降水会在坑底形成流砂，严重时会造成边坡塌方及附近建筑物下沉、倾斜倒塌等。

2）井点降水。井点降水就是在基坑开挖前，预先在基坑四周埋设一定数量的滤水管（井），利用抽水设备从中抽水，使地下水位降落在坑底以下，直至施工结束为止。这样可使所挖的土始终保持干燥状态，同时还使动水压力方向向下，从而防止流砂发生，提高土强度或密实度。因此人工降低地下水位不仅是一种施工措施，也是一种地基加固方法。

井点降水的方法有轻型井点、喷射井点、管井井点及深井泵等。各种方法的选用，视土的渗透系数、降低水位的深度、工程特点、设备及经济技术比较等具体条件选用。其中以轻型井点采用较广。

轻型井点设备由管路系统和抽水设备组成。应根据基坑大小、土质、地下水位高低与流向等确定井点系统布置。如附图 C-12 所示为施工降水示意图。

当基坑或沟槽宽度小于 6m，水位降低值不大于 5m 时，可用单排线状井点，布置在地下水流上游一侧，两端延伸长一般不小于沟槽宽度。如沟槽宽度大于 6m 或土质不良，宜用双排井点或环状井点。有时也可布置为 U 形，以利挖土机械和运输车辆出入基坑。

轻型井点的降水深度在考虑设备水头损失后，不超过 6m。当井管埋深 H_m>6m 时，可视其具体情况采用二级井点或改用其他井点。二级轻型井点示意如附图 C-13 所示。

轻型井点的安装程序是先排放总管，再埋设井点管，用弯管将井点管与总管接通，最后安装抽水设备。使用时，一般应连续抽水（特别是开始阶段）。时抽时停滤网容易堵塞，同

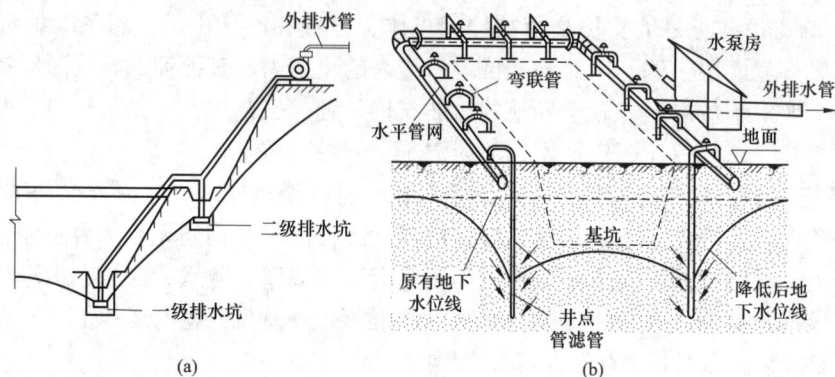

附图 C - 12　施工降水示意图

（a）明排水；（b）井点降水

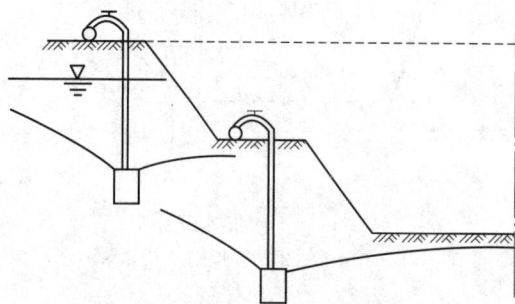

附图 C - 13　二级轻型井点示意图

时由于中途停抽，使地下水回升，可能引起边坡塌方等事故。井点降水工作结束后所留的井孔必须用砂砾或黏土填实。

（6）石方爆破。土木工程施工遇到岩石最有效的方法是爆破，爆破是利用炸药爆炸时产生的大量的热和极高的压力破坏岩石和其他物体，使其松动或破碎。

（二）砌体工程

砌体工程是指砖、石块体和各种类型砌块的砌筑过程，它是一个综合施工过程，包括材料运输、调制砂浆、脚手架搭设、砌筑和勾缝等工序。

（1）砌筑砂浆。有水泥砂浆、石灰砂浆、混合砂浆等。砂浆调制大多用砂浆搅拌机。砂浆运输，水平较多用机动翻斗车，垂直用井架、轻型塔吊。砂浆在常温下必须在 4h 内使用完毕，气温在 30℃ 以上时，必须在 3h 内使用完毕。砂浆具流动性，砌实心砖墙和柱砂浆厚宜为 7～10cm，砌平拱过梁、筒拱及空斗墙宜为 5～7cm。

（2）脚手架。砌筑用脚手架是砌筑过程中堆放材料和工人进行操作的临时性设施。按搭设位置分外脚手架和里脚手架两大类。使用材料有金属、毛竹、原条木。

对脚手架的基本要求是宽度应满足工人操作、材料堆置和运输的需要，构造坚固稳定，装拆简便，能多次周转使用。

（3）砖墙的砌筑法。砖墙的砌法是指砖块在砌体中的排列方式。为了保证砌体坚固，整体性好，砌块排列的方式应遵循内外搭接，上下错缝的原则。

（三）钢筋混凝土工程

钢筋混凝土是建筑施工中主要工程之一。它是由钢筋、模板、混凝土三种材料（或半成品）组合而成。钢筋混凝土工程包括现浇结构和预制装配结构的施工。

1. 钢筋工程

关于钢筋加工有加工厂加工和现场加工。电网建设一般都采取现场加工，它的加工过程一般为平直（调直）、冷拉、冷拔、切断、弯曲、镦头、焊接和绑扎等。

（1）钢筋冷拉。在常温下对钢筋进行强力拉伸，拉应力超过钢筋的屈服强度，使钢筋产生塑性变形，以达到调直钢筋和提高强度的目的。钢筋冷拉设备由拉力设备（卷扬机、滑轮组）、承力结构（地锚或台座）、测量设备和夹具组成。

（2）钢筋冷拔。用直径 5.5～8mm 的圆钢筋，通过钨合金的拔丝模进行强力冷拔，使其受到拉伸与压缩兼有的作用，以提高抗拉强度，塑性降低，呈硬钢性质。钢筋经冷拔后称为冷拔低碳钢丝。

（3）钢筋焊接。钢筋焊接的方法常用有气焊、电弧焊、电渣压力焊、电阻焊和埋弧焊等。

2. 模板工程

模板为混凝土成形模型，要求它能保证结构件的形状和尺寸准确，具有足够的强度、刚度和稳定性，能承载钢筋、混凝土及自身的重量和施工操作时的动荷载，接缝严密不漏浆、装拆方便，能多次周转使用等。模板工程包括模板、支撑和紧固件。当前使用最广的为组合式定型钢模板。

3. 混凝土工程

混凝土工程包括制作（搅拌）、运输、浇筑捣实和养护等施工过程。各个施工过程都相互联系和影响，任一施工过程处理不当就会影响混凝土工程的最终质量。

（1）混凝土制作（搅拌）。将水泥、砂、石、水按配合比规定的比例数量，加入搅拌机拌制，成为质地均匀、颜色一致、具备一定流动性的拌和物。

（2）混凝土运输。运输的基本要求是混凝土不产生离析现象，保证规定的坍落度在初凝时间之前到达。

（3）混凝土浇筑和捣实。要保证混凝土的均匀性和密实性，保证结构的整体性、尺寸准确和钢筋、预埋件的位置正确，拆模后混凝土表面要平整、光洁。

除此之外，还有地面及楼面工程、屋面工程、门窗工程、装饰工程和结构吊装工程等。综上所述，电力建设的土建施工，除具有一般工业与民用建筑工程的施工特点外，还具有相应的专业特点：①厂房结构复杂，荷载大；②建筑场地质量要求高；③结构件种类、规格较多；④地下设施复杂，通常有电缆沟（或隧道）、电缆埋管、工业水管沟、出灰沟槽、油管路、消防管路、上下水道等；⑤预制装配厂房的结构件重量大。

三、主变压器基础工程施工工艺

主变压器基础工程施工属于变电站构筑物基础施工之一。以下所述施工工艺，不仅适用于现场拌制混凝土的主变压器基础施工，而且也适用于现场拌制混凝土的构支架、独立避雷针等变电站构筑物基础施工。

（一）施工流程

主变压器基础工程施工流程图如附图 C-14 所示。

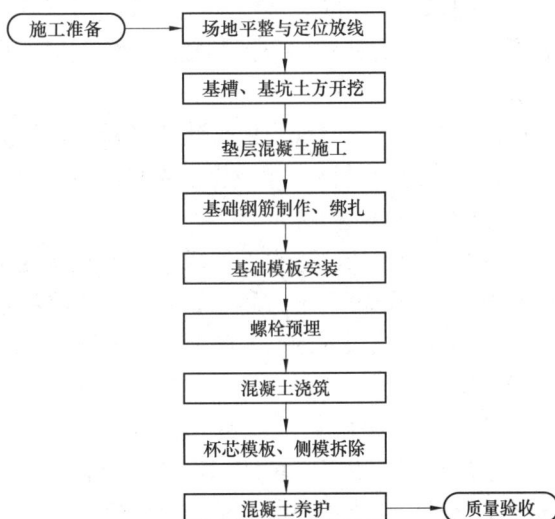

附图 C-14　主变压器基础工程施工流程图

（二）工艺流程说明及主要质量控制要点

1. 施工准备

（1）材料准备。

1）水泥。进场应有出厂合格证，3天和28天强度试验报告，对水泥品种、级别、包装、出厂日期等进行检查，并应对其强度、安定性等性能指标按规定取样复检。水泥尽量使用同一品牌的材料，进场后应有良好的堆放场地及防雨、防潮措施。

2）钢筋。进场时应有产品质量证明书，对其进行外观检查，并按有关标准规定取样、送样，进行力学性能检验，其质量必须符合现行国家标准的规定。

3）砂。采用中砂，进场后按相关标准要求检验，有害物质含量小于1%，砂含泥量及泥块含量应符合下列要求：

a. 混凝土等级＜C30，含泥量≤5.0%，泥块含量≤2.0%。

b. 混凝土等级≥C30，含泥量≤3.0%，泥块含量≤1.0%。

4）石子。尽量选用同一产地产品，级配良好，进场后应检验。石子含泥量及泥块含量应符合下列要求：

a. 混凝土强度＜C30，含泥量≤2.0%，泥块含量≤0.7%。

b. 混凝土强度≥C30，含泥量≤1.0%，泥块含量≤0.5%。

5）施工用水。采用饮用水，如使用河水、湖水、井水等，应经检测合格后方可使用。

6）模板。应选用表面平整、有一定强度刚度的材料。

（2）作业准备。混凝土搅拌前应对拌制设备进行检查、维修、保养。混凝土搅拌机及其他机械设备进场、就位，并搭设混凝土搅拌棚；夜间施工配备足够的照明设备。

混凝土搅拌前，应测定砂、石含水率，并根据测试结果调整材料用量，提出施工配合比。

（3）技术准备。

1）图纸会检：应严格按照国家电网公司《电力建设工程施工技术管理导则》的要求做好图纸会检工作。

2）技术交底：应按照导则规定，每个分项工程必须分级进行施工技术交底。技术交底内容要充实，具有针对性和指导性。全体施工人员应参加交底并签名，形成书面交底记录。

2. 定位放线

构筑物基础定位放线应根据建筑测量方格网为准，应设立轴线控制桩、标高控制桩。定位放线后，应进行复核，并经业主或监理核实。

3. 土方开挖

根据图纸及地质勘查报告要求，查勘现场土质，确定开挖方案。开挖中应对基底标高、基坑轴线、边坡坡度等进行复测，并及时排除积水，确保不超深以及基底土质开挖时不受扰动，基础土方开挖如附图C-15所示，开挖完成后，应组织相关人员（勘察单位、设计单位、施工单位、监理单位）进行验槽并做好记录。

4. 垫层混凝土施工

将基础控制线引至基坑内，设置好控制桩，并核实其准确性。按照基坑轴线位置，安装混凝土垫层模板，浇灌混凝土垫层。混凝土垫层浇捣应密实、平整，厚度应符合设计要求。混凝土垫层浇筑完毕后，进行浇水养护，混凝土强度达到$1.2N/mm^2$前，不得在其上踩踏或安装模板支架。构支架基础垫层施工，如附图C-16所示。

附图 C-15　基础土方开挖

附图 C-16　构支架基础垫层施工

5. 钢筋绑扎

根据图纸等设计文件进行钢筋翻样，确定钢筋规格、型号、尺寸、形状，在制作棚内统一加工成型，运至现场。利用控制桩定出施工控制线、基础边线，复查垫层标高及中心线位置，无误后，绑扎基础钢筋。钢筋安装、绑扎完成经验收合格后，应办理钢筋隐蔽工程验收记录。基础钢筋绑扎如附图 C-17 所示。

6. 模板安装和拆除

构支架基础模板及其支架应根据结构形式、荷载大小、地基土类别、施工设备及材料供应等条件进行设计，符合有关强度、刚度、稳定性要求。构支架基础自下而上安装各层外侧模板及支架，并进行固定。模板表面须涂刷隔离剂。杯芯模板采用木模拼装或采用定型钢模。构支架基础芯的定型钢模板如附图 C-18 所示，杯芯模板底部穿 $\Phi20mm$ 孔、间距 300mm，便于排除浇筑混凝土时产生的气体。

附图 C-17　基础钢筋绑扎

附图 C-18　构支架基础芯的定型钢模板

构支架基础模板安装完成后应进行检查、矫正，并整体加固。构支架基础的模板安装如附图 C-19 所示。

基础模板拆除应保证混凝土边角、棱角不被损坏。构支架基础杯芯模板应视气温情况及时拆除，避免破坏杯口混凝土棱角。

7. 混凝土搅拌

混凝土搅拌机使用前应加水湿润，按石子、砂、水泥、石子、水的顺序投放材料。原材料现场计量应专人检查，必须按重量进行计量，允许偏差不得超过

附图 C-19　构支架基础的模板安装

下列规定：水泥±2%；粗细骨料±3%；水、外加剂溶液±2%。

混凝土搅拌时间一般不少于90s，加测定材料的含水量，并根据测定结果确定材料用量及用水量。

8. 混凝土浇筑

（1）混凝土的水平运输宜采用手推车或翻斗车运输，运输前应搭设好运输通道。运输通道可采用钢管排架、竹笆或木板搭设。

（2）构支架基础浇筑混凝土时，为防止杯芯模板向上浮或向四周偏移，需注意控制混凝土坍落度及下料速度，当混凝土浇到高于第一层外模板50mm左右时，稍作停顿，接着在杯芯四周对称均匀下料振捣，第二层混凝土浇筑应在底层混凝土终凝前完成，终凝一天后进行杯芯凿毛。构支架杯芯示例如附图C-20所示。

（3）混凝土振捣采用插入式振捣器施工，插入间距不大于400mm，振捣上层混凝土时，振动棒应插入下层混凝土30～50mm。

9. 混凝土养护

应在混凝土浇筑完毕后的12h内加以覆盖进行保湿养护，浇水养护时间不少于7天，并设专人检查落实。构支架基础的养护如附图C-21所示。

附图C-20　构支架杯芯示例

附图C-21　构支架基础的养护

10. 质量验收

按照DL/T 5210.1—2005《电力建设施工质量验收及评定规程　第1部分：土建工程》的第10.3条进行质量验收，主要检查项目如下：

（1）轴线位置偏差：10mm。

（2）标高偏差：0～－10mm（设备基础应控制在±1mm，满足无垫片安装要求）。

（3）截面尺寸偏差：＋8～－5mm。

（4）表面平整度偏差：3mm（此标准较规范提高了5mm，以满足表面无积水要求）。

（5）预留洞口中心线偏差：15mm。

（三）示例图片

构支架基础的示例如附图C-22所示，主变压器基础示例如附图C-23所示，构支架基础成品保护示例如附图C-24所示，构支架基础成品鸟瞰图如附图C-25所示。

附图 C-22　构支架基础的示例

附图 C-23　主变压器基础示例

附图 C-24　构支架基础成品保护示例

附图 C-25　构支架基础成品鸟瞰图

附录 D　《电力建设工程预算定额（2013 年版）第一册　建筑工程》部分使用说明

附录 D 中的《电力建设工程预算定额（2013 年版）第一册　建筑工程》简称为电力建筑预算定额。

一、电力建筑预算定额内容构成

《电力建设工程预算定额（2013 年版）第一册　建筑工程》分上册、下册。见附表 D-1、附表 D-2。电力建筑预算定额，包含了总说明、章说明、工程量计算规则及附录等内容。

附表 D-1　　　　　　　　　电力建筑预算定额（上册）组成内容

章节	定额章名称	定额节数量	定额子目数量
第 1 章	土石方与施工降水工程	5	132
第 2 章	地基与边坡处理工程	13	175
第 3 章	砌筑工程	4	35
第 4 章	混凝土与钢筋、铁件工程	8	161
第 5 章	金属结构工程	6	106
第 6 章	隔墙与天棚吊顶工程	2	30
第 7 章	门窗与木作工程	8	59
第 8 章	地面与楼地面工程	7	96
第 9 章	屋面工程	5	42
第 10 章	防腐、耐磨、绝热、屏蔽、隔声、抑尘工程	5	46

续表

章节	定额章名称	定额节数量	定额子目数量
第 11 章	装饰工程	9	124
第 12 章	构筑物工程	10	275
第 13 章	脚手架工程	2	16
第 14 章	垂直运输及超高调整	6	25
第 15 章	灰坝工程	4	57

附表 D-2　　　　　　　　　　电力建筑预算定额（下册）组成内容

章节	定额章名称	定额节数量	定额子目数量
第 16 章	给水与排水工程	11	289
第 17 章	照明与防雷接地工程	9	200
第 18 章	消防工程	5	213
第 19 章	除尘工程	1	4
第 20 章	通风与空调工程	8	249
第 21 章	采暖工程	3	82
第 22 章	防腐与绝热工程	2	57

1. 总说明

总说明是对电力建筑预算定额共同问题所作的综合规定，扼要地说明了电力建筑预算定额编制的指导思想、编制原则、依据、适用范围、使用方法等问题，熟悉和掌握定额总说明，是正确使用定额的重要步骤。

（1）电力建筑预算定额的性质和作用。电力建筑预算定额是电力工程建设项目的计价依据，是编制工程量清单、工程量清单计价、招标控制价、标底的依据，是编审施工图预算、工程结算的依据，是调解处理工程造价纠纷、鉴定工程造价的依据，是投标报价、衡量投标报价合理性的基础；是编制投资估算指标、概算定额的基础。

（2）电力建筑预算定额的适应范围。电力建筑预算定额适用于单台汽轮发电机发电容量50～1000MW 级机组新建或扩建工程和变电电压等级 35～1000kV 新建或扩建工程、换流站新建或扩建工程、通信站新建或扩建工程、串补站新建或扩建工程。

（3）电力建筑预算定额编制的依据。国家和有关主管部门颁发的技术规定、规范、标准，施工质量检验及评定标准。

2006 年以来电力工程施工图设计图纸，包括发电厂、变电站、换流站、通信站、串补站等工程施工图纸。

电力工程施工方案包括施工组织设计、施工技术方案、施工措施等。

（4）有关定额水平和消耗量的取定。电力建筑预算定额是在正常的自然条件、环境条件下，按照电力建设工程合理的施工组织设计、合理的施工机械配备，选择常用的施工方法与施工工艺，并考虑了建筑与安装在合理交叉作业条件下进行编制的。电力建筑预算定额中的人工、材料、施工机械消耗量反映了电力建设行业建筑施工技术与管理水平，代表着电力行业社会平均生产力水平。

电力建筑预算定额中包括的施工工作内容，除各章节说明外，还包括从施工准备、场内运输、施工操作到完工清理全部过程所有的施工工序。

1）人工。电力建筑预算定额中的人工工日是以全国统一劳动定额为基础，按照 8h 工作制计算。人工等级分普通工和技术工，人工消耗量包括基本用工、超运距用工、人工幅度差、辅助用工，不分工种以工日表示。人工工日单价按照 2013 年电力行业定额基准工日单价取定，土建普通工 34.00 元/工日，土建技术工 48.00 元/工日。

人工工日消耗量是按正常合理的劳动力组织、劳动效率确定的，包括定额子目内直接生产用工消耗量、定额子目外直接生产用工消耗量、工序施工准备与收尾用工消耗量、使用工具用具人工消耗量、操作机械人工消耗量。

2）材料、半成品、成品。定额中的材料、半成品、成品是按照国家质量标准和相应的设计要求且具有质量合格证书和试验合格记录的产品考虑。

材料的消耗量包括施工中消耗的主要材料、辅助材料、零星材料，并包括了合理的施工损耗量、现场堆放损耗量、场内运输损耗量。有关施工措施使用的周转性材料在定额中按照摊销量计列。

电力建筑预算定额包括施工现场加工、配置、制作、预制的材料、半成品、成品的场内运输费用。场内运输包括被加工、配置、制作、预制的材料、半成品、成品从存放仓库或堆放地点运至施工加工地点的水平与垂直运输。

材料价格包括材料、半成品、成品供应价（原价）、运杂费、采购保管费，按照 2013 年电力行业定额"材机库"中材料预算价格综合取定，不包括材料、半成品、成品的检验试验费。

3）施工机械台班。电力建筑预算定额中的施工机械台班消耗量是按照正常合理的机械配备、机械效率确定的，包括基本消耗量、超运距消耗量、超高度消耗量、必要间歇时间消耗量、机械幅度差等。

施工机械台班单价中包括行走机械、吊装机械的操作司机人工费。加工机械、泵类机械、焊接机械、动力机械等操作人工均含在相应定额子目的人工消耗量中，是按照 2013 年电力行业定额"材机库"中施工机械台班价格取定。

不构成固定资产的小型机械或仪表的购置、摊销和维护，未列其施工机械台班消耗量，包括在《火力发电工程建设预算编制与计算规定（2013 年版）》和《电网工程建设预算编制与计算规定（2013 年版）》的施工工具用具使用费中。

（5）电力建筑预算定额其他规定。电力建筑预算定额中凡注明"××以下"、"××以内"者，均包括其本身；注明"××以上""××以外"者，不包括其本身。

（6）电力建筑预算定额总说明的特别内容。

1）场内运输及超高降效。电力建筑预算定额水平运输费综合在相应子目中，不单独计算，当水平运输距离大于 1km 时，应增加运费。垂直运输费按照电力建筑预算定额第 14 章规定计算。

电力建筑预算定额第 12 章构筑物工程中烟囱、冷却塔、混凝土管道安装、沉井、变配电构支架与第 15 章灰坝工程不单独计算垂直运输费及超高降效增加费，其费用综合在相应的定额子目中。

垂直运输费用中不包括混凝土预制构件与钢结构构件吊装费。

2）混凝土、砂浆费用调整。电力建筑预算定额中混凝土（除第 15 章灰坝工程外）是按照施工现场集中搅拌站制备考虑的，当工程采用施工现场搅拌机制备混凝土时，按照电力建筑预算定额附录D相应的单价进行调整；当工程采用商品混凝土时，按照补价差。混凝土制备费包括组成混凝土的材料费、混凝土搅拌的人工费与机械费、混凝土场内水平运输费、混凝土制备材料损耗费、混凝土搅拌与运输的损耗费。

电力建筑预算定额中混凝土施工以机械运输为主，采用人工浇筑，当工程施工采用混凝土输送泵浇筑时，施工现场制备（搅拌）的混凝土按照电力建筑预算定额附录D相应的单价进行调整；每浇筑1m³混凝土成品增加机械费9.7元，减少人工费10.4元。泵送混凝土工程量按照施工实际数量计算。

电力建筑预算定额中砂浆是按照施工现场搅拌机制备考虑的，当工程采用人工制备时不做调整；当采用商品砂浆时补价差。砂浆制备费包括组成砂浆的材料费、砂浆搅拌的人工费与机械费、砂浆水平运输费、砂浆制备材料损耗费、砂浆搅拌与场内运输的损耗费。

2. 分部工程定额

电力建筑预算定额基本是以单位工程为计算对象设置的，其中的每一章都对应一个分部工程，均列有定额说明、工程量计算规则、定额节及定额表。

（1）定额说明、工程量计算规则。各章的定额说明是对其对应的分部工程定额的涵盖内容、使用方法和共同性问题所做的说明与规定，它是预算定额的重要组成部分；工量计算规则是对本分部中各分项工程工程量的计算方法所做的规定，它是编制预算计算分项工程工程量的重要依据。

（2）定额节及定额表。定额节是分部工程中技术因素相同的分项工程集合；定额表是定额最基本表现形式，每一定额表均列有项目名称、定额编号、计量单位、工作内容、定额消耗量和基价。示例定额表如附图D-1所示。

3.1　砌筑实心砖

3.1.1　砌筑砖基础、砖墙

工作内容：调运砂浆；运砖、浇砖、砌砖；安放木砖、垫块；清理砖面，原浆勾缝

定额编号			YT3-1	YT3-2	YT3-3	YT3-4	YT3-5
项目			砖基础	砖墙			
				外端1砖及以上	外端3/4砖及以下	内墙1砖及以上	内墙3/4砖及以下
单位			m³	m³	m³	m³	m³
基价（元）			226.11	239.42	253.77	227.31	244.02
其中	人工费（元）		34.77	44.61	57.49	35.27	49.62
	材料费（元）		191.34	194.81	196.28	192.04	194.4
	机械费（元）						
	名称	单位	数量				
人工	建筑普通工	工日	0.3280	0.4209	0.5423	0.3914	0.3914
	建筑技术工	工日	0.4920	0.6313	0.8135	0.4576	0.7565
计价材料	水泥砂浆 M5	m³	0.2360	0.2430	0.2100	0.2330	0.2000
	标准砖 240×115×53	千块	0.5240	0.5320	0.5550	0.5280	0.5540
	水	t	0.1050	0.1070	0.1090	0.1060	0.1120
	其他材料费	元	1.9000	1.9400	1.9500	1.9100	1.9300

附图D-1　示例定额表

3. 电力建筑预算定额附录

为方便定额换算或定额分析，在电力建筑预算定额最后还列出一些必要的附表，包括八个电力建筑预算定额附录，其内容见附表 D-3，这些都是使用电力建筑预算定额的重要补充资料，是电力建筑预算定额的有机组成部分。

附表 D-3　　　　　　　　　　　电力建筑预算定额（上册）附录

附录名称	页码	附录名称	页码
附录 A 电力建设工程建筑面积计算规则	648	D-9 泵送混凝土制备表	690
附录 B 电力建设工程建筑体积计算规则	656	附录 E 砂浆制备表	694
附录 C 材料取定表	665	E-1 砌筑砂浆制备表	695
附录 D 混凝土制备	667	E-2 抹灰砂浆制备表	697
D-1 现浇混凝土制备表—现场搅拌机搅拌	668	E-3 其他砂浆制备表	703
D-2 预制混凝土制备表—现场搅拌机搅拌	673	E-4 耐酸、防腐及特种砂浆制备表	707
D-3 现浇水工混凝土制备表—现场搅拌机搅拌	675	E-5 绝热材料制备表	714
D-4 预制水工混凝土制备表—现场搅拌机搅拌	677	E-6 灰土、三合土制备表	716
D-5 现浇混凝土制备表—集中搅拌站搅拌	679	附录 F 土石方松实系数表	717
D-6 预制混凝土制备表—集中搅拌站搅拌	684	附录 G 土壤及岩石（普氏）分类表	718
D-7 现浇水工混凝土制备表—集中搅拌站搅拌	686	附录 H 打桩土质鉴别表	724
D-8 预制水工混凝土制备表—集中搅拌站搅拌	688		

二、电力建筑预算定额应用的基本方法

电力建筑预算定额的使用，通常分为定额的直接套用、换算、补充三种方法。

1. 定额的直接套用

当分项工程设计要求与电力建筑预算定额规定内容完全相符时，就可以直接套用定额的定额消耗指标和定额基价，这是最常见的情况。此时要求根据施工图纸的工程内容、技术特征、施工方法和材料规格与定额规定一一核对，然后确定相应的定额项目进行直接套用。

直接套用的顺序是：章→定额节→项目→子目。

【例1】计算 $15m^3$ 一砖内墙（标准砖，M5 水泥砂浆）的预算价值及主要消耗材料指标。

分析：经对比确定，标准砖，M5 水泥砂浆的一砖墙与编号 YT3-4 的定额内容完全一致，可以直接套用定额。

解　（1）$15m^3$ 砖墙预算价值：$15 \times 227.31 = 3409.65$（元）

其中：人工费 $= 15 \times 35.27 = 529.05$（元）；材料费 $= 15 \times 192.04 = 2880.60$（元）

（2）根据 YT3-4、定额附录 E-1 砌筑砂浆配合比表（定额编号是 4200009），主要消耗材料指标见下面两表。表中材料预算单价按照 2013 年电力行业定额"材机库"中材料预算价格取定。

建 筑 消 材 汇 总 表

金额单位：元

编号	材料名称	单位	数量	预算单价	预算合价
C09020114	水泥砂浆 M5	m^3	3.4950	157.92	551.930
C10070101	标准砖 240×115×53	千块	7.9200	290.000	2296.800

续表

编号	材料名称	单位	数量	预算单价	预算合价
C21010101	水	t	2.2890	2.000	4.578
C99010102	其他材料费	元	28.6500	1.000	28.650
	合计				2880.600

建筑配合比材料汇总表

编号	材料名称	单位	数量	预算单价	预算合价
C09020114	水泥砂浆 M5	m^3	3.4950	157.92	551.930
9101106	建筑普通工	工日	0.9227	34.00	31.372
9101107	建筑技术工	工日	0.2307	48.00	11.074
C09010101	普通硅酸盐水泥 32.5	t	0.7689	320.00	246.048
C10010101	中砂	m^3	4.0192	56.50	227.085
C21010101	水	t	0.6990	2.00	1.398
J06-01-027	灰浆搅拌机 200L	台班	0.4788	72.97	34.938
	合计				551.930

2. 定额的换算

当电力建筑预算定额中所规定的技术条件与工程实际情况有差异时，可根据工程的技术条件调整套用相应定额。此时要先根据施工图纸技术要求和电力建筑预算定额文字说明的规定进行定额换算，然后再套用换算后的定额基价。这种情况在编制预算书时，需在定额编号前增加"换"。定额换算一般有三种类型。

（1）强度换算。强度换算主要指设计要求混凝土或砂浆强度等级与相应定额规定不同时，对定额基价的换算。

换算公式为

换算后定额基价＝（设计强度单价－定额强度单价）×定额用量＋原定额基价

【例 2】计算 $15m^3$ 一砖内墙（标准砖，M5 混合砂浆）的预算价值。

分析：与标准砖墙对应的定额编号是 YT3-4，电力建筑预算定额规定的是 M5 水泥砂浆，与设计要求的 M5 混合砂浆不同，故不能直接套用，需要定额换算。

解　查电力建筑预算定额附录 E-1 砌筑砂浆配合比表。

M5 水泥砂浆材料基价 157.92 元（定额编号是 4200009），M5 混合砂浆材料基价 173.66 元（定额编号是 4200003），则

换算后定额基价＝（173.66－157.92）×0.233＋227.31＝3.67＋227.31＝230.98（元）

一砖墙预算金额：15×230.98＝3464.70（元）

其中　人工费：15×35.27＝529.05（元）

材料费：15×（192.04＋3.67）＝3935.65（元）

（2）系数换算。通过用电力建筑预算定额分部说明、附注中规定的某些系数乘以相应定额基价（或乘定额基价人工费、材料费、机械费的某一项或某两项）来进行定额的换算。

（3）其他换算。除强度换算和系数换算之外的定额换算称为其他换算。它是按电力建筑预算定额文字说明或定额管理部门文件规定进行的定额换算。

3. 定额的补充

定额中缺项的，应优先参考使用相似建设工艺的定额；在无相似或可参考子目时，可根据类似工程施工图预算或结算资料编制补充定额；对无资料可供参考的项目，可按工程的具体技术条件编制补充定额。

编制补充定额的方法一般有两种：

（1）根据实际用工、用料的原始记录，分析计算编制补充定额。

（2）根据施工图纸计算或测定材料消耗用量，人工费、机械台班费和其他材料费则参照同类或相近定额确定。

补充定额应符合现行定额编制管理办法的规定，并报工程所在地电力建设定额站批准后方可使用。无论用哪种方法编制补充定额与单价，其编制原则和方法都应与现行定额相一致，且需在相应定额编号后增加"（补）"。

综上所述，正确套用预算定额应注意以下几点：

（1）理解并熟记电力建筑预算定额的总说明，各章、节说明及电力建筑预算定额中常用项目所包括的内容。

（2）理解并熟记各分部分项工程计算规则。

（3）注意各分部分项工程定额计量单位。

（4）根据施工图纸及其做法说明和预算定额，正确列项（即正确选择定额项目），以便正确计算工程量和计算工程造价。

（5）注意定额的综合内容及换算，定额综合了的内容，计算工程量时不得再列项计算。电力建筑预算定额中不允许换算的不准换算，一律按电力建筑预算定额执行。允许在一定条件下进行换算的，只能在该条件下换算。

（6）正确编制补充定额。在具体工作中，当设计图纸因采用新结构、新技术、新材料等，使工程所反映的项目与预算定额项目有差异或定额缺项的情况时，可按照规定编制补充定额。补充定额按规定经过审批后，只允许在规定的范围内使用。

三、土石方与施工降水工程量计算规则与实例

（一）工程量计算规则

土石方开挖以场地平整（室外设计）标高为开挖起点。

挖、填、运土石方工程量均以挖掘前的自然密实体积计算。如工程需要根据其他体积计算土石方工程量时，按电力建筑预算定额附录F"土石方松实系数表"进行换算。

建设场地挖、填土方厚度在±300mm以内时，按平整场地计算工程量，如附图D-2所示。挖填土方厚度超过300mm时。按照场地竖向布置挖填方计算平基土方工程量。

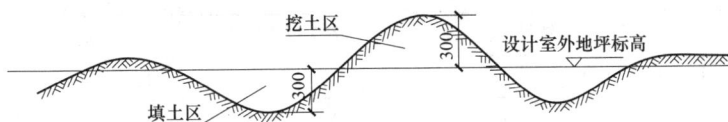

附图D-2　平整场地与挖土方、填土方之间的关系

1. 平整场地与平基土方

（1）建筑物、能够计算建筑体积的构筑物按外墙外边线每边各加2m以 m² 为单位计算

工程量。

（2）不计算建筑体积的烟囱、冷却塔、钢烟道支架、室外独立设备基础、室外独立池井按其结构外每边各加 2m 以 m² 为单位计算工程量。

（3）厂（站）区围墙、挡土墙按照其结构宽度加 2m 以 m² 为单位计算工程量。计算围墙长度时，扣除大门、边门及大门柱所占长度。墙宽度以场地平整标高处宽度为准。

（4）抑尘墙、隔声墙按其结构占地宽度加 2m 以 m² 为单位计算工程量。

（5）厂（站）区支架按其结构宽度加 1m 以 m² 为单位计算工程量。单一柱支架结构宽度以柱头顶宽或支架梁长为准，双柱支架结构宽度以支架柱外侧宽为准。

（6）厂（站）区内隧道、沟道、管沟按其上口开挖宽度加 2m 以 m² 为单位计算工程量。

（7）厂（站）区内道路按路面宽度加 2m 以 m² 为单位计算工程量，厂（站）区内地坪按照其面积以 m² 单位计算工程量。

（8）灰坝、防洪堤按照其占地宽度加 4m 以 m² 为单位计算工程量。

（9）计算相邻建筑物、构筑物平整场地面积时不允许有交叉重复。

（10）平基土方即竖向布置土方，根据场地平整（设计室外）标高与自然标高差以 m³ 为单位计算工程量。竖向布置土方的挖填土方量按"方格网法"或"断面法"计算。

2. 挖掘基坑、基槽、土石方

（1）基坑、基槽与土方的划分。凡图纸中坑槽底宽在 3m 以内，且槽长大于槽宽 3 倍以上的为基槽，如附图 D-3 所示；凡图纸中基坑底面积在 20m² 以内为基坑；凡坑槽底宽在 3m 以外，坑底面积在 20m² 以外的挖土石方工程均按挖土方计算。

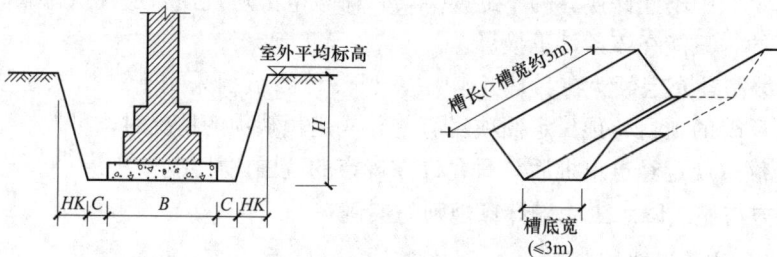

附图 D-3　挖沟槽

（2）放坡是防止槽壁坍塌而采取构造措施，挖沟槽、基坑需放坡时，系数按附表 D-4 计算。挖冻土不计算放坡工程量。爆破开挖冻土时，其沟槽、基坑的深度与宽度允许计算 200mm 超挖量。挖部分的冻土方量并入冻土挖方工程量内。

附表 D-4　　　　　　　　　放 坡 系 数 表

土壤类别	放坡起点（m）	人工挖土	机械坑内挖土	机械坑上挖土
普土（Ⅰ类土和Ⅱ类土）	1.20	1：0.50	1：0.33	1：0.53
坚土（Ⅲ类土和Ⅳ类土）	1.80	1：0.30	1：0.20	1：0.35

注　1. 沟槽、基坑中土壤类别不同时分别按放坡起点、放坡系数依不同土壤厚度加权平均计算。
　　2. 计算放坡时在交接处重复工程量不予扣除。原槽、坑作基础垫层时放坡自垫层上表面开始计算。

（3）挡土板。如沟槽、基坑开挖需要支挡土板时，挡土板按沟槽、基坑垂直支撑面积计算工程量，其开挖宽度按图纸中沟槽、基坑底宽加预留挡土板宽度计算。单面支挡土板加预留宽度 100mm，双面支挡土板加预留宽度 200mm。支挡土板后不得再计算放坡工程量。

（4）地下工程施工工作面。地下垫层、支墩、基础、沟道、隧道、池井、地坑等工程施工时，按照附表 D-5 计算施工工作面。垫层施工不支模板时，不计算施工工作面。由于施工工序不同需要的工作面宽度按照最大值计算，不允许叠加计算工作面宽度。

附表 D-5　　　　　　　　　　　地下工程施工工作面宽度计算表

项目名称	每边各增加工作面宽度（mm）	项目名称	每边各增加工作面宽度（mm）
砌砖基础、沟道	200	混凝土基础支模板	300
砌石基础、沟道	150	立面做防水层	800
灰土支模板	300		

（5）挖沟槽长度。外墙按图纸上中心线长度计算，内墙按图示基础地面净长计算，内外凸出部分体积并入沟槽工程量内计算。

（6）挖地下管道沟槽长度按图示管道中心线长度计算，扣除管路上各种井池所占长度。管路与井池池外壁外边线分界。

挖地下管道沟槽底宽按设计规定尺寸计算，设计无规定的单根管道开挖底宽按照附表 D-6 计算，双根管道开挖底宽按照附表 D-6 乘以 1.6 系数计算。当管道外径超过 2000mm 时，应根据批准的施工设计规定计算。管道接口处需要加宽、加深而增加的土方量不另行计算。铺设铸铁管道时，其接口等处土方增加量按照铸铁管道沟槽土方总量的 2.5% 计算。

附表 D-6　　　　　　　　　　　管道沟槽底宽度计算表　　　　　　　　　　单位：m

管径（mm）	铸铁管、钢管	混凝土管	玻璃钢管、UPVC 管	管径（mm）	铸铁管、钢管	混凝土管	玻璃钢管、UPVC 管
50～80	0.6	0.8	0.7	700～900	1.6	1.8	1.35
10～200	0.7	0.9	0.8	1000～1200	1.9	2.1	1.65
250～350	0.8	1.0	0.9	1300～1500	2.2	2.6	1.95
400～450	1.0	1.3	1.1	1600～1800	2.5	2.9	2.25
500～600	1.3	1.5	1.4	1900～2000	2.8	3.2	2.50

（7）沟槽、基坑深度，按图纸中槽坑地面至室外地坪高度计算。管道地沟按图示沟坑底至室外地坪高度计算。

（8）沟槽工程量计算。按沟槽横截面积×槽长以 m³ 计算，沟槽中内外凸出部分（垛、附墙烟囱）体积并入沟槽工程量内计算。

1）不放坡不支挡土板时（如附图 D-4 所示）
$$V=(B+2C)HL$$

2）坡不支挡土板时（如附图 D-5 所示）
$$V=(B+2C+KH)HL$$

3）设双面挡土板时（如附图 D-6 所示）
$$V=(B+2C+0.2)HL$$

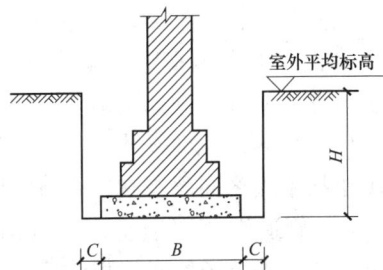

附图 D-4　不放坡不支挡土板

式中　H——槽深，地槽底面至设计室外地坪。

　　　B——基础（基础垫层）底部宽度。

　　　L——槽长，外墙按图纸上中心线长度计算，内墙按图示基础底面净长计算。

　　　C——工作面宽。当基础施工中无需留设工作面时，C=0。

　　　K——放坡系数。

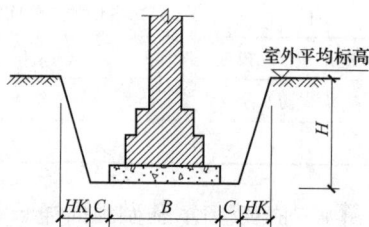

附图 D-5　放坡不支挡土板

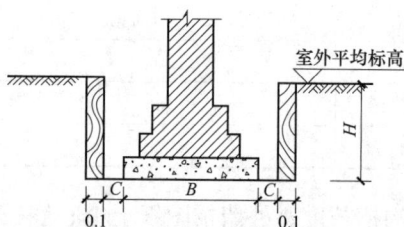

附图 D-6　支设双面挡土板

（9）基坑工程量计算，如附图 D-7 所示。

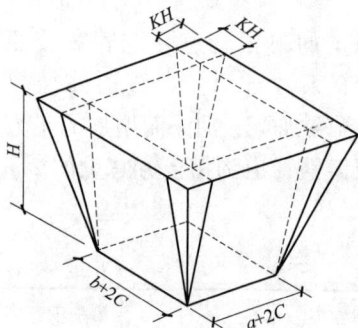

附图 D-7　人工挖基坑

1）不放坡不支挡土板时

$$V=(a+2C)(b+2C)H$$

2）放坡时

$$V=(a+2C+KH)(b+2C+KH)H+K^2H^3/3$$

式中　a、b——基坑（基坑垫层）底部长度、宽度。

3. 岩石开凿及爆破

人工凿岩石按照设计图示尺寸以 m^3 为单位计算工程量，不计算超挖工程量。

爆破岩石按照设计图示尺寸以 m^3 为单位计算工程量。其沟槽、基坑的深度与宽度允许超挖量：松石、次坚石 200mm，普坚石、特坚石 150mm。超挖部分的石方量并入岩石挖方工程量内。推渣、挖渣、运渣工程量按照爆破岩石的工程量计算。

修整边坡工程量按照修整的坡面积计算。

管沟石方开挖工程量按照设计规定及允许超挖工程量计算；设计无规定时，管沟底宽按照附表 D-6 加允许超挖工程量计算。

4. 回填土石方

回填分夯填、松填，按图示回填尺寸以 m^3 为单位计算工程量。

（1）基坑、沟槽回填。基坑、沟槽回填按挖方体积减去场地平整（设计室外）标高以下埋置设施体积计算，如附图 D-8 所示。

（2）室内（房心）回填土。室内（房心）回填土按主墙之间面积乘以回填厚度计算。

（3）管道沟槽回填土：管道沟槽回填土以挖方体积减去管道所占体积计算。

管径在 500mm 以下不扣除管径体积，管径

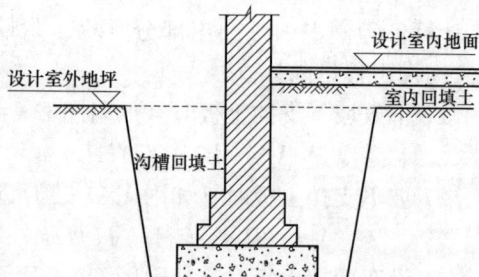

附图 D-8　放坡挖地槽示意图

超过 500mm 时按附表 D‑7 规定扣除管道所占体积计算，管道超过 1000mm 时，管道填土量按实际填土量计量。

附表 D‑7   **管道扣除土方体积表**   单位：m^3/m

名称	管道直径（mm）		
管道名称	501～600	601～800	801～1000
钢管	0.21	0.44	0.71
铸铁管	0.24	0.49	0.77
混凝土管	0.33	0.60	0.92

（4）余土外运或运回工程量计算式：余土外运体积＝挖土总体积－回填总体积。

计算正值时为余土外运，负值时为取土运回。

5. 土石方运输

（1）余土外运或取土运回。余土外运或取土运回工程量＝挖土总体积－回填总体积/密实后体积系数。

计算结果是正值，为余土外运体积；计算结果是负值，为取土运回体积。密实后体积系数根据电力建筑预算定额附录 F 取定。

（2）土石方运距。人工运土石方距离按照取土重心点至卸土重心点之间的直线距离计算。

推土机推土石方距离按照挖方区重心至填方区重心之间的直线距离计算。

铲运机运土距离按照挖方区重心至卸土区重心直线距离加转向距离 45m 计算。

自卸汽车运土石方距离按照挖方区（或取土地点）重心至填土区（或卸土地点）重心最短行驶距离计算。

6. 施工降水、排水工程量计算

施工降水、排水运行按照"套·天"计算工程量。其中的"天"是从降水、排水系统运行之日起至降水、排水系统结束之日止的累计小时数/24。

基坑明排水降水系统每套由排水泵、基坑排水管、排水辅助设施组成，计算套数时按照运行的排水泵台数计算，每台运行的排水泵计算一套，备用排水泵不计算运行工程量。

轻型井点降水系统每套由排水泵房、排水泵、水平管网、弯联管、并点管、滤管、排水辅助设施组成。轻型井点 50 根为一套，井管根数根据施工组织设计确定，施工组织设计无规定时，按照 1.4m/根计算。

喷射井点降水系统每套由排水泵房、排水泵、喷射井管、高压水泵、排水管路、排水辅助设施组成。喷射井点 30 根为一套，井管根数根据施工组织设计确定，施工组织设计无规定时，按照 2.5m/根计算。

大口径井点降水系统每套由排水泵房、排水泵、井点管、沉砂管、滤网、吸水器、缓冲水箱、排水辅助设施组成。大口径井点 1 根为一套，井管根数根据施工组织设计确定。

（二）工程实例

【例 3】 某建筑物平面图如附图 D‑9 所示，计算平整场地的工程量，并依据电力建筑预算定额分别确定人工平整场地和机械平整场地的费用。

解 由于建筑物外形尺寸为 9840×6240，则平整场地的工程量为

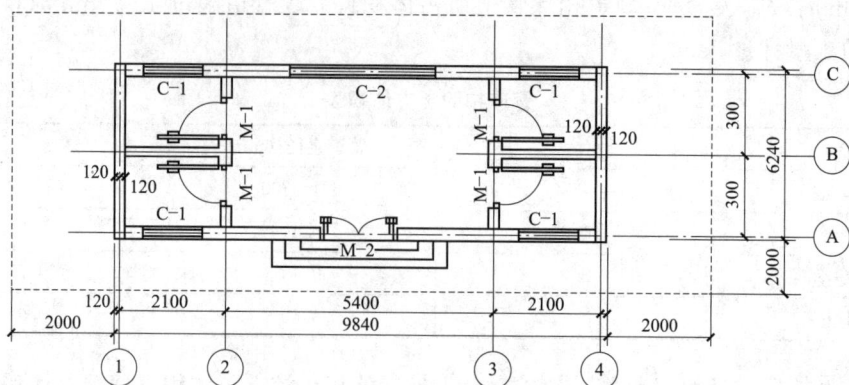

附图 D-9　平面图

$$S_{场} = (9.84+4) \times (6.24+4) = 141.72(\text{m}^2)$$

人工平整场地：

查定额，套用 YT1-26，定额基价 0.94 元/m²，金额：141.72×0.94=133.22（元）

机械平整场地：

查定额，套用 YT1-92，定额基价 0.40 元/m²，金额：141.72×0.40=56.69（元）

【例 4】 某建筑物基础平面及剖面如附图 D-10 所示。已知设计室外地坪以下砖基础体积量为 15.85m³，混凝土垫层体积为 2.86m³，工作面 $C=300\text{mm}$，土质为 Ⅱ 类土。要求人工挖出土方堆于现场，回填后余土用双轮车运至 1km 处。试对土石方工程相关项目列项并计算定额费用。

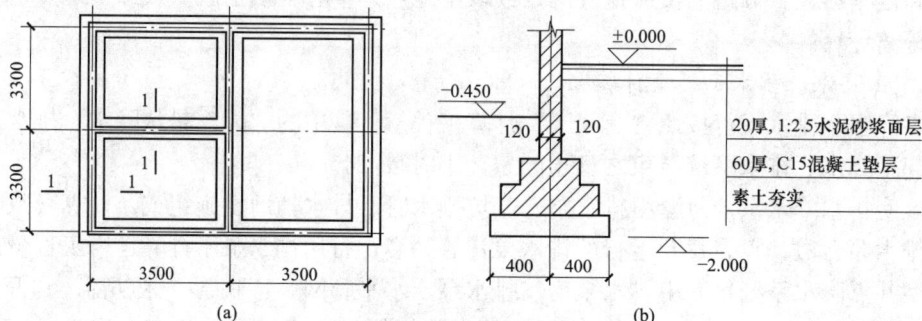

附图 D-10　基础图

(a) 平面图；(b) 1—1 剖面图

分析：本工程完成的与土石方工程相关的施工内容有平整场地、挖土、原土夯实、回填土、运土。从附图 D-10 中看出，挖土的槽底宽度为 =0.4×2+2×0.3（工作面宽度）=1.4m<3m，槽长>3×槽宽，故挖土应执行挖沟槽项目，原土打夯项目不再单独列项。本分部工程应列的土石方工程定额项目为平整场地、挖沟槽、回填土、运土。

解 （1）平整场地。

$$S_{场}(\text{平整场地工程量}) = S_{底}(\text{底层建筑面积}) + L_{外}(\text{建筑物外墙外边长}) \times 2 + 16$$

$$L_{外} = (3.5 \times 2 + 0.24 + 3.3 \times 2 + 0.24) \times 2 = 28.16(\text{m})$$

$$S_{底} = (3.5 \times 2 + 0.24) \times (3.3 \times 2 + 0.24) = 49.52(\text{m}^2)$$

$$S_{场} = S_{底} + 2 \times L_{外} + 16 = 49.52 + 2 \times 28.16 + 16 = 121.84 (m^2)$$

定额费用：人工平整场地 YT1-26，定额基价 0.94 元/m²，金额：121.84×0.94＝115（元）

（2）挖沟槽。

挖沟槽深度＝2－0.45＝1.55m＞1.2m，故需放坡开挖沟槽。土质为Ⅱ类土，属普通土，人工开挖，故放坡系数 K 取 0.5。

$$L_{中} = (3.5 \times 2 + 3.3 \times 2) \times 2 = 27.2 (m)$$

$$L_{基底净长线} = 3.3 \times 2 - (0.4 + 0.3) \times 2 + 3.5 - (0.4 + 0.3) \times 2 = 7.3 (m)$$

$$V_{挖} = (B + 2C + KH)H(L_{中} + L_{基底净长线})$$
$$= (0.8 + 2 \times 0.3 + 0.5 \times 1.55) \times 1.55 \times (27.2 + 7.3) = 116.31 (m^3)$$

定额费用：挖 2m 以内沟槽 YT1-5，定额基价 9.30 元/m³，金额：116.31×9.30＝1082（元）

（3）回填土。

基础回填土工程量＝挖土体积－室外地坪以下埋设的基础、垫层体积
$$= 116.31 - 15.85 - 2.86 = 97.60 (m^3)$$

$$L_{内墙净长线} = 3.3 \times 2 - 0.24 + 3.5 - 0.24 = 9.62 (m)$$

房心回填土工程量＝主墙之间的净面积×回填土厚度
$$= (S_{底} - L_{中} \times 外墙厚度 - L_{内墙净长线} \times 内墙厚度) \times 回填土厚度$$
$$= (49.52 - 27.2 \times 0.24 - 9.62 \times 0.24) \times (0.45 - 0.06 - 0.02)$$
$$= 15.05 (m^3)$$

$$V_{回填} = 基础回填土工程量 + 房心回填土工程量 = 97.60 + 15.05 = 112.65 (m^3)$$

定额费用：土方夯填 YT1-28，定额基价 6.31 元/m³，金额：112.65×6.31＝711（元）

（4）运土。

运土工程量$= V_{挖} - V_{回填} = 116.31 - 112.65 = 3.66 (m^3)$

定额费用：余土外运 YT1-20＋YT1-21×9，定额基价：5.03＋0.75×9＝11.78元/m³，金额：3.66×11.78＝43（元）

定额直接工程费小计：115＋1082＋711＋43＝1951（元）

（5）将以上计算数据汇总到表三乙中。

建筑工程预算表

表三乙 　　　　　　　　　　　　　　　　　　　　　　　　　　　金额单位：元

序号	编制依据	项目名称及规范	单位	数量	单价（元）		合价（元）	
					金额	其中工资	数量	其中工资
		土石方工程						
	YT1-26	人工平整场地	m²	121.84	0.94	0.94	115	115
	YT1-5	挖 2m 以内沟槽	m³	116.31	9.30	9.25	1082	1076
	YT1-28	土方夯填	m³	112.65	6.31	5.54	711	624
	YT1-20	500m 以内运土方	m³	3.66	5.03	5.03	18	18
	YT1-21×9	每增加 50m 运土方	m³	3.66	6.75	6.75	25	25
		直接工程费					1951	1858

四、地基与边坡处理工程量计算规则与实例

（一）工程量计算规则

1. 基本规则

定额说明中调整单价部分的工程量仅为超出定额技术标准部分的工程量，不包括符合定额技术条件部分的工程量。

2. 预制钢筋混凝土桩

预制钢筋混凝土桩体积按设计桩长（包括桩尖，不扣除桩尖虚体积）乘以截面积计算。管桩的空心体积应扣除。管桩空心部分如需要灌注混凝土或其他填充料时，另行计算。

预制桩制作损耗量按照 1.5% 计算。

3. 打钢筋混凝土桩、静力压预制钢筋混凝土桩

打钢筋混凝土桩或静力压预制钢筋混凝土桩按照预制桩体积计算工程量，不计算桩施工损耗量。

钢筋混凝土桩电焊接桩根据设计要求按照接头个数计算工程量，硫磺胶泥接桩按照桩断面以 m^2 为单位计算工程量。

钢筋混凝土桩送桩按桩截面积乘以送桩长度计算工程量。送桩长度从打桩架底面计算至桩顶标高。考虑操作需要，打桩架底面应高于自然地坪 0.5m。

接桩与送桩如附图 D-11 所示。

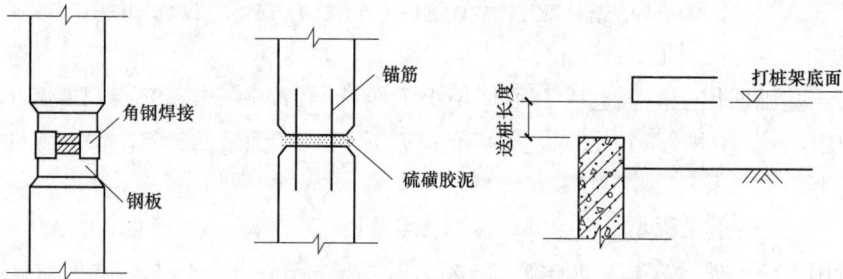

附图 D-11　接桩与送桩

4. 钢结构桩

钢管桩根据桩设计长度、分管径按照设计成品质量计算工程量，不计算焊条、油漆质量，设计长度从桩顶计算至桩底（不包括桩尖或桩靴长度）。

桩尖（靴）按照设计成品质量计算工程量，不计算焊条、油漆质量。工程打桩不设置桩尖（靴）时，不计算工程量。

钢管桩内切割分直径按照桩根数计算工程量。割焊盖帽、电焊接头分直径按照个数计算工程量。

打拔钢板桩、打拔钢管桩按照设计成品质量以 t 为单位计算工程量。

送钢结构桩按被送桩质量以 t 为单位计算工程量，被送桩长从打桩架底面计算至桩顶标高。

管桩桩心填料按照管桩内径乘以填料高度以 m^3 为单位计算工程量。

5. 灌注混凝土桩

灌注混凝土桩按体积计算工程量，不扣除桩尖虚体积。其中桩长计算公式为：

桩长＝设计桩长＋设计超灌长度＋桩尖长度

设计超灌长度按照图纸要求计算，图纸无要求时，按照设计桩长 5％计算，超灌长度大于 1m 时按照 1m 计算。

打孔灌注桩的体积按照桩长乘以钢管管箍外径截面积计算工程量。打孔后先埋入预制钢筋混凝土桩尖再灌注混凝土时，桩尖单独计算，灌注桩长度不计算桩尖长度。

钻孔、振冲成孔灌注桩按桩长乘以设计桩截面积计算工程量。

支盘桩分直径按照体积计算工程量，支盘桩中支与盘的工程量按照设计断面与长度计算工程量，并入支盘桩体积内。

人工挖孔桩工程量计算包括挖桩孔土方量、桩孔护壁、桩芯混凝土、桩底入岩的工程量计算。

人工挖孔桩土方量按设计桩长加空桩长度乘以设计桩截面积以 m^3 为单位计算工程量。有护壁桩设计桩截面直径为桩护壁外直径，无护壁桩设计桩截面直径为桩芯混凝土直径。空桩长度从设计桩顶计算至挖孔地面标高。桩底部扩孔土方按照设计图示尺寸计算工程量，并入挖孔桩土方内。

护壁按照设计护壁高度乘以设计护壁截面积以 m^3 为单位计算工程量。

人工挖孔桩的桩芯混凝土体积按照桩长乘以设计桩截面积计算工程量。桩底扩大部分体积以 m^3 为单位计算工程量，并入桩芯体积内。

桩底入岩工程量按照设计图示尺寸以 m^3 为单位计算工程量。

6. 钢筋笼制作、安装

灌注混凝土桩的钢筋笼制作、安装根据设计规定以 t 为单位计算工程量。钢筋搭接用量、施工措施钢筋用量按照电力建筑预算定额第 4 章钢筋工程量计算规定计算。

7. 灌注砂、石桩

灌注砂、石桩按体积计算工程量，不扣除桩尖虚体积。其中桩长计算公式为

桩长＝设计桩长＋0.25＋桩尖长度

打孔灌注砂桩、砂石桩、碎石桩的体积按照桩长乘以钢管管箍外径截面积计算工程量。打孔后先埋入预制钢筋混凝土桩尖再灌注砂、石时，桩尖单独计算，灌注桩长度不计算桩尖长度。

振冲成孔灌注桩按照桩长乘以设计桩截面积计算工程量。

8. 灰土挤密桩、水泥搅拌桩

灰土挤密桩按照设计桩长增加 0.25m 乘以设计桩截面积以 m^3 为单位计算工程量。成桩直径按照设计桩直径计算。

水泥搅拌桩按照设计桩长增加 0.25m 乘以设计桩截面积以 m^3 为单位计算工程量。

9. 凿桩头

凿桩头以凿桩长度（超灌长度）乘以设计桩截面积以 m^3 为单位计算工程量，凿人工挖孔桩护壁按照实际体积计算。截桩头按照被截桩根数计算。

10. 堆载预压

堆载土按照成品堆方体积计算工程量，不扣除排水板、排水管所占体积。塑料排水板分埋设深度按照延长米计算工程量。

11. 强夯

强夯应区分夯击能量、夯点间距、夯击遍数以 m^2 为单位计算工程量。强夯面积以边缘夯点外边线计算，包括夯点面积和夯点间面积，但要扣除夯点间面积大于 $64m^2$ 的空地面积。

强夯工程不分土壤类别，一律按照本定额执行。强夯定额中机械是综合取定的，工程实际与其不同时，不做调整。

强夯定额未编制 400t·m 及 500t·m 强夯定额子目。当工程采用 400t·m 夯能机械施工时，按照 600t·m 定额子目乘以 0.7 系数计算费用；当工程采用 500t·m 夯能机械施工时，按照 600t·m 定额子目乘以 0.85 系数计算费用。

强夯定额中考虑了各类布点形式，执行定额时不做调整。布点排列按照不间隔连续依次夯击击数计算，若设计要求夯点分两遍间隔夯击时，相应定额基价增加 25%，若设计要求夯点分三遍间隔夯击时，相应定额基价增加 50%，工程量不变。

强夯定额夯点间距是按照 4m 以内考虑的，当 4m＜夯点间距＜8m 时，其定额中五击以内及每增加一击子目应乘以 0.75 系数。

当设计要求在强夯过程中填充材料时，相应强夯定额中人工数量、机械台班数量乘以 1.2 系数。所填充材料的施工费应另行计算。

当单位工程强夯面积小于 $600m^2$ 时，相应的强夯定额子目基价应乘以 1.25 系数。

12. 地下混凝土连续墙

导墙土方工程量、导墙工程量根据批准的施工组织设计规定，按照体积计算工程量。

地下连续墙成槽土方量按照设计图示连续墙中心线长度乘以墙厚度再乘以槽深以体积计算工程量。

地下连续墙混凝土量按照设计图示连续墙中心线长度乘以墙厚度再乘以设计墙高加 0.25m 以体积计算工程量。

锁口管吊拔、清底置换以"段"为计量单位，按照槽壁单元划分段数加 1 计算工程量。

13. 边坡处理

锚杆钻孔、灌浆按照锚杆入土长度以 m 为单位计算工程量。锚杆制作、安装按照设计成品质量以 t 为单位计算工程量。

砂浆土钉根据设计图纸布置，按照图示土钉锚杆钢材质量以 t 为单位计算工程量。

喷射混凝土按照图示喷射混凝土表面积以 m^2 为单位计算工程量。

（二）工程实例

【例 5】 某工程有 30 根钢筋混凝土柱，根据上部荷载计算，每根柱下有 4 根 350mm×350mm 的方桩，桩长 30m（用 3 根长 10m 的方桩用焊接方法接桩，包角钢），桩顶距自然地坪 5m，土质为一级，采用轨道式柴油打桩机打桩，计算打桩基础预算工程费。

解 （1）打钢筋混凝土方桩。

工程量：$V=30×4×0.35×0.35×30=441$（m^3）

套用定额 YT2-6，定额基价 1170.02 元/m^3，金额：$441×1170.02=515979$（元）

（2）接桩（每根 30m 桩长有两处接头）

工程量：$30×4×2=240$（个）

套用定额 YT2-33，定额基价 239.89 元/个，金额：$240×239.89=57574$（元）

（3）送桩（打桩架底面高于自然地坪 0.5m）

工程量：$V=(5+0.5)\times0.35\times0.35\times30\times4=80.85$（$m^3$）

套用定额 YT2-31，定额基价 174.53 元/m^3，金额：$80.85\times174.53=14111$（元）

预算直接费：$515\,979+57\,574+14\,111=587\,664$（元）

【例6】 某工程地基采用强夯处理，夯击能为 200t·m，夯点间距在 4m 以内，每点击数为 13 击，跳打，即第一遍先打 1、3、5、…（奇数点），第二遍打 2、4、6、…（偶数点），第三遍低锤满夯，假设工程量为 1000m^2。要求计算其直接工程费。

解 强夯定额中考虑了各类布点形式，执行定额时不做调整，当设计要求夯点分两遍间隔夯击时，相应定额基价增加 25%。

（1）主夯跳打（二遍夯）5 击以内。

定额 YT2-141，定额基价 15.85 元/m^3，调 YT2-141×1.25，定额基价 19.81 元/m^3。

（2）主夯跳打（二遍夯）增加 8 击。

定额 YT2-142，定额基价 2.71 元/m^3，调 YT2-142×8×1.25，定额基价 27.1 元/m^3。

（3）低锤满夯。

定额 YT2-143，定额基价 13.48 元/m^3。

（4）将直接工程费按表三乙汇总。

建筑工程预算表

表三乙 　　　　　　　　　　　　　　　　　　　　　　　　　　　　　　　　　　　　　　　金额单位：元

序号	编制依据	项目名称及规范	单位	数量	单价（元）		合价（元）	
					金额	其中工资	数量	其中工资
		地基处理						
	调 YT2-141×1.25	主夯跳打（二遍夯）5 击以内	m^2	1000	19.81		19813	
	调 YT2-142×8×1.25	主夯跳打（二遍夯）增加 8 击	m^2	1000	27.10		27100	
	YT2-143	低锤满夯	m^2	1000	13.48		13480	
		直接工程费					60393	

五、砌筑工程量计算规则与实例

（一）工程量计算规则

1. 一般规定

（1）砖墙标准厚度。标准砖规格为 240mm×115mm×53mm，砖墙标准厚度按照附表 D-8 计算。

附表 D-8 　　　　　　　　　　　**砖墙标准厚度计算表**

墙厚度	1/4 砖	1/2 砖	3/4 砖	1 砖	1+1/2 砖	2 砖	2+1/2 砖
计算厚度	53	115	180	240	365	490	615

（2）基础与墙（柱）划分。

1）基础与墙采用同一种材料时，以室内设计地坪分界，以下为基础，以上为墙（柱）。

2）基础与墙采用不同种材料时，位于设计室内地面±300mm 以内时，以不同材料界面分界；超过±300mm 时，以设计室内地坪分界，如附图 D-12 所示。

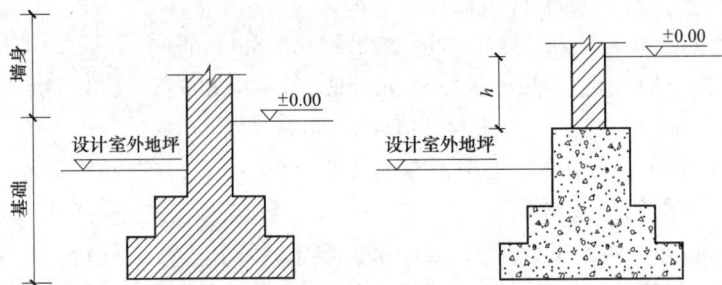

附图 D-12　基础与墙（柱）划分

3）有地下室者，以地下室室内地坪分界。

4）砖围墙以场地（室外）地坪分界，以下为基础，以上为围墙（柱）。石围墙内外地坪标高不同时，以较低地坪标高分界，以下为基础，石围墙内外标高之差为挡土墙，高标高地坪以上为石围墙。

5）挡土墙不分基础与墙。

2. 基础工程量计算

基础根据设计图示尺寸按照体积计算工程量，附墙垛、扶壁柱基础宽出部分体积并入基础体积内。扣除地圈梁、构造柱所占体积；不扣除基础大放脚 T 形接头处的重复部分、嵌入基础内的钢筋、铁件、防潮层所占体积及单个面积 0.3m² 以内的孔洞所占体积；但单个面积 0.3m² 以上孔洞所占体积需扣除，其洞口上的钢筋混凝土过梁应单独计算。靠墙沟道挑檐不计算体积。

外墙基础长度按外墙中心线长度计算，内墙基础长度按内墙基础净长计算。

3. 墙体工程量计算

砖墙、空心砖墙、砌块墙、石墙根据设计图示尺寸按照体积计算工程量。扣除门窗洞口、过人洞、空圈所占体积及嵌入墙内的钢筋混凝土柱、梁、圈梁、过梁、挑梁、预埋块所占体积；扣除凹进墙内的壁龛、管槽、消火栓箱、配电箱等所占体积。不扣除梁头、板头、檩头、垫木、木砖、门窗走头、砖墙内加固钢筋、铁件及单个面积在 0.3m² 以内的孔洞等所占体积。

突出墙面的三皮砖以下腰线和挑檐、窗台线、窗台虎头砖，压顶线、门窗套等体积不增加，洞口上砖平砌、钢筋砖过梁不单独计算，但需计算砖垛、扶壁柱及三皮砖以上的腰线和挑檐体积，并入墙体工程量内。

外墙长度按外墙中心线长度计算，内墙长度按内墙净长计算。砖墙标准厚度按照附表 D-8 规定计算，空心砖墙、砌块墙、石墙厚度按照设计尺寸计算。

外墙高度（见附图 D-13）：坡（斜）屋面无檐口天棚者，计算至屋面板底；有屋架且室内外均有天棚者，计算至屋架下弦底面另加 200mm；有屋架无天棚者，计算至屋架下弦底加 300mm；平屋面计算至钢筋混凝土板底。

内墙高度（见附图 D-14）：位于屋架下弦者计算至屋架下弦底；无屋架有天棚者计算至天棚底加 100mm；有钢筋混凝土楼板隔层者计算至板底。内外山墙高度按其平均高度计算。

女儿墙高度从屋面板顶标高计算至女儿墙顶标高，当女儿墙设有混凝土压顶时，计算至

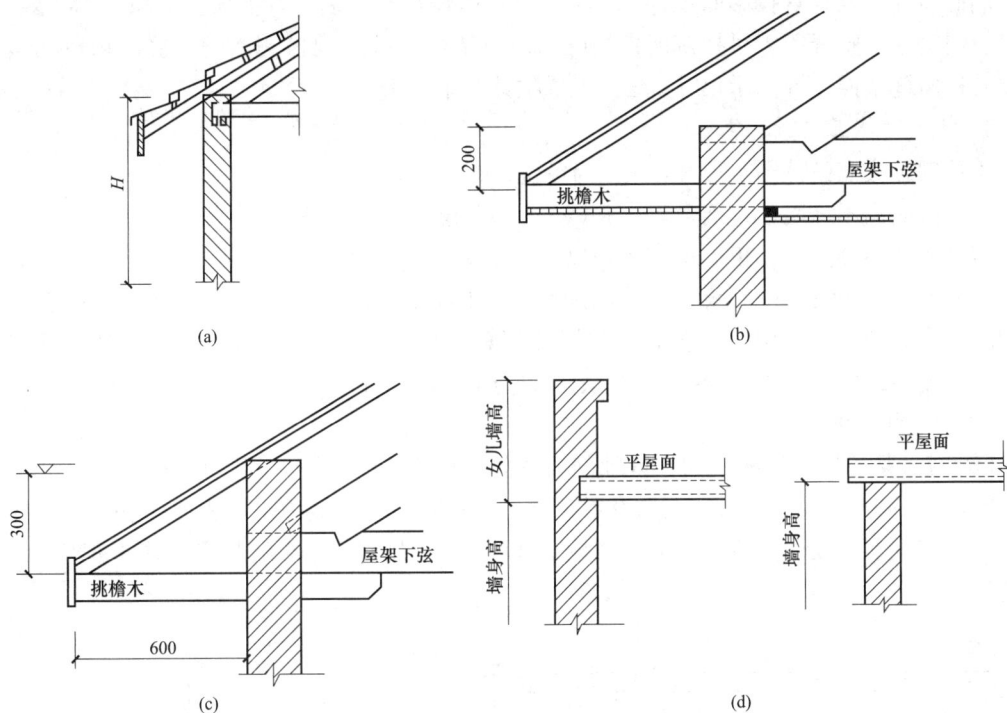

附图 D-13 外墙高度

（a）斜（坡）屋面无檐口天棚；（b）有屋架且室内外均有天棚；（c）有屋架无天棚；（d）平屋面

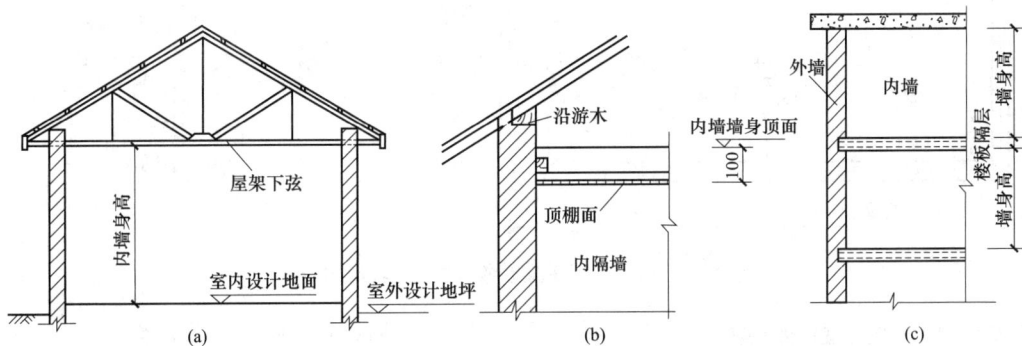

附图 D-14 内墙高度

（a）位于屋架下弦；（b）无屋架有天棚；（c）有混凝土楼板隔层时的内墙墙身高度

混凝土压顶底标高。

框架间砌体以框架间净空面积乘以墙厚计算工程量，框架面贴砌部分体积合并计算。

空花砖墙按照空花部分外形体积以 m³ 为单位计算工程量，不扣除空洞部分体积。在空花砖墙中，砌筑实体墙部分应单独计算。

空心砖墙按体积以 m³ 为单位计算工程量，不扣除其空心部分体积。

附墙通风道、垃圾道、电缆竖井等根据设计图示尺寸按照体积计算工程量，并入所依附的墙体工程量内，不扣除单个横断面在 0.1m² 以内的孔洞所占体积。

墙面勾缝按照垂直投影面积计算工程量，扣除墙裙和墙面抹灰面所占面积，不扣除门窗洞口、门窗套、腰线等零星抹灰所占的面积，附墙柱和门窗洞口侧面的勾缝面积也不增加。独立砖柱勾缝按照设计图示尺寸以 m^2 为单位计算工程量。

4. 其他砌体工程量计算

零星砌砖按照设计图示尺寸以 m^3 为单位计算工程量。

砖、石地沟不分墙基、墙身，合并以 m^3 为单位计算工程量。

砖砌池井不分圆形、矩形按实体积以 m^3 为单位计算工程量。

砌体围墙按照设计中心线长度乘以围墙高度再乘以围墙厚度以 m^3 为单位计算工程量。不扣除围墙上部空花墙中空洞体积，附墙柱计算体积并入围墙体积内。扣除围墙中混凝土柱、混凝土砌块所占体积，混凝土砌块、混凝土围墙柱另行计算。

（二）工程实例

【例 7】 某单层建筑物平面、基础剖面图如附图 D-15 所示。已知层高 3.6m，内、外墙墙厚均为 240mm，所有墙身上均设置圈梁，且圈梁与现浇板顶平，板厚 100mm。墙体埋件体积及门窗尺寸分别见附表 D-9、附表 D-10。试计算砖基础及砖墙体工程量及定额费用。

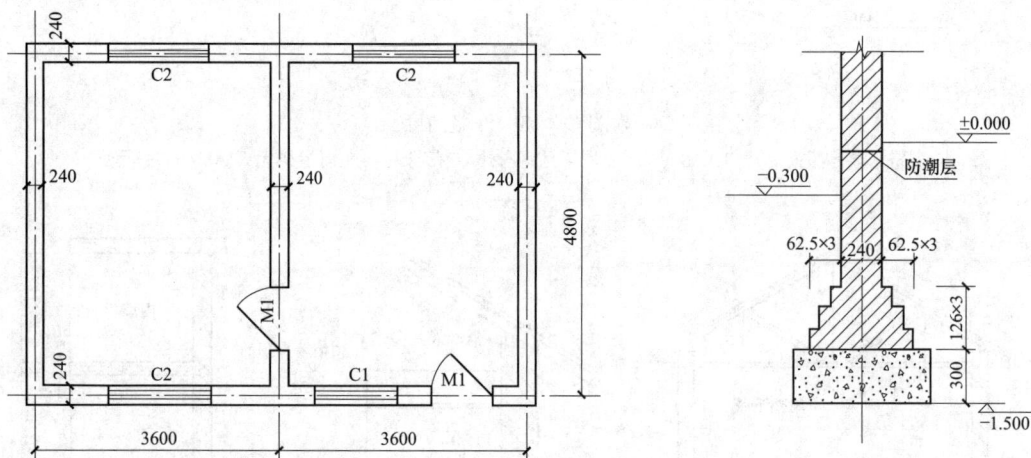

附图 D-15　某单层建筑物平面、基础剖面图

附表 D-9	墙体埋件体积表	
构件名称	构件所在部位体积	
	外墙	内墙
构造柱	0.81	
过梁	0.39	0.06
圈梁	1.13	0.22

附表 D-10	门窗尺寸表	
门窗名称	洞口尺寸（mm）	数量
C1	1000×1500	1
C2	1500×1500	3
M1	1000×2500	2

解　（1）基数计算。

外墙中心线长 $L_{中}=(3.6×2+4.8)×2=24$（m）

内墙净长 $L_{内}=4.8-0.24=4.56$（m）

（2）砖基础。

砖基础与墙身使用同一种材料，故以室内设计地坪±0.000为分界线。

故砖基础高：1.5−0.3=1.2（m）

$$V_{砖基础}=（基础墙厚 \times 基础墙高 + 放脚增加面积）\times 基础墙长$$
$$=[0.24 \times（1.5−0.3）+0.126 \times 0.0625 \times 12] \times（24+4.56）$$
$$=10.92（m^3）$$

套用定额：TY3-1，定额基价226.11元/m³，金额：10.92×226.11=2469（元）

（3）砖墙。

外墙门窗洞口面积：1×1.5+1.5×1.5×3+1×2.5=10.75（m²）

内墙门窗洞口面积：1×2.5=2.5（m²）

$$V_{外墙}=（24 \times 3.6−10.75）\times 0.24−0.8l−0.39−1.13=15.83（m^3）$$
$$V_{内墙}=（4.56 \times 3.6−2.5）\times 0.24−0.06−0.22=3.06（m^3）$$

定额费用：外墙1砖及以上：TY3-2，基价239.42元/m³，金额：15.83×239.42=3790（元）

内墙1砖及以上：TY3-4，基价227.31元/m³，金额：3.06×227.31=696（元）

（4）将以上计算数据汇总到表三乙中。

建筑工程预算表

表三乙　　　　　　　　　　　　　　　　　　　　　　　　　　　　　　　金额单位：元

序号	编制依据	项目名称及规范	单位	数量	单价（元）		合价（元）	
					金额	其中工资	数量	其中工资
		砌筑工程						
	YT3-1	砖基础	m³	10.92	226.11	34.77	2469	380
	YT3-2	外墙1砖及以上	m³	15.83	239.42	44.61	3790	706
	YT3-4	内墙1砖及以上	m³	3.06	227.31	35.27	696	108
		直接工程费					6955	1194

六、混凝土与钢筋、铁件工程量计算规则与实例

（一）工程量计算规则

现浇和预制钢筋混凝土项目计量单位除注明按水平投影面积计算的项目外，均按设计图纸尺寸以m³计算，不扣除构件内钢筋、铁件和螺栓所占体积。

1. 现浇混凝土

（1）基础。基础与柱或墙的分界线以基础的扩大顶面为界。以下为基础，以上为柱或墙。如附图D-16、附图D-17所示。

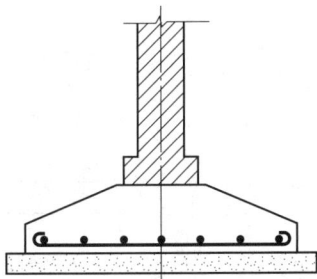

附图D-16　墙下钢筋混凝土条形基础　　　　附图D-17　柱下钢筋混凝土独立基础

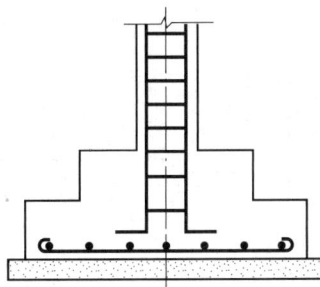

条形基础含有梁式和无梁式，如附图 D-18 所示。

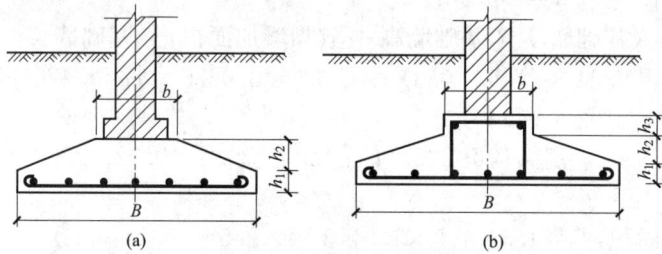

附图 D-18　条形基础计算
（a）无梁式；（b）有梁式

凡有梁式条形基础梁高 h_3（指基础扩大顶面至顶面的高度）超过 1.2m 时，h_1+h_2 部分按条型基础计算，h_3 部分按地下室混凝土墙计算。

基础、底板、垫层工程量扣除伸入承台基础的桩头所占体积。

支架类独立基础短柱高度超过 1.2m 时，其基础短柱执行现浇柱定额。

设备基础按照不同体积分别计算工程量。框架式设备基础（汽轮发电机基础、给水泵框架式基础除外）应分别按照基础、柱、梁、板和墙的相应定额计算工程量。当一个设备基础部分为块体，部分为框架时，应分别计算工程量。

计算设备基础工程量时，不扣除地脚螺栓孔单个面积在 0.05 m^2 以内孔洞所占的体积。布置在梁、板上的设备基础，其体积并入依附的梁、板工程量内。布置在坑、池底板上的设备基础，其体积并入依附的底板工程量内。

常见基础形式及工程量计算如附图 D-19 所示。

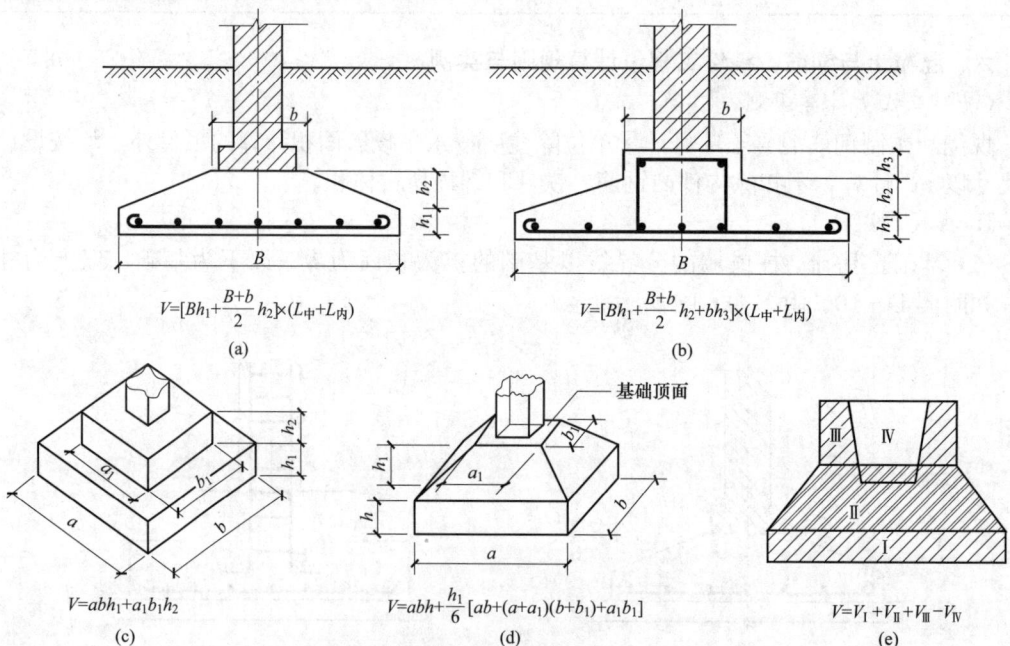

$V=[Bh_1+\frac{B+b}{2}h_2]\times(L_{中}+L_{内})$ (a)

$V=[Bh_1+\frac{B+b}{2}h_2+bh_3]\times(L_{中}+L_{内})$ (b)

$V=abh_1+a_1b_1h_2$ (c)

$V=abh+\frac{h_1}{6}[ab+(a+a_1)(b+b_1)+a_1b_1]$ (d)

$V=V_{I}+V_{II}+V_{III}-V_{IV}$ (e)

附图 D-19　常见基础形式及工程量计算
（a）无梁式条形；（b）有梁式条形；（c）阶台形；（d）锥台形；（e）杯形

二次灌浆按照实际灌浆体积计算工程量。计算设备基础台面二次灌浆时，不扣除地脚螺栓孔单个面积在 $0.05m^2$ 以内孔洞所占的体积。

电缆埋管外包混凝土按照施工图外围轮廓尺寸计算工程量，不扣除埋管所占体积。

（2）柱。

1）有梁板柱高度按柱基上表面至楼板上表面高度计算。无梁板柱高度按柱基上表面至柱帽下表面高度计算。有楼板隔层的框架柱高度按柱基上表面至柱顶高度计算，如附图 D-20 所示。

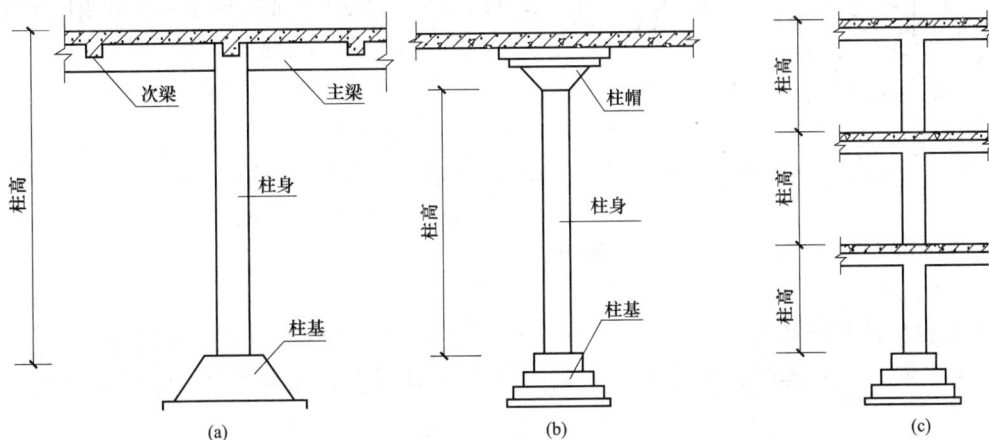

附图 D-20　柱高的确定

(a) 有梁板柱；(b) 无梁板柱；(c) 有楼板隔层的框架柱

依附于柱上的混凝土结构牛腿工程量并入到柱工程量内计算。

柱帽工程量并入到柱工程量内计算。

2）构造柱。构造柱按设计高度计算，由于构造柱根部一般锚固在地圈梁内，因此，柱高应自地圈梁的顶部至柱顶部高度计算。

$$V = 柱的折算横截面面积 \times 柱高$$

构造柱一般是先砌砖后浇混凝土。在砌砖时一般每隔五皮砖（约 300mm）两边各留一马牙槎，槎口宽度为 60mm。计算构造柱体积时，与墙体嵌接部分的体积应并入到柱身体积内。因此，可按基本截面宽度两边各加 30mm 计算。其构造柱截面积计算如附图 D-21 所示。

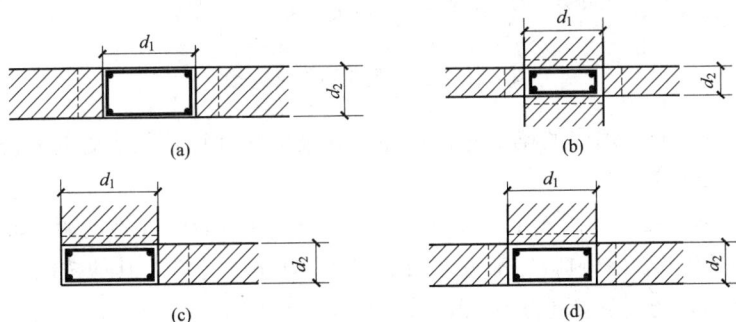

附图 D-21　构造柱截面积计算示意图

(a) 一字形：$S = (d_1 + 0.06) \times d_2$；(b) 十字形：$S = (d_1 + 0.06) \times (d_2 + 0.06)$

(c) L 形：$S = (d_1 + 0.03) \times (d_2 + 0.03)$；(d) T 形：$S = (d_1 + 0.06) \times (d_2 + 0.03)$

（3）梁。

1）梁的种类。现浇梁的种类很多，在电力建筑工程中常见的有：

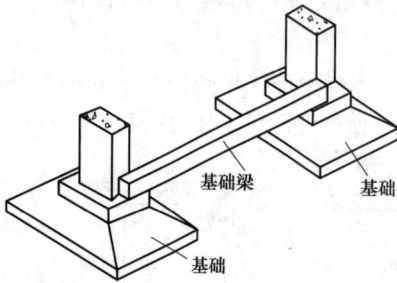

附图 D-22　基础梁

a. 基础梁：独立基础间承受墙体荷载的梁，多用于工业厂房中，如附图 D-22 所示。

b. 地圈梁：±0.000 地面下的圈梁，不能称基础梁。

c. 圈梁：砌体结构中加强房屋刚度的封闭的梁。

d. 过梁：门、窗、孔洞上设置的梁。

e. 悬挑梁：一端固定，一端悬挑的梁。

f. 单梁：只有一跨的梁。

g. 连续梁：两跨及两跨以上的梁。

h. 矩形梁：断面为矩形的梁。

i. 异形梁：断面为梯形或其他变截面的梁。

2）梁工程量。

梁工程量按图示断面尺寸乘以梁长以立方米计算。$V =$ 梁断面面积×梁长度

其中，梁与柱连接时，梁长度按柱与柱之间的净距计算，如附图 D-23 所示。

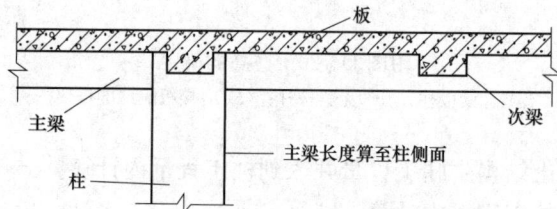

附图 D-23　梁与柱连接

次梁与柱和主梁交接时，次梁长度按柱侧面或主梁侧面的净距计算，如附图 D-24 所示。

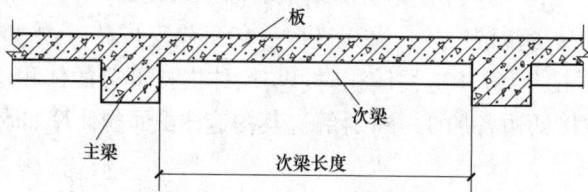

附图 D-24　主梁与次梁连接

梁与墙交接时，伸入墙内的梁头应包括在梁的长度内计算；梁头处如有浇制垫块者，其体积并入梁内一起计算。

3）圈梁与过梁连接，如附图 D-25 所示，分别套用圈梁、过梁定额；圈梁与过梁不宜划分时，其过梁长度按门窗洞口外围宽度两端共加 500mm 计算，其他按圈梁计算。

梁端支撑处如有浇制混凝土垫块者，其体积并入梁内计算。

（4）板。计算混凝土板工程量时，不扣除单个面积 0.3m² 以内孔洞所占体积，预留孔所需工料也不增加。伸入砌体墙内的板头工程量并入板工程量内计算。

框架结构有梁板按照框架梁间净体积计算，非框架主梁、次梁、板体积一并计算工程

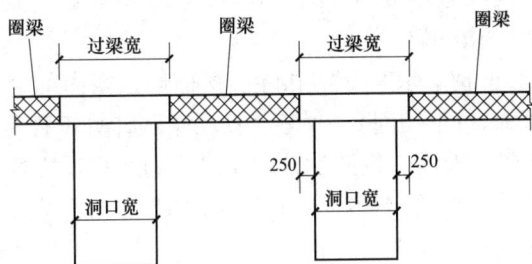

附图 D-25　圈梁与过梁连接

量，不扣除板与柱交叉重复部分混凝土体积。

周边有梁的平板，梁与板应分别计算工程量。板的长度或宽度计算至梁内侧面。

压型钢板混凝土厚度，按照压型钢板槽口至混凝土面的净高 H 计算（见附图 D-26），槽内混凝土量及压型钢板的含量均已包括在定额中。由于设计原因使压型钢板含量或混凝土含量与定额不同时，可以换算压型钢板与混凝土含量，其余不变。

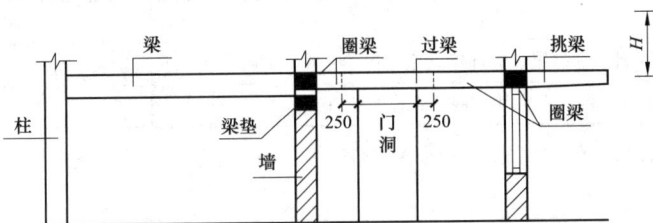

附图 D-26　压型钢板混凝土厚度

（5）墙（壁）。计算墙、间壁墙、电梯井壁工程量时，应扣除门、窗洞口及单个面积在 0.3m^2 以上的孔洞所占体积。

混凝土墙（壁）与底板以底板顶标高分界，混凝土墙（壁）与顶板以顶板底标高分界。混凝土墙（壁）中的圈梁、过梁、暗梁、暗柱不单独计算工程量，其体积并入墙（壁）体积内计算。混凝土墙（壁）与底板、顶板连接处"三角形"工程量并入墙（壁）体积内计算。

（6）整体楼梯。整体楼梯应分层按照其水平投影面积之和计算。楼梯水平投影面积包括踏步、斜梁、休息平台、平台梁及楼梯与楼板连接的梁，如附图 D-27 所示。

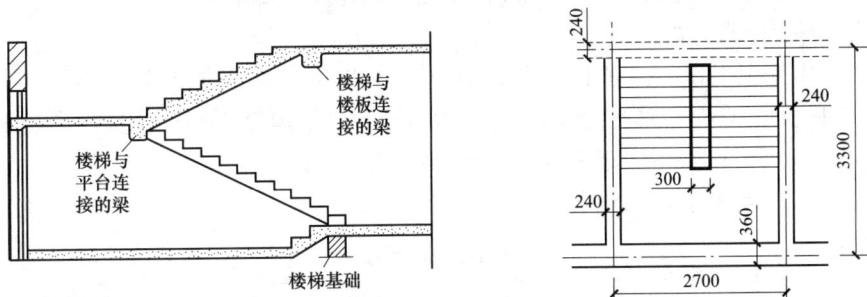

附图 D-27　整体楼梯

楼梯与楼板的划分界线以楼梯梁的外侧面分界；当整体楼梯与现浇楼板无梁连接时，以楼梯最后一个踏步外沿加 300mm 分界。

楼梯井宽度大于 300mm 时，其面积应扣除。楼梯伸入墙内部分的混凝土体积已包括在定额中，不另行计算。楼梯基础、栏杆、栏板、扶手单独计算工程量。

（7）混凝土台阶、挑檐、天沟。按照设计图示尺寸的水平投影面积计算，台阶梯带根据材质按照零星构件单独计算。台阶定额中包括垫层及面层，应分别执行相应定额。当台阶与平台连接时，其分界线应以最上层踏步外沿加 300mm 计算，平台另行计算。

挑檐、天沟与梁连接时，以梁外侧面分界。

2. 预制混凝土

预制空心板按照实体积计算工程量，扣除孔洞所占体积。

混凝土蒸汽养护工程量按照混凝土构件体积计算。

定额中未包括预制混凝土构件的制作、安装、运输损耗，应按附表 D-11 中的系数分别计算。

附表 D-11　　　　　　　　　预制混凝土构件制作、安装、运输损耗率表

项目	损耗率（%）
托架梁、9m 以上桩、薄腹梁、煤斗梁，主厂房梁、柱、框架	1.0
其他预制混凝土构件，钢筋混凝土桩	1.5

注　损耗系数由构件制作地点的堆放与运输损耗 20%、构件场外运输损耗 50%、构件安装损耗 30% 组成。

3. 钢筋

（1）计算规则。钢筋工程量由设计用量、连接用量、施工措施用量组成。计算钢筋工程量时，不计算钢筋连接铁件、绑扎钢筋镀锌铁丝、焊接钢筋焊条、螺纹连接套筒、电渣压力焊剂质量。

钢筋连接用量按施工图规定计算。施工图未规定者，按单位工程施工图设计钢筋总用量的 4% 计算。计算钢筋连接用量基数时，不包括设计已含搭接的钢筋用量，对焊、电渣压为焊、螺纹连接、冷挤压、植筋的钢筋用量也不作为计算钢筋连接用量基数。按接头个数计算电渣压力焊接头、套筒冷压接头、螺纹接头费用后，不再计算钢筋搭接用量。

施工措施钢筋用量根据批准的施工组织设计计算。无批准的施工组织设计时，建筑物施工措施钢筋用量按单位工程施工图设计钢筋用量与连接用量之和的 0.5% 计算，构筑物施工措施钢筋用量按单位工程施工图设计钢筋用量与连接用量之和的 2% 计算。

（2）设计用量计算公式。

$$钢筋工程量 = 钢筋下料长度（m）\times 相应钢筋每米重量（kg/m）$$

$$钢筋下料长度（m）= 构件图示尺寸 - 混凝土保护层厚度 + 钢筋弯钩增加长度 +$$
$$弯起钢筋弯起部分的增加长度 + 搭接长度$$

1）钢筋直径每米重量，见附表 D-12 所示。

附表 D-12　　　　　　　　　　　　　钢筋单位理论质量表

直径 d（mm）	理论重量（kg/m）	直径 d（mm）	理论重量（kg/m）
4	0.099	6	0.222
5	0.154	6.5	0.260

直径 d （mm）	理论重量 （kg/m）	直径 d （mm）	理论重量 （kg/m）
8	0.395	20	2.446
10	0.617	22	2.984
12	0.888	25	3.850
14	1.208	28	4.830
16	1.578	30	5.550
18	1.998	32	6.310

2）钢筋保护层厚度。混凝土保护层指受力钢筋外缘到构件外缘的距离。图纸有要求的，按设计要求；设计图纸无规定时，不能小于受力钢筋直径和下列规定：墙、板、壳保护层为15mm；柱、梁、桩保护层为25mm；基础有垫层保护层为35mm，无垫层保护层为70mm。

3）钢筋弯钩增加长度。钢筋弯钩增加长度是指为增加钢筋和混凝土的握裹力，在钢筋端部作弯钩时，弯钩相对于钢筋平直部分外包尺寸增加的长度。弯钩弯曲的角度常有180°、135°和90°三种，如附图D-28～附图D-30所示。

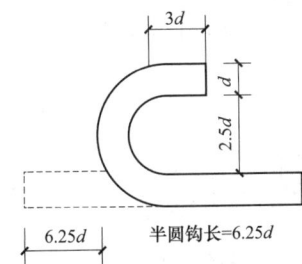

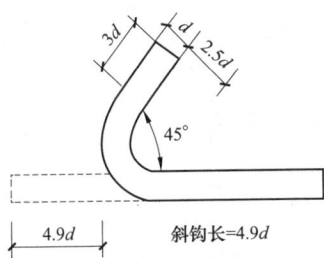

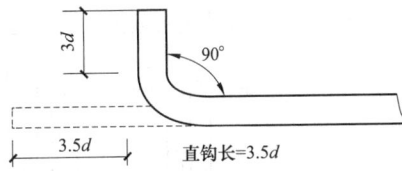

附图 D-28　I级钢筋180°弯钩　　　附图 D-29　I级钢筋135°弯钩　　　附图 D-30　I级钢筋90°弯钩

I级钢筋弯钩的增加长度：90°为3.5d，135°为4.9d，180°为6.25d。一般I级钢筋端部按带180°弯钩考虑，若无特别的图示说明，II级钢筋端部按不带弯钩考虑。

4）弯起钢筋增加长度。弯起钢筋弯曲部分增加长度是指钢筋弯曲部分斜边长度与水平长度的差值，即"$c-a$"。对于弯起钢筋，用构件图示尺寸减去两端保护层后，再加上弯曲部分的增加长度，就可快速简便地计算出弯起钢筋的下料长度，如附图D-31所示。

5）对于一般建筑结构：柱、梁钢筋的保护层按25mm考虑，弯钩角度取135°，弯起钢筋的角度也大多取45°，故其下料长度的计算公式可简化为

两端无弯钩的直筋　　　　$L=$ 构件长度 $-2×0.025$ （m）

两端有弯钩的直筋　　$L=$ 构件长度 $-2×0.025+2×6.25d$ （m）

弯起钢筋　　　　$L=$ 构件长度 $-2×0.025+2×6.25d+0.414h_净$ （m）

$h_净$ ——梁高扣去保护层厚度的净高。

6）箍筋长度：箍筋下料长度 $=$ 单根箍筋下料长度 $×$ 配箍范围内箍筋根数

单根箍筋下料长度：$L=$ 构件截面周长 $-8×$ 保护层厚 $+2×$ 弯钩

配箍范围内箍筋根数的计算：$n=$ （梁长 $-$ 两端保护层厚） $÷$ 箍箍间距@$+1$

（二）工程实例

【例8】　如附图D-32所示为有梁式带形基础，计算其混凝土工程的定额费用。

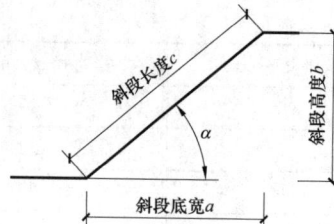

弯起钢筋斜段增加长度

角度	斜段长	斜段底宽	增加长度
当 $\alpha=45°$	$c=1.414b$	$a=1.00b$	$c-a=0.414b$
当 $\alpha=60°$	$c=1.155b$	$a=1.577b$	$c-a=0.578b$
当 $\alpha=30°$	$c=2.000b$	$a=1.732b$	$c-a=0.268b$

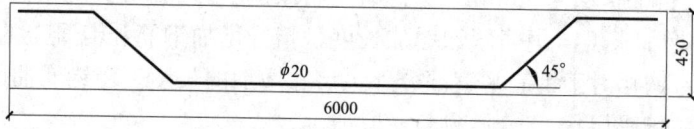

附图 D-31 弯起钢筋增加长度

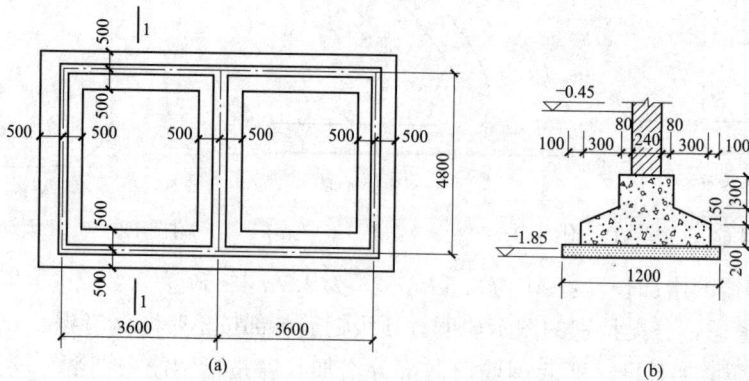

附图 D-32 有梁式常形基础
(a)基础平面图；(b)基础剖面图

解 （1）外墙下基础。由附图 D-32 可以看出，该基础的中心线与外墙中心线（也是定位轴线）重合，故外墙基的计算长度可取 $L_中$。

外墙基础混凝土工程量＝基础断面积×$L_中$

$$=[0.4\times0.3+(0.4+1)/2\times0.15+1\times0.2]\times(3.6\times2+4.8)\times2$$

$$=0.425\times24=10.2（m^3）$$

（2）内墙下基础。梁部分长度→梁间净长度，梯形部分长度→斜坡中心线长度，底板部分长度→基底净长度。

总计算原则：内、外墙下基础工程量不能重复计算，计算示意图如附图 D-33 所示。

梁间净长度＝4.8－0.2×2＝4.4（m）

斜坡中心线长度＝4.8－(0.2+0.3/2)×2＝4.1（m）

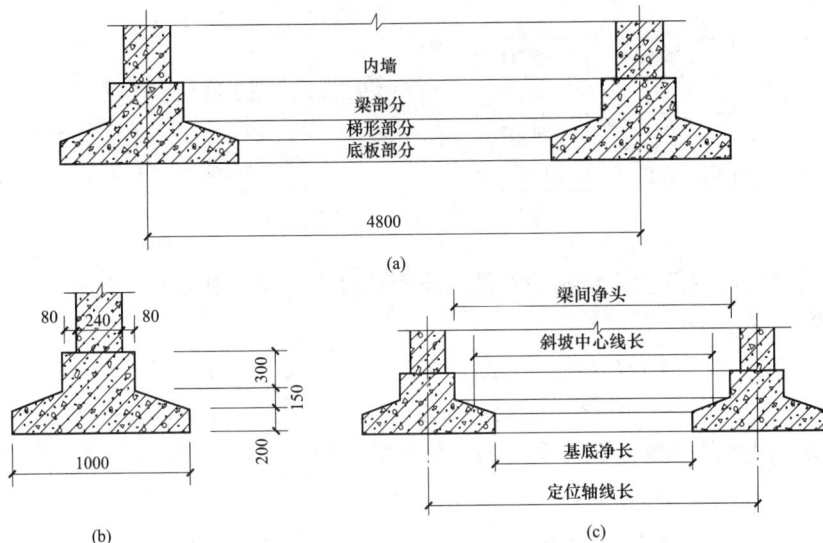

附图 D-33 基础工程量计算示意图

(a) 1—1 剖面图；(b) 墙基础剖面图；(c) 计算长度示意图

$$基底净长度 = 4.8 - 0.5 \times 2 = 3.8 （m）$$

内墙基础混凝土工程量 = ∑内墙基础各部分断面积×相应计算长度

$$= 0.4 \times 0.3 \times 4.4 + (0.4 + 1)/2 \times 0.15 \times 4.1 + 1 \times 0.2 \times 3.8$$

$$= 1.72 （m^3）$$

（3）有梁式带形基础工程量为：$10.2 + 1.72 = 11.92 （m^3）$

【例9】 某传达室平、立面及剖面图如附图 D-34、附图 D-35。已知：外墙上设置钢筋混凝土圈梁，截面尺寸 240mm×300mm，构造柱有8根，截面尺寸 240mm×240mm，门窗过梁的截面尺寸 240mm×200mm，平板及挑檐板厚 100mm，计算图中主体结构中钢筋混凝土构件的混凝土工程量。

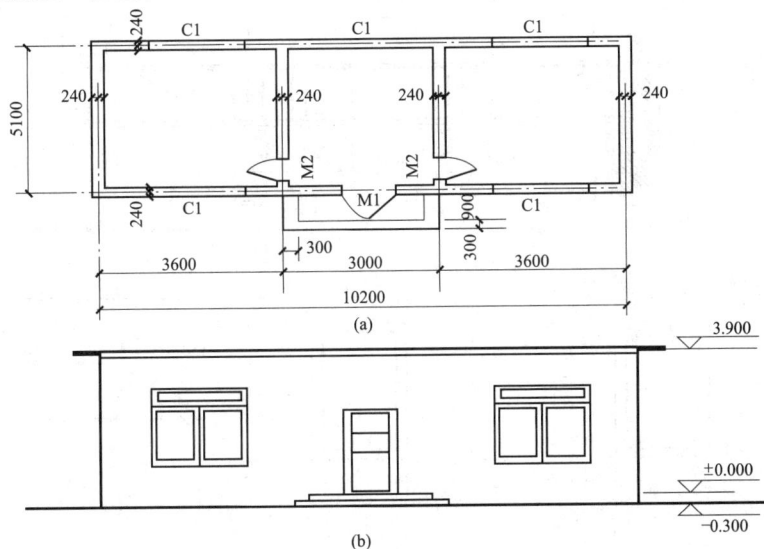

附图 D-34 某传达室平、立面图

(a) 平面图；(b) 立面图

门窗名称	洞口尺寸
M1	1000×2400
M2	900×2100
C1	1800×2100

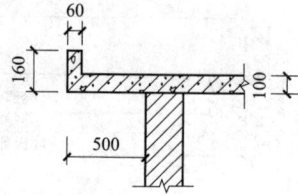

附图 D-35　某传达室剖面图

解　由图可知，本例主体结构中钢筋混凝土构件有过梁、构造柱、圈梁、平板、挑檐。

（1）基数计算。

$$L_{中}=(10.2+5.1)\times2=30.6\ (m)$$

$$L_{外}=(10.2+0.24+5.1+0.24)\times2=31.56\ (m)$$

（2）过梁（过梁的长度以洞口宽度为基数，并向两端各延伸250mm。）

门过梁　$V=[1+0.5+(0.9+0.5)\times2]\times0.24\times0.2=0.21\ (m^3)$

窗过梁　$V=(1.8+0.5)\times5\times0.24\times0.2=0.55\ (m^3)$

过梁的工程量：$0.21+0.55=0.76\ (m^3)$

（3）构造柱（4根为L形，4根为T形，地上部分）

$$V=[4\times(0.24+0.03)^2+4\times(0.24+0.06)\times(0.24+0.03)]\times(3.9+0.3)$$
$$=2.59\ (m^3)$$

（4）圈梁　$V=(30.6-0.24\times8)\times0.24\times0.3=2.06\ (m^3)$

（5）平板　$V=(10.2+0.24)\times(5.1+0.24)\times0.1=5.57\ (m^3)$

（6）挑檐

$$V=0.5\times0.1\times(31.56+8\times0.5/2)+(0.16-0.1)\times$$
$$0.06\times[31.56+8\times(0.5-0.06/2)]$$
$$=1.81\ (m^3)$$

【例10】　试求附图 D-36 所示 C20 单梁中钢筋的设计用量。

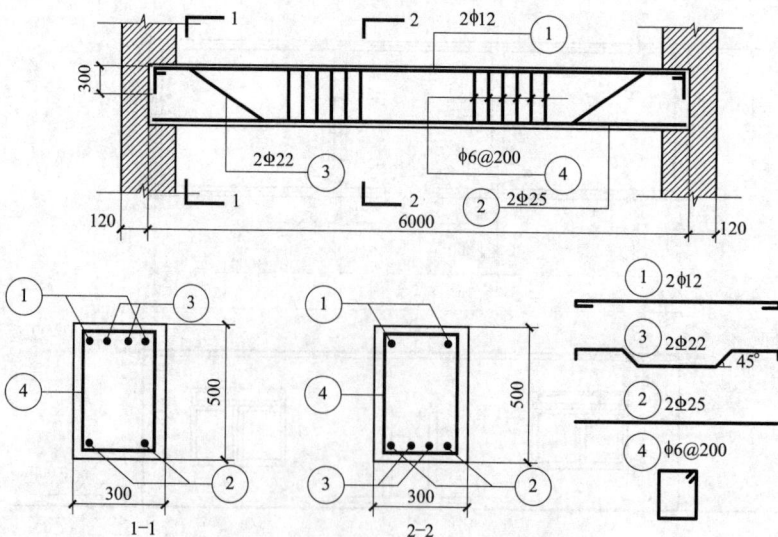

附图 D-36　C20 混凝土单梁配筋图

解　① 号筋（架立筋，2 根，直径 12mm）

$$(6-0.025\times2+6.25\times0.012\times2)\times2\times0.888=10.83\,(\text{kg})$$

② 号筋（受力筋，2 根，直径 25mm）

$$(6-0.025\times2)\times2\times3.856=45.89\,(\text{kg})$$

③ 号筋（弯起筋，2 根，直径 22mm）

$$[6-0.025\times2+0.3\times2+0.414\times(0.5-0.025\times2)\times2]\times2\times2.986=41.34\,(\text{kg})$$

④ 号筋（箍筋，直径 6mm）

箍筋单根下料长度 $=(0.3+0.5)\times2-8\times0.025+2\times11.9\times0.006=1.54\,(\text{m})$

箍筋根数 $n=(6-0.025\times2)\div0.2+1=31(\text{根})$

箍筋总下料长度 $L=1.54\times31\times0.222=10.60(kg)$

定额中钢筋按 Φ10 及以下和 Φ10 以上进行归类，故

Φ10 以下钢筋：10.60（kg）

Φ10 以上钢筋：$10.83+41.34+45.89=98.06$（kg）

【例 11】　某地新建 220kV 变电站砖砌体电缆沟如附图 D-37、附图 D-38，土方按普土考虑，人工挖土，余土集中外运 10km；电缆沟采用 M5 水泥砂浆砌筑，电缆沟外立面采用 1∶2 防水砂浆，内壁及沟底粉 1∶3 水泥砂浆；每隔 0.8m 镶嵌预制 C25 混凝土块，按现场预制考虑；压顶采用 C20 素混凝土；电缆沟盖板现场制作，采用 C25 混凝土，厚度 8mm；

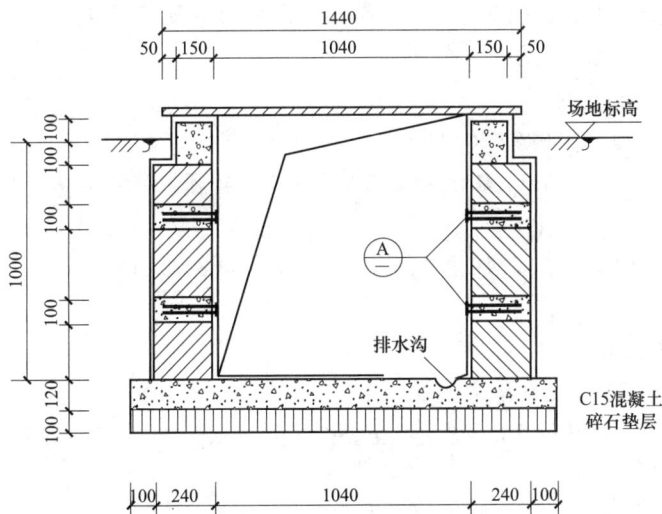

附图 D-37　电缆沟断面图

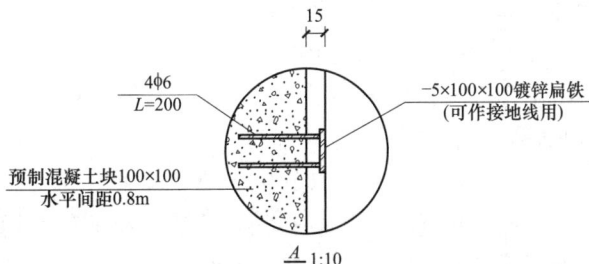

附图 D-38　电缆沟断面局部详图

电缆沟长度 100m。计算电缆沟的建筑工程预算费。并将数据填入建筑工程表三乙中。（项目所在地为重庆市内，按施工现场集中搅拌站制备混凝土考虑，镀锌扁铁-5×100×100 的单位长度重量为 3.92kg/m）。

解 根据变电站电缆沟道图纸，按照施工顺序确定分项工程，计算工程量。

（1）挖沟槽。

因变电站电缆沟道是 1.72m×1.22m×100m，故应按挖沟槽计算；

土壤设为普通土，挖沟槽深度 1.22m>1.2m，故需放坡开挖沟槽，故放坡系数 K 取 0.5。

变电站电缆沟道的立面做防水层，故沟底每边各增加 800mm 工作面宽度。

$$V_{挖沟槽} = (B + 2C + KH)HL$$
$$= (1.72 + 2 × 0.8 + 0.5 × 1.22) × 1.22 × 100$$
$$= 479.46 \text{ (m}^3\text{)}$$

定额费用：挖 2m 以内沟槽 YT1-5，基价 9.30 元/m³，金额：479.46×9.30=4459（元）

（2）地面垫层碎石干铺。

$$V = 1.72 × 0.1 × 100 = 17.2 \text{ (m}^3\text{)}$$

套用定额 YT8-8，基价 106.38 元/m³，金额：106.38×17.2=1829（元）

（3）C15 混凝土垫层。

$$V = 1.72 × 0.12 × 100 = 20.64 \text{ (m}^3\text{)}$$

C15 混凝土垫层面积 1.72×100=172（m²）50m²，故套用定额 YT4-3。基价 293.15 元/m³，金额：20.64×293.15=6050（元）

（4）预制 C25 混凝土块。

$$V = 0.1 × 0.1 × 0.24 × (100/0.8 + 1) × 4 = 0.024 × 504 = 1.21 \text{ (m}^3\text{)}$$

制作套用定额 YT4-112，基价 963.52 元/m³，金额：963.52×1.21×（1+1.5%×20%）=1169（元）

安装套用定额 YT4-151，基价 216.87 元/m³，金额：216.87×1.21×（1+1.5%×30%）=263（元）

（5）M5 水泥砂浆砖墙。

$$V = 0.9 × 0.24 × 100 × 2 - 1.21 = 41.99 \text{ (m}^3\text{)}$$

套用定额 YT3-9，基价 230.28 元/m³，金额：230.28×41.99=9669（元）

（6）C20 混凝土压顶。

$$V = 0.15 × 0.2 × 100 × 2 = 6 \text{ (m}^3\text{)}$$

套用定额 YT4-89 现浇零星构件，基价 995.06 元/m³，金额：995.06×6=5970（元）

（7）内壁水泥砂浆砖墙面。

$$S = 0.9 × 2 × 100 = 180 \text{ (m}^2\text{)}$$

套用定额 YT11-16，基价 11.19 元/m²，金额：11.19×180=2014（元）

（8）外立面防水砂浆。

$$S = 0.9 × 2 × 100 = 180 \text{ (m}^2\text{)}$$

套用定额 YT8-14，基价 10.65 元/m²，金额：10.65×180=1917（元）

（9）C20 混凝土压顶抹灰（有三面即内外面和上面）。

$$S = (0.2 × 2 + 0.15 + 0.05) × 2 × 100 = 120 \text{ (m}^2\text{)}$$

套用定额 YT11 - 21，基价 19.26 元/m²，金额：19.26×120＝2311（元）

（10）沟底水泥砂浆找平（水泥砂浆厚度按 20mm 考虑）。

$$S = 1.04 \times 100 = 104 \, (\text{m}^2)$$

套用定额 YT8 - 49，基价 7.51 元/m²，金额：7.51×104＝781（元）

（11）电缆沟盖板。

$$S = 1.44 \times 0.08 \times 100 = 11.52 \, (\text{m}^2)$$

制作套用定额 YT4 - 110，基价 393.74 元/m³，金额：393.74×11.52×（1＋1.5%×20%）＝4549（元）

安装套用定额 YT4 - 150，基价 42.41 元/m³，金额：42.41×11.52×（1＋1.5%×30%）＝490（元）

（12）预埋件。

钢筋 4ϕ6：0.2×4×504×0.222＝89.51（kg）＝0.09（t）

镀锌扁铁－5×100×100：100m×4 根×3.92kg/m＝1568（kg）＝1.568（t）

合计：0.09＋1.568＝1.658（t）

制作套用定额 YT4 - 130，基价 4811.31 元/t，金额：4811.31×1.658＝7977（元）

安装套用定额 YT4 - 133，基价 645.60 元/t，金额：645.60×1.658＝1070（元）

（13）回填土。

$$V_{回填} = 479.46 - (1.72 \times 0.22 + 1.52 \times 0.9 + 1.34 \times 0.1) \times 100$$
$$= 291.42 \, (\text{m}^3)$$

定额费用：回填土（松填）YT1 - 27，基价 2.36 元/m³，金额：291.42×2.36＝688（元）

（14）运土（10 千米自卸汽车运土）。

$$运土工程量 = V_{挖} - V_{回填} = 479.46 - 291.42 = 188.04 \, (\text{m}^3)$$

定额费用：自卸汽车运土 1km 内 YT1 - 84，基价 6.31 元/m³，金额：188.04×6.31＝1187（元）

自卸汽车运土（9km）YT1 - 85，基价 1.28 元/m³，金额：188.04×1.28×9＝2166（元）

（15）将以上计算数据汇总到表三乙中。

建 筑 工 程 预 算 表

表三乙　　　　　　　　　　　　　　　　　　　　　　　　　　　　　　　　　金额单位：元

序号	编制依据	项目名称	单位	数量	建筑费单价		建筑费合价	
					金额	其中工资	金额	其中工资
		建筑工程					74150	16709
一		主要生产工程					74150	16709
2		配电装置建筑					74150	16709
2.13		电缆沟道					74150	16709
	YT1 - 5	人工挖沟、槽普土深 2m 以内	m³	479.460	9.3	9.25	4459	4435
	YT8 - 8	地面垫层碎石干铺	m³	17.200	106.38	21.13	1829	363
	YT4 - 3	混凝土垫层垫层面积 50m² 以外	m³	20.640	293.15	57.04	6050	1177
	调 YT4 - 112 ＊1.003	预制小型构件制作	m³	1.210	966.41	231.75	1169	280

序号	编制依据	项目名称	单位	数量	建筑费单价		建筑费合价	
					金额	其中工资	金额	其中工资
	调 YT4-151 *1.003	现场制作预制小型构件安装	m³	1.210	217.51	41.09	263	50
	YT3-9	砌筑砖地沟	m³	41.990	230.28	35.51	9669	1491
	YT4-89	现浇零星构件	m³	6.000	995.06	314.84	5970	1889
	YT11-16	水泥砂浆砖墙、砌块墙	m³	180.000	11.19	5.58	2014	1004
	YT8-14	防水砂浆立面	m³	180.000	10.65	4.17	1917	751
	YT11-21	水泥砂浆零星项目	m³	120.000	19.26	12.83	2312	1540
	YT8-49	水泥砂浆找平在混凝土或硬基层上厚度 20mm	m³	104.000	7.51	2.46	781	256
	调 YT4-110 *1.003	预制地沟盖板制作	m³	11.520	394.92	54.25	4549	625
	调 YT4-150 *1.003	现场制作预制地沟盖板安装	m³	11.520	42.53	23.79	490	274
	YT4-130	预埋铁件制作	t	1.658	4811.31	734.41	7977	1218
	YT4-133	预埋铁件安装	t	1.658	645.6	383.83	1070	636
	YT1-27	人工回填土松填	m³	291.420	2.36	2.36	688	688
	YT1-84	装载机装土自卸汽车运土，运距 1km 以内	m³	188.040	6.31	0.17	1187	32
	调 YT1-85 *9	自卸汽车运土，运距每增加 1km	m³	188.040	11.52		2166	
		小计					54560	16709
	一	直接费	元				58674	
	1	直接工程费	元				54560	
	1.1	人工费	元				16709	
	1.2	材料费	元				32769	
	1.3	施工机械使用费	元				5082	
	2	措施费	元				4114	
	2.1	冬雨季施工增加费	%	1.010	54560		551	
	2.2	夜间施工增加费	%	0.110	54560		60	
	2.3	施工工具用具使用费	%	0.670	54560		366	
	2.5	临时设施费	%	2.460	54560		1342	
	2.6	施工机构迁移费	%	0.390	54560		213	
	2.7	安全文明施工费	%	2.900	54560		1582	
	二	间接费	元				9246	
	1	规费	元				4521	
	1.1	社会保险费	%	5.976	54560		3261	
	1.2	住房公积金	%	2.160	54560		1178	
	1.3	危险作业意外伤害保险费	%	0.150	54560		82	
	2	企业管理费	%	8.660	54560		4725	
	三	利润	%	5.500	67920		3736	
	四	税金	%	3.480	71656		2494	
	五	合计	元				74150	

附录 E　《电力建设工程概算定额（2013 年版）第一册　建筑工程》部分使用说明

附录 E 中《电力建设工程概算定额（2013 年版）第一册　建筑工程》简称为电力建筑概算定额。

一、电力建筑概算定额内容构成

电力建筑概算定额内容构成见附表 E-1。

附表 E-1　　电力建筑概算定额组成内容

章节	定额章名称	定额节数量	定额子目数量
第1章	土石方与施工降水工程	4	27
第2章	基础与地基处理工程	5	47
第3章	地面与地下设施工程	6	39
第4章	楼面与屋面工程	5	51
第5章	墙体工程	4	42
第6章	门窗工程	2	20
第7章	钢筋混凝土结构工程	4	25
第8章	钢结构工程	4	24
第9章	构筑物工程	5	176
第10章	厂（站）区性建设工程	7	75
第11章	室内给水、排水、采暖、通风、空调、除尘及建（构）筑物照明、防雷接地、特殊消防工程	6	156
附录A	混凝土材料单价表		

二、电力建筑概算定额使用说明

（一）特别说明

1. 水平、垂直运输及脚手架费用

电力建筑概算定额综合考虑了施工中的水平运输、垂直运输、建筑物超高施工等因素，执行定额时不做调整。施工用的脚手架（包括综合脚手架和单项脚手架）已经综合在相应的定额子目中，其费用不再单独计算。

混凝土预制构件和金属构件的制作、运输、安装等损耗均综合在电力建筑概算定额中，不另行计算。混凝土预制构件、金属构件、土石方等运输，除定额特殊说明外，运输距离均为 1km。

2. 混凝土费用调整

混凝土施工（除灰场工程）按照施工现场集中制备（搅拌）、罐车运输、非混凝土泵车浇制考虑。灰场工程混凝土施工按照现场制备（搅拌）、机动车运输、非混凝土泵车浇制考虑。

混凝土施工采用混凝土泵车浇制时，每浇制 1m³ 混凝土成品增加 22 元施工费用，其中材料费增加 22.7 元，机械费增加 9.7 元，人工费减少 10.4 元。泵送混凝土工程量在初步设计阶段可按全厂（站）混凝土量的 80% 计算。混凝土量不包括临建工程中的混凝土量和购置成品混凝土构件的混凝土量。如有施工组织设计，泵送混凝土工程量按施工组织设计确定。

混凝土施工采用现场制备（搅拌）时，每制备 1m³ 混凝土减少 9.8 元施工费用，其中机械费减少 18.4 元，人工费增加 8.6 元。现场制备混凝土量根据工程混凝土成品工程量加定额施工损耗量计算。在初步设计阶段现场制备混凝土量可以按照全厂（站）混凝土量计算。混凝土量不包括临建工程中的混凝土量、购置成品混凝土构件的混凝土量，以及购置的商品混凝土量。

工程采用商品混凝土时，其商品混凝土增加费按照价差处理。电力建筑概算定额中混凝土材料单价见电力建筑概算定额附录 A。

在混凝土配合比中不包括由于施工工期或施工措施的要求额外增加的混凝土外加剂（如减水剂、早强剂、缓凝剂、抗渗剂、防水剂、防冻剂等）。水工混凝土和地下混凝土已经综合考虑了混凝土抗渗、抗冻的要求，执行定额时不得因抗渗、抗冻标准调整混凝土单价。

3. 砂浆等费用调整

砂浆强度等级、砂浆配合比例、混凝土粗骨料材质、钢结构材质、钢筋强度级别等定额已经综合考虑，执行定额时不做调整。现场浇制的混凝土结构强度等级大于 C40 时，按照附录 A 进行调整。

4. 钢筋、铁件费用计算

除另有说明外，电力建筑概算定额第 2 章中钢筋混凝土基础工程、第 4 章楼面与屋面工程、第 7 章钢筋混凝土结构工程、第 9 章构筑物工程（除含土方与基础的变配电构支架、灰场工程外）均不包括钢筋费用，应按照第 7 章第 4 节钢筋定额子目单独计算，定额中以未计价材料的形式列出了不包括钢筋费用子目的钢筋参考用量。其他章节子目均包括钢筋费用，工程实际用量与定额含量不同时，不做调整。

除另有说明外，电力建筑概算定额中均包括预埋铁件费用，实际用量与定额含量不同时，不做调整。

（二）土石方与施工降水工程

土石方与施工降水工程定额章共 4 节，27 个定额子目，包括机械施工土方、人工施工土方、施工石方及施工降水等内容，适用于区域平整、建筑物或构筑物的土石方工程（除坝体工程、冲填工程、堆载预压工程）与施工降水工程。

土壤类别根据"土壤及岩石（普氏）分类表"进行划分。Ⅰ～Ⅳ类为土，Ⅴ～Ⅹ类为岩石。定额中土方与石方的类别已经综合考虑。

土石方在施工过程中包括了土体开挖、运送、填筑、压密、弃土、土壁支撑、石方破解等工作内容。工程把土石方作为一种材料进行利用的项目（如筑坝、冲填、地基处理等）不执行本章定额。

1. 土石方工程

（1）土方工程。土方工程定额的工作内容综合考虑了平整场地、挖湿土、桩间挖土、推土机推土厚度与积土压密、挖掘机垫板作业、场地作业道路、行驶坡道土方开挖与回填等因素；并根据施工方法分为机械施工土方与人工施工土方，机械施工土方定额已经综合考虑了机具配置及人工配合机械施工的因素。

机械施工土方定额子目按场地平整、主厂房土方、主要建筑物与构筑物土方、其他建筑物与构筑物土方及挖淤泥、土方运距、淤泥运距设置。其中，主要建筑物与构筑物包括烟囱、冷却塔、卸煤沟、翻车机室、输煤地道、地下或半地下转运站、输煤筒仓、圆形煤场、循环水泵房、地下或半地下泵房、空冷平台支柱、灰库、石灰石筒仓、吸收塔、截洪（排洪）沟、换流站阀厅、220kV 及以上电压等级的屋内配电装置室、地下变电站工程。

场地平整设置了机械施工与人工施工两个定额子目，包括平衡土方的挖、运、填、碾压与夯实，但不包括外购土方的费用。其中机械施工土方运距 1000m 以内，人工施工土方运距 100m 以内。

主厂房及主要建筑物与构筑物的土方工程除正常的土方施工内容外，还包括了由于基础埋深、地下沟道标高等原因，需要土方二次开挖、二次回填与倒运的工作内容。大于 2m 挖深的坑槽出土还包括了阶梯倒土或提土等工作内容。

（2）石方工程。石方工程不分机械施工与人工施工，包括石方开挖后的回填碾压、夯实费用及石方回填时需要破解的费用，没有计算回填土方材料费，发生上述费用时参照相关标准另行计算。

2. 施工降水工程

施工降水定额根据不同降水方式分别设置，包括挖排水沟、挖排水坑、打拔井管、安拆井管系统、安拆水泵、安拆排水管、安拆排水电源、抽水、值班、井管堵漏、维修、回填井点坑等工作内容；适用于地下工程施工时，出现地下水并需要排除的项目。施工期间由于降雨或其他地表水引发的基坑积水需要排除时，不施工降水定额。

系统定额适用于直径 400～600mm 管井降水工程。当管井直径小于 400mm 时水系统定额乘以系数 0.65。深井降水一般是指降水深度大于 15m 时的管井降水，深井降水执行大口径井点降水系统定额。

（三）基础与地基处理工程

基础与地基处理工程定额章共分 5 节，47 个定额子目，包括条形基础、独立基础、筏形与箱形基础、设备基础、地基处理等内容，适用于建筑物、构筑物的基础（除变配电构支架、烟囱、冷却塔、翻车机室、卸煤沟、筒仓、灰库、围墙、厂区支架、管道等基础外）与全厂（站）地基处理工程。

基础与地基处理定额不包括特殊防腐费用。当地下水含有硫酸盐等腐蚀性物质时，混凝土外表面刷防腐剂、钢桩外表面加强防腐、采用耐腐蚀混凝土等特殊防腐的费用，应根据设计的要求单独计算。

钢筋混凝土基础定额中，不包括钢筋费用；砌体基础、毛石混凝土基础、素混凝土基础定额中，包括钢筋费用。基础梁不含在基础中，需按照第 7 章钢筋混凝土结构工程单独计算。

地基处理定额包括了被处理的土方施工费用，是按常用的地基处理方式设置定额子目的，当工程实际采用特殊的地基处理方式时，参照相应定额执行。

1. 基础工程

（1）砌筑基础。砌筑基础是指砌筑的砖基础、毛石基础，定额包括清理基层、浇制或铺设垫层、砌筑基础、砌筑基础短柱与基础墙、浇制地圈梁、浇制或安装孔洞过梁、浇制混凝土支墩、浇制构造柱柱根、填伸缩缝、钢筋制作与安放、铁件制作与预埋、安拆脚手架等工作内容。其中基础短柱是指独立基础大放脚顶标高至室内地坪标高之间的结构柱，基础墙是指条形基础大放脚顶标高至室内地坪标高之间的结构墙，如附图 E-1 所示。

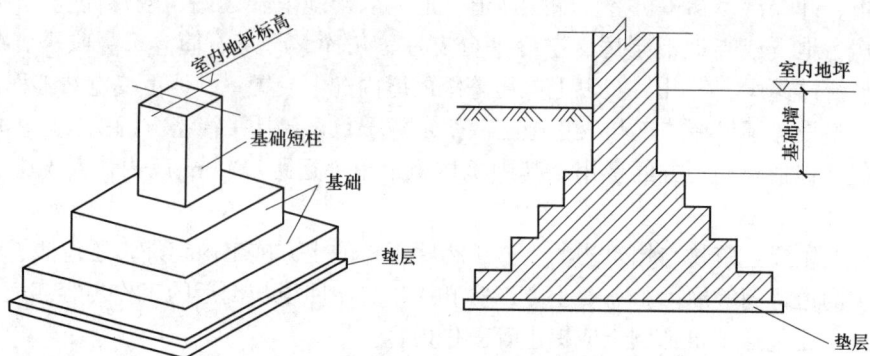

附图 E-1　基础短柱与基础墙

（2）浇制混凝土基础。浇制混凝土基础是指浇制的毛石混凝土基础、素混凝土基础、钢筋混凝土基础，定额包括清理基层、浇制混凝土垫层、浇制基础、浇制基础底板与顶板及连梁、浇制或安装孔洞过梁、浇制混凝土支墩、浇制构造柱柱根、填伸缩缝、制作并安拆杯芯、杯口凿毛、杯口灌浆、铁件制作与预埋、安拆脚手架等工作内容。毛石混凝土基础、素混凝土基础还包括钢筋制作与安放工作内容。

混凝土基础不包括基础连梁，基础连梁是指设置在基础底标高、基础与基础相连接的结构梁，主要是承受由于地震、不均匀沉降、温度变形等产生的荷载，如附图 E-2 所示。基础连梁需执行电力建筑概算定额第 7 章钢筋混凝土结构工程定额。

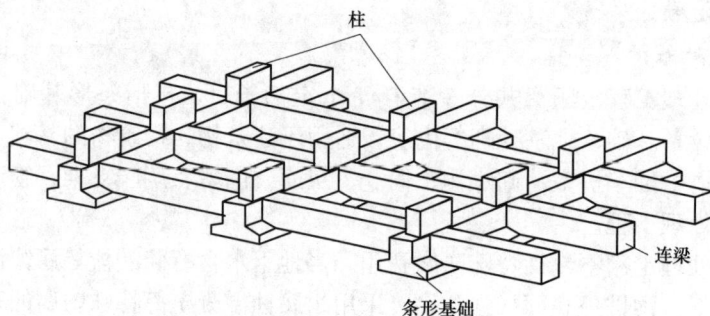

附图 E-2　基础连梁

浇制钢筋混凝土承台梁执行条形基础定额。当承台梁长度小于 3 倍承台梁宽度时，执行独立基础定额。浇制钢筋混凝土承台板执行独立基础定额。当承台板长度大于 3 倍承台板宽度时，执行条形基础定额。

（3）设备基础。设备基础包括清理基层、浇制混凝土垫层、浇制基础、预埋螺栓孔、配合安装螺栓固定架、铁件制作与预埋、二次灌浆、安拆脚手架等工作内容，还包括同一组基础间连接沟道的浇筑及混凝土沟盖板铺设工作内容，但不包括钢盖板、钢爬梯、钢栏杆的制作与安装，也不含弹簧支座。弹簧支座随设备供货或另行配置，其费用列入设备购置费。

设备基础二次灌浆综合考虑了不同的材质，执行定额时不作调整。其中汽轮发电机基础包括浇制或砌筑出线小室、浇制基础中间平台、浇制底板与上部框架工作内容。出线小室泛指发电机出线、保护、开关等小室，是指依附在汽轮发电机基础上的建筑，其砌筑结构、现浇结构及建筑等费用包含在汽轮发电机基础费用中，不单独计算。

锅炉基础包括浇制炉架独立基础、底板、基础间连梁、支墩、短柱、基础剪力墙、基础保护帽等工作内容。

变压器基础油池包括砌筑或浇制油池壁与底板、安装油箅子、填放鹅卵石等工作内容。油坑壁综合了砌筑和浇制，当防火墙墙壁兼作油壁时，定额不做调整。

主要辅机设备基础需要单独计算费用，主要包括磨煤机、球磨机、送风机、引风机、氧化风机、增压风机、流化床炉启动燃烧器、电动给水泵、汽动给水泵、汽动给水泵前置泵、凝结水泵、循环水泵、冷凝器、开关场落地设备（包括低压电抗器、电容器、断路器、干式变压器等）、露天布置的机械设备、室外布置的箱罐、吸收塔等设备基础。

其他辅机设备基础综合在地下设施或复杂地面中，不单独计算。除尘器支架基础执行独立基础或条形基础定额；煤场堆取料机基础、入厂煤取样机基础执行条形基础定额、变压器与电抗器轨道搬运基础执行钢筋混凝土条形基础，钢轨单独计算。

在敞开式露天布置的开关场中，落地式设备基础按照主要辅机设备基础单独计算，包括端子箱基础。在封闭式（屋内）布置的配电室中，除变压器基础、排油坑、冷凝器基础以外，其他落地式设备基础均不单独计算，包括断路器基础。GIS 基础单独计算，HGIS 基础参照 GIS 基础单独计算。

2. 地基处理工程

地基处理工程均包括土方施工，有关土方施工的费用不单独计算；地基换填定额子目中，土方开挖是按照人工施工考虑的，机械施工土方时不做调整。

（1）打桩工程。打桩定额均包括桩制作或购置、桩运输及现场堆放、机具准备、打桩、接桩、送桩、截桩头、破桩头、钢筋托盘制作安装、轨道铺设、打桩架调角移位等工作内容。钢管桩还包括内撑切割、钢桩帽焊接与切割、桩靴（尖）制作与安装等工作内容。

每 m^3 钢筋混凝土方桩定额中包括 14.7 元截桩、凿桩头费用，每 m^3 钢筋混凝土管桩定额中包括 10.6 元截桩、凿桩头费用。

打拔钢管桩、钢板桩定额是按照桩重复利用编制的。定额计算了拔桩、桩修理维护、摊销折旧费用。定额中包括锁口检查等工作内容。

（2）灌注桩工程。灌注桩定额均包括机具准备、成孔、护壁、制作安放钢筋笼，灌注混凝土或碎石或水泥浆、破桩头、场地泥浆排放、整平疏干等工作内容，并综合考虑了混凝土护壁和泥浆护壁，执行定额时，不因护壁差异而调整。

除此之外，人工挖孔灌注桩还包括扩孔与入岩开挖、桩孔内照明等工作内容；碎石灌注桩还包括安放桩尖、运送碎石、拔管振实等工作内容；水泥搅拌桩还包括泥浆搅拌等工作内容。

（3）其他。换填工程包括基坑土方开挖、土方外运、基底夯实、换填材料铺设、密实等工作内容，但不包括换填土方的主材费。

强夯工程包括机具准备、夯点布置、夯击、推土机推土、低锤满拍、夯区内道路平整等工作内容。根据夯能执行定额，夯能吨米是夯锤重量与夯锤落地距离的乘积。

地下连续墙工程包括砌筑或浇制导墙、挖槽、吸泥清底、安放接头管、制作安放钢筋网、插入混凝土导管、浇制混凝土、拔接头管、场地泥浆排放等工作内容，适用于地下混凝土帷幕墙措施工程，也适用于不开挖土方条件下施工地下混凝土结构墙工程。

堆载预压定额包括堆载体的运输、分层填筑、碾压、检验、修整边坡、预压区内埋管、排水、预压期观测、卸载并运输、场地清理等工作内容，是按照 1km 以内取土作为堆载体编制的，其他材质堆载体应执行有关定额计算费用。

三、土石方与施工降水工程量计算规则与实例

（一）工程量计算

1. 一般规则

体积按挖掘前天然密实方计算，松散系数与压实系数影响的土石方量已在定额中考虑。

2. 场地平整工程量计算

（1）土石方量。场地平整（竖向布置）的土石方量按场地平整挖方量计算工程量。其挖填方区域是指厂（站）区设计范围征地区域，当区域内地坪标高在 ±300mm 以内时，按厂（站）区占地面积减去建筑物与构筑物（不含散水、台阶、坡道）占地面积乘以 0.1m 厚度计算场地平整工程量，执行机械施工土石方场地平整定额。

厂（站）区设计范围征地区域内的单位工程不单独计算场地平整工程量。厂（站）外铁路、公路、沟渠、管线、管理小区等平整土石方量需单独计算。

（2）亏方碾压或夯填。场地平整（竖向布置）土方碾压或夯填如附图 E-3 所示，按场地平整亏方量计算工程量。

$$亏方量＝填方量－挖方量$$

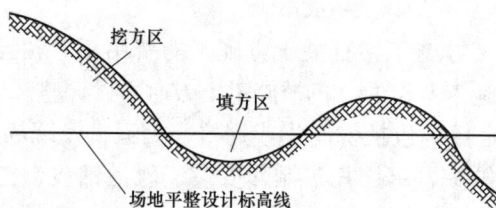

附图 E-3　场地平整（竖向布置）土石方挖填起点示意图

3. 建筑物、构筑物基础土石方工程量计算

建筑物、构筑物基础土石方按挖方体积计算工程量，不计算行驶坡道土石方开挖量。土石方挖深如附图 E-4 所示。为场地平整设计标高至基础（或底板）垫层底标高。

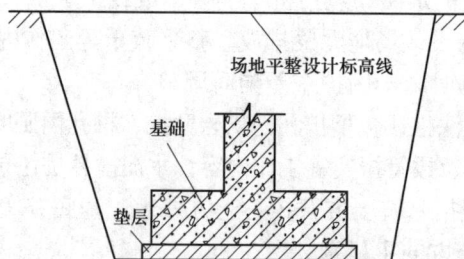

附图 E-4　土石方挖填起点

（1）土方开挖长或宽。

主厂房土方开挖长或宽＝轴线尺寸＋8.2m＋0.5×挖深

主要建筑物与构筑物土方开挖长或宽＝基础外边（或外壁）尺寸＋3.0m＋0.5×挖深（见附图 E-5）

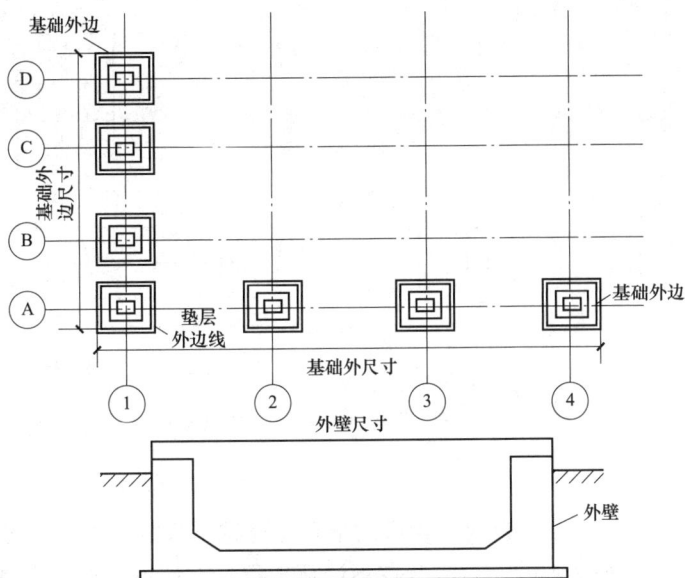

附图 E-5　主要建筑物与构筑物土方开挖长或宽

一般土方工程按施工方分机械土方和人工土方，其土方开挖长或宽计算规则见附表 E-2。

附表 E-2　　　　　　　　　一般土方工程土方开挖长或宽计算规则

		基坑土方		沟槽土方	
		土方开挖长	土方开挖宽	土方开挖长	土方开挖宽
机械土方		基础（或外壁）底边尺寸+1.2m+0.5×挖深	轴线尺寸	基础（或外壁）底宽尺寸+1.2m+0.5×挖深	
人工土方	挖深≤2m	基础（或外壁）底边尺寸+0.7m+0.5×挖深	轴线尺寸	基础（或外壁）底宽尺寸+0.7m+0.5×挖深	
	挖深>2m	基础（或外壁）底边尺寸+1.2m+0.5×挖深	轴线尺寸	基础（或外壁）底宽尺寸+1.2m+0.5×挖深	

注　当土方挖深小于 1.2m 时，不计算放坡挖方量，即取消上述计算规则中的 0.5×挖深。

（2）石方开挖长或宽。建筑物、构筑物基础石方开挖，当沟槽底宽 3m 以上或基坑底面积 20m² 以上时，按照场地平整石方开挖计算。深度允许超挖量：普通岩石 0.2m；坚硬岩石 0.12m。长度、宽度允许超挖量综合在如下工程量计算尺寸中，不另行计算。

主厂房石方开挖长或宽=轴线尺寸+8.5m

主要建筑物与构筑物石方开挖长或宽=基础外边（外壁）尺寸+3.3m

石方开挖基坑、沟槽的长或宽计算规则见附表 E-3

附表 E-3　　　　　　　　　石方开挖基坑、沟槽的长或宽计算规则

		开挖长	开挖宽
基坑	底面积在 20m² 以外	基础（或外壁）底边尺寸+1.5m	
	底面积在 20m² 以内	基础（或外壁）底边尺寸+0.7m	
沟槽	底宽在 3m 以外	轴线尺寸	基础（或外壁）底宽+1.5m
	底宽在 3m 以内	轴线尺寸	基础（或外壁）底宽+0.7m

土石方开挖基坑、沟槽时，基础（或外壁）底边尺寸如附图 E-6 所示。

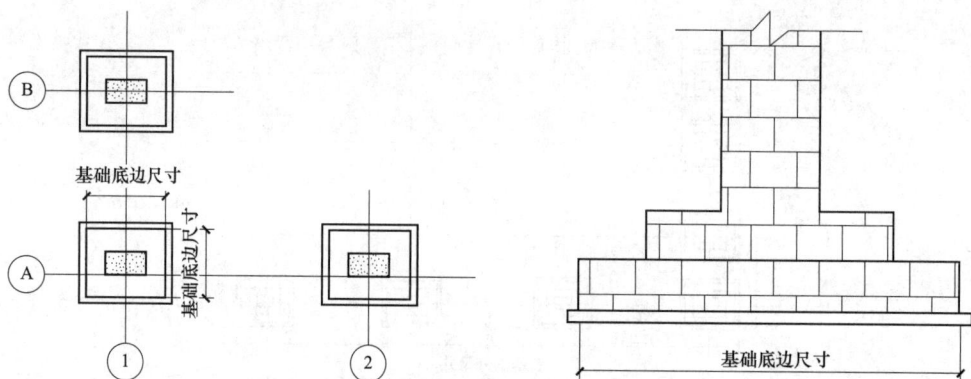

附图 E-6　基础（或外壁）底边尺寸

4. 其他

建筑物、构筑物外墙外 1m 以内沟管道的土石方开挖不计算工程量、突出墙面的柱与墙垛及附墙风道与竖井道等基础的土石方开挖不计算工程量、坡道、运输道路的土石方开挖不计算工程量。上述土石方工程量已经综合在建筑物、构筑物的土方开挖工程量中。

挖淤泥流砂工程量按照体积计算。

土石方运输每增加 1km 工程量按照运方（自然方）量计算。

5. 施工降水工程量计算

（1）施工降水井管安拆。轻型井点降水系统按照连接轻型井管的水平管网长度计算。在初步设计阶段，可参照下列方法计算：井管单排布置时，长度按照井的根数乘以 1.2；井管双排布置时，长度按照井的根数乘以 1.4；井管环形布置时，长度按照井的根数乘以 1.4。

大口径井点、喷射井点降水系统按照井根数计算。在初步设计阶段，可参照下列方法计算：井单排布置时，井的根数按照降水井管区间距离除以 15 加 1；井双排布置时，井的根数按照降水井管区间距离除以 20 乘以 2 再加 2；井环形（首尾相连）布置时，井的根数按照建筑物、构筑物的轴线长度加 80m 除以 20 加 1。

（2）施工降水系统运行。施工降水系统由水泵、降水管网、外排水管、辅助设施组成，定额已经包括 100m 排水管的摊销费，当外排水管长度大于 100m 时，其超出部分另行计算。施工降水外排水管线如附图 E-7 所示。

施工降水系统运行按照使用"套·天"计算工程量，使用"套·天"从降水系统运行之日起至降水系统结束之日止。

坑槽明排水降水系统每套是由排水泵与排水管线构成，计算套数时按照运行的排水泵台数计算，每台运行的排水泵计算一套。

轻型井点降水系统每套是由水平井管与排水泵及外排水管线构成，计算套数时按照水平井管线长度计算，每 70m 水平井管线长度为一套，余量长度大于 20m 时计算一套，小于 20m 时不计算。

大口径井点降水系统每套是由一根管井与一台排水泵及排水管线构成，计算套数时按照管井根数计算，每一根管井为一套。

喷射井点降水系统每套是由水平井管、喷射井管、高压水泵及外排水管线构成，计算套

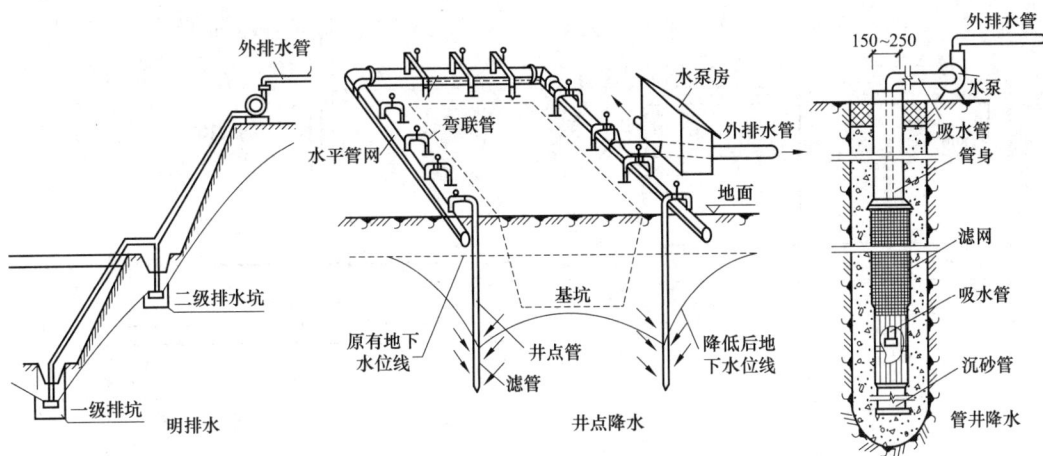

附图 E-7　施工降水的外排水管线

数时按照每 30 根为 1 套，余量根数大于 10 根时计算一套，小于 10 根时不计算。

（二）工程案例

【例 1】　某工程有现浇杯形基础共 20 个，尺寸如附图 E-8 所示。土为坚土，地下水位距地面 1.80m，采用机械开挖，计算其土方概算直接工程费。

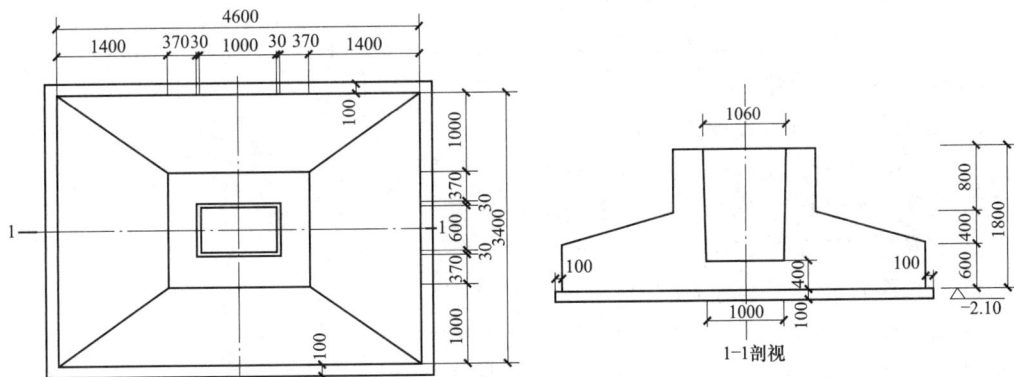

附图 E-8　杯形基础

解　基坑土方机械开挖工程量 V。

V＝（基础底边长＋1.2＋0.5×挖深）×（基础底边宽＋1.2＋0.5×挖深）×基础深×基础数

V＝[（4.6＋1.2＋0.5×2.2）×（3.4＋1.2＋0.5×2.2）]×2.2×20＝1730.52（m³）

套用定额 GT1-5，定额基价 18.31 元/m³，机械挖土直接工程费：1730.52×18.31＝31686（元）

【例 2】　已知基础如附图 E-9 所示，土为三类土，采用人工挖土；计算其土方概算直接工程费。

解　沟槽土方人工开挖 2m 以内工程量 V。

$$V＝（基础底边宽＋0.7＋0.5×挖深）×轴线中心线长×基础深$$

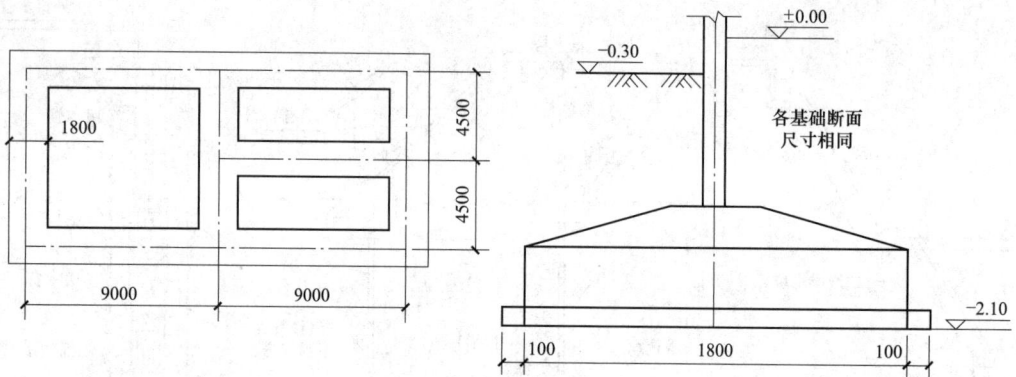

附图 E-9　基础图

$$V=(1.8+0.7+0.5\times1.8)\times(2.1-0.3)\times(18\times2+9\times4)=440.64\ (m^3)$$

套用定额 GT1-13，定额基价 22.09 元/m³，人工挖土直接工程费：$440.64\times22.09=9734$（元）

【例3】 某工程采用基坑明排水系统实施地下降水。布置 3 台水泵，互为备用，不单独设置备用泵，每套排水系统均配置了小于 100m 的排水管。其中：

(1) 一号泵 7 月 5 日～8 月 10 日每天运行 16h。

(2) 二号泵 7 月 5～20 日每天运行 12h。

(3) 三号泵 7 月 5～20 日每天运行 8h，7 月 21 日～8 月 10 日每天运行 6h。

计算施工降水工程量。

解 施工降水运行工程量计算如下：

(1) 一号泵累计运行 $37\times16=592$（h）

(2) 二号泵累计运行 $16\times12=192$（h）

(3) 三号泵累计运行 $16\times8+21\times6=254$（h）

(4) 三台泵合计单泵运行天数为 $(592+192+254)/24=43.25$（天）

(5) 施工降水运行工程量：$1\times43.25=43.25$（套·天）

【例4】 某工程采用轻型井点系统实施地下降水。在初步设计阶段考虑一级环形布置 98 根井，预计降水时间从 6 月 25 日～8 月 20 日，降水系统每天平均运行 19.5h，计算施工降水工程量。

解 施工降水井管运行工程量计算如下：

(1) 井管线长度：$1.4\times98=137.2$（m）

(2) 轻型井点降水系统套数：2 套。因为每 70m 水平井管线长度为一套，余量长度大于 20m 时计算一套。

(3) 轻型井点降水系统运行天数为：$57\times19.5/24=46.3$（天）

(4) 施工降水运行工程量：$2\times46.3=92.6$（套·天）

四、基础与地基处理工程量计算规则与实例

（一）工程量计算

1. 砌筑基础工程量计算

砌筑石或砖基础按基础体积计算工程量，基础体积包括基础、基础短柱、基础墙、地圈

梁的体积。基础与墙、柱均以室内地坪标高分界（不分材料是否相同），计算体积时不扣除含在基础中的过梁、构造柱柱根所占体积，也不计算基础垫层、附属在基础上支墩的体积。

2. 浇制基础工程量计算

浇制混凝土基础按基础体积计算工程量，基础体积包括基础、基础底板、箱形基础柱、基础顶板、基础连梁的体积。计算体积时不扣除含在基础中的过梁、构造柱柱根、杯芯所占体积，也不计算基础垫层、附属在基础上支墩的体积。

条形基础与墙以条形基础顶标高分界，独立基础与柱以独立基础顶标高分界。

柱在筏梁上生根时，筏形基础与柱以筏梁顶标高分界；柱在筏板上生根时，筏形基础与柱以筏板顶标高分界。

箱形基础与柱以箱形基础顶板顶标高分界。

环形柱基础与柱以柱根部实心与空心交接处标高分界，实心部分为基础，空心部分为柱，如附图 E-10 所示。

无论是砌筑基础还是浇制基础，计算条形基础体积时，基础长度按建筑轴线长度计算，不考虑轴线与中心线的偏差。

砌筑条形基础截面积＝基础截面积＋基础墙截面积

浇制条形基础截面积＝基础截面积。

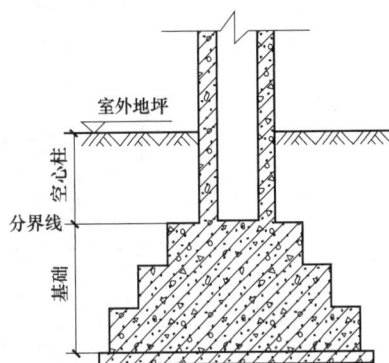

附图 E-10　环形柱基础与柱分界

堆取料机基础、入厂煤取样机基础、变压器与电抗器搬运轨基础按照实际长度计算工程量。

3. 设备基础工程量计算

设备基础按设备基础体积计算工程量。计算体积时不扣除螺栓孔所占体积，也不计算基础垫层体积，但需计算同一组基础间连接沟道混凝土体积。

汽机基础体积计算基础底板、中间平台、上部框架、框架柱牛腿、框架梁挑耳、上部平台的体积。不计算出线小室工程量。

锅炉基础体积计算炉架独立基础、底板、基础间连梁、短柱、支墩、基础间剪力墙等体积。

变压器基础油池按照变压器基础油池容积计算工程量：容积＝净空高度×净空面积。

计算油池容积时，不扣除设备及其基础、油篦子、卵石等所占的体积，净空高度为油池底板顶标高至油池壁顶标高，净空面积＝油池净空长×油池净空宽。

4. 桩基础工程量计算

钢结构桩按照重量计算工程量，不计算钢管内撑、钢桩尖、钢桩帽等重量。

预制钢筋混凝土桩按照混凝土体积计算工程量。桩体积＝桩截面积×桩长，柱长为预制桩的实际长度，计算桩尖长度。

钢筋混凝土管桩截面积为管桩混凝土圆环实体截面积。

灌注桩按灌注桩体积计算工程量：桩体积＝灌注桩设计桩截面积×桩长。

桩长为灌注桩的设计长度，计算桩尖长度；灌注桩截面积不计算护壁面积。充盈量及超高灌注量综合在定额中，不单独计算。

人工挖孔灌注桩不计算桩底部入岩及扩孔部分混凝土量，该部分费用综合在定额中；碎石灌注桩不计算满铺部分碎石体积，该部分工程量单独计算，如附图 E-11 所示。

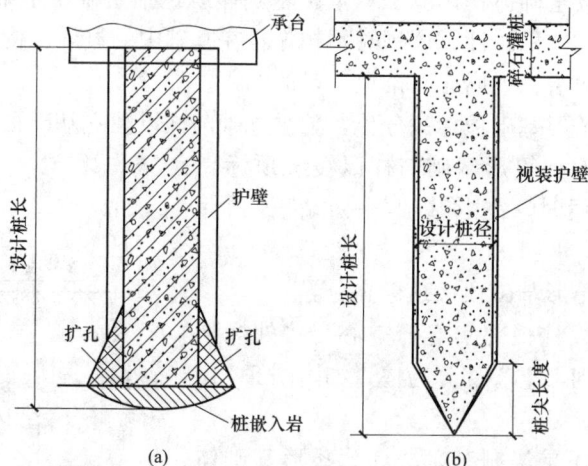

(a)　　　　　　　　　(b)

附图 E-11　人工挖孔灌注桩与碎石灌注桩

冲孔挤密桩、水泥搅拌桩按照设计成桩直径计算工程量，不计算扩孔、挤密、充盈增加工程量。

5. 其他

换填按照被换填土挖掘前天然密实方计算工程量。换填土基坑的开挖、支护、工作面等增加的工程量综合在定额中，不单独计算。

强夯按照单位工程外边缘夯点的外边线所围成的面积计算，如附图 E-12 所示，扣除夯点间距大于 8m 且面积大于 $64m^2$ 的面积。在初步设计阶段，可以按照建筑物、构筑物外边轴线长、宽各加 6m 计算面积。

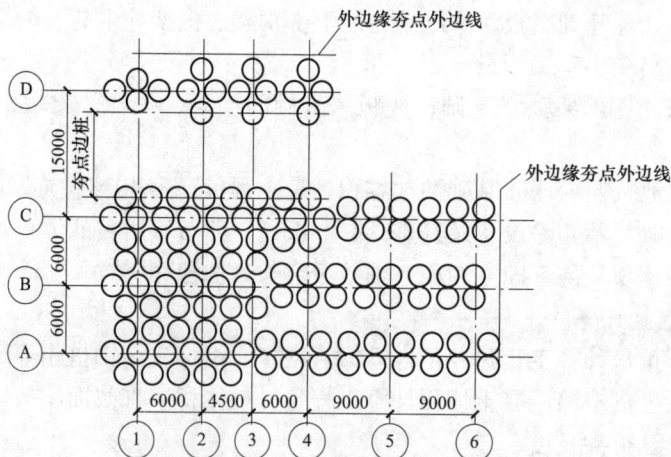

附图 E-12　强夯工程量计算

地下连续墙按照连续墙体积计算工程量。开槽、护壁等工程量综合在定额中，不单独计算。

回填砂定额主要适用于深基础的回填，其工程量按照回填区域的几何尺寸计算，即按照回填后密实体积计算。

堆载预压按照设计荷载堆压成品体积计算工程量，不考虑土石方松实系数。

（二）工程实例

【例5】　某 35kV 配电室为一层砖混结构，24 墙，其基础轴线及断面如附图 E-13 所示，圈梁底面标高高出室外地坪 60mm。分别计算 ±0.00 以下基础工程的预算工程费和概算工程费（混凝土按集中搅拌站制备），并将数据填入建筑工程表三乙中。

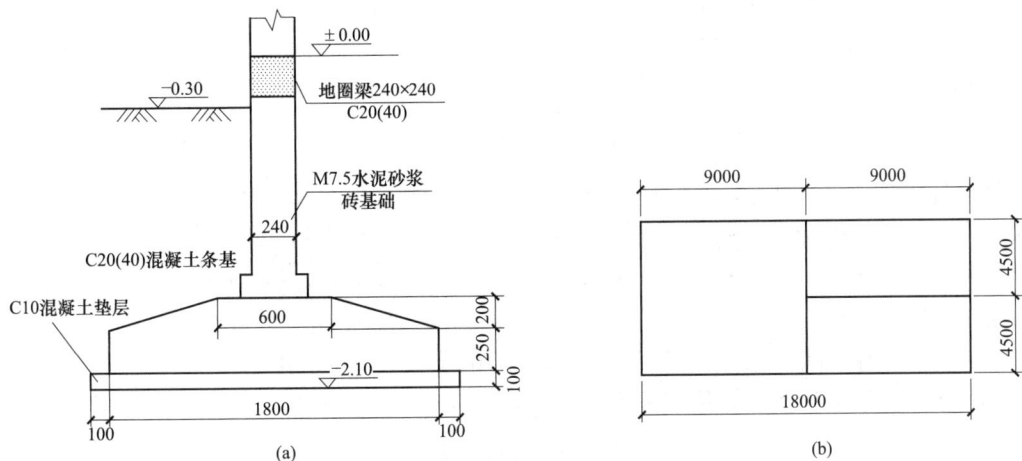

附图 E-13　基础轴线及断面

解　1. ±0.00 以下基础工程的预算工程费计算

（1）C10 混凝土基础垫层。

$$外墙中心线 L_{中}=(18+9)\times2=54（m）$$
$$内墙下基础垫层净长线 L_{垫层}=(9-2)\times2=14（m）$$

C10 混凝土基础垫层的工程量 V。

$$V=2\times0.1\times(54+14)=13.6（m^3）$$

套用定额 YT4-1，基价 315.6（元/m^3），金额：$13.6\times315.6=4292$（元）

（2）C20 钢筋混凝土条形基础。

外墙基础混凝土工程量 = 基础断面积 × $L_{中}$

$$=[1.8\times0.25+(1.8+0.6)\times0.2/2]\times54$$
$$=37.26（m^3）$$

$$内墙基底净长度 L_{基}=(9-1.8)\times2=14.4（m）$$
$$内墙斜坡中心线长度 L_{斜}=(9-1.2)\times2=15.6（m）$$

内墙基础混凝土工程量 = Σ内墙基础各部分断面积 × 相应计算长度

$$=1.8\times0.25\times14.4+(1.8+0.6)\times0.2/2\times15.6$$
$$=10.22（m^3）$$

C20 钢筋混凝土条形基础工程量 $V=37.26+10.22=47.48（m^3）$

现浇混凝土 C20-40 集中搅拌，材料基价 225.13 元/m^3（定额编号是 4000074），现浇

混凝土 C25-40 集中搅拌，材料基价 236.47 元/m³（定额编号是 4000075），

定额 YT4-6，C25 换算 C20，336.11＋（225.13－236.47）×1.009＝324.67（元/m³）

金额：47.48×324.67＝15415（元）

（3）M7.5 水泥砂浆砖基础（未考虑大放脚）。

砖基础的高度 $h＝2.1－0.3－0.1－0.45＋0.06＝1.31$（m）

$$V＝1.31×0.24×54＋1.31×0.24×（9－0.24）×2＝22.49（m³）$$

M5 水泥砂浆，材料基价 157.92 元/m³（定额编号是 4200009），M7.5 水泥砂浆，材料基价 173.28 元/m³（定额编号是 4200008），

定额 YT3-1，M5 换算 M7.5，226.11＋（173.28－157.92）×0.236＝229.73（元/m³）

金额：22.49×229.73＝5167（元）

（4）C20 地圈梁。

$$V＝0.24×0.24×54＋0.24×0.24×（9－0.24）×2＝4.12（m³）$$

现浇混凝土 C20-40 集中搅拌，材料基价 225.13 元/m³（定额编号是 4000074），现浇混凝土 C25-40 集中搅拌，材料基价 236.47 元/m³（定额编号是 4000075），

定额 YT4-33，C25 换算 C20，524.62＋（225.13－236.47）×1.009＝513.18（元/m³）

金额：4.12×513.18＝2114（元）

（5）基础预算直接工程费：4292＋15415＋5167＋2114＝26988（元）

（6）预算直接工程费计算见表三乙。

建筑工程预算表

表三乙   金额单位：元

序号	编制依据	项目名称	单位	数量	建筑费单价		建筑费合价	
					金额	其中工资	金额	其中工资
		±0.00 以下基础工程						
	YT4-1	混凝土垫层 垫层面积 10m² 以内	m³	13.600	315.6	63.29	4292	861
	换 YT4-6	条形基础 现浇混凝土（现浇混凝土 C25-40 集中搅拌 替换为 现浇混凝土 C20-40 集中搅拌）	m³	47.480	324.67	58.39	15 415	2772
	换 YT3-1	砌筑实心砖基础（水泥砂浆 M5 替换为 水泥砂浆 M7.5）	m³	22.490	229.73	34.77	5167	782
	换 YT4-33	圈梁（现浇混凝土 C25-40 集中搅拌 替换为 现浇混凝土 C20-40 集中搅拌）	m³	4.120	513.18	103.84	2114	428
		小计					26988	4843

2. ±0.00 以下基础工程的概算工程费计算

（1）C20 钢筋混凝土条形基础。

$$V＝[1.8×0.25＋（1.8＋0.6）×0.2/2]×（54＋9×2）＝49.68（m³）$$

套用定额 GT2-5，基价 411.66，金额：49.68×411.66=20452（元）

（2）M7.5 水泥砂浆砖基础。

$$V=[(2.1-0.1-0.45)\times0.24]\times(54+9\times2)=26.78（m^3）$$

套用定额 GT2-1，基价 386.95 元/m^3，金额：26.78×386.95=10 363（元）

（3）基础概算直接工程费：20 452+10 363=30 815（元）

（4）概算直接工程费计算见表三乙。

建筑工程概算表

表三乙　　　　　　　　　　　　　　　　　　　　　　　　　　　　　　金额单位：元

序号	编制依据	项目名称	单位	数量	建筑费单价		建筑费合价	
					金额	其中工资	金额	其中工资
		±0.00 以下基础工程						
	GT2-5	条形基础 钢筋混凝土基础	m^3	49.680	411.66	73.24	20452	3639
	GT2-1	条形基础 砖基础	m^3	26.780	386.95	63.32	10363	1696
		小计					30815	5335

附录 F　变电站主要设备材料安装施工

一、主要材料单位换算表

附表 F-1　　　　　　　　　　　**不同截面铜排的重量表**

序号	规格型号	重量（kg/m）		序号	规格型号	重量（kg/m）	
		矩形	带圆弧			矩形	带圆弧
1	15×3	0.401	0.383	15	40×10	3.560	3.369
2	20×3	0.534	0.517	16	50×5	2.225	2.177
3	20×4	0.712	0.681	17	50×6	2.670	2.601
4	25×3	0.668	0.650	18	50×10	4.450	4.259
5	25×4	0.890	0.859	19	60×6	3.204	3.135
6	25×6	1.335	1.266	20	60×8	4.272	4.150
7	30×3	0.801	0.784	21	60×10	5.340	5.149
8	30×4	1.068	1.037	22	80×6	4.272	4.203
9	30×6	1.602	1.533	23	80×8	5.696	5.574
10	30×10	2.670	2.479	24	80×10	7.120	6.929
11	40×4	1.424	1.393	25	100×6	5.340	5.271
12	40×5	1.780	1.732	26	100×8	7.120	6.998
13	40×6	2.136	2.067	27	100×10	8.900	8.709
14	40×8	2.848	2.726	28	120×10	10.680	

计算步骤（以 TMY-60×6 为例）。

（1）TMY-60×6 铜排截面积 $S=60\times6=360（mm^2）=3.6cm^2$。

（2）每米体积 $V=100\times3.6^2=360（cm^3）$。

（3）每米重量 $W=Vp=360\times8.9=3204（g）=3.204kg$。

附表 F-2　　　　　　　　　不同截面铜母线的重量长度换算表

规格型号	重量（kg/m）	规格型号	重量（kg/m）	规格型号	重量（kg/m）
TMY-30×4	1.07	TMY-50×5	2.22	TMY-100×8	7.10
TMY-30×5	1.33	TMY-50×6	2.66	TMY-100×10	8.88
TMY-30×6	1.59	TMY-60×6	3.19	TMY-120×8	8.53
TMY-40×4	1.42	TMY-60×8	4.26	TMY-120×10	10.66
TMY-40×5	1.78	TMY-80×8	5.68		
TMY-40×6	2.13	TMY-80×10	7.10		

附表 F-3　　　　　　　　　不同截面铝母线的重量长度换算表

规格型号	重量（kg/m）	规格型号	重量（kg/m）	规格型号	重量（kg/m）
LMY-20×3	0.16	LMY-50×5	0.68	LMY-80×10	2.16
LMY-20×4	0.22	LMY-50×6	0.81	LMY-100×6	1.62
LMY-30×3	0.24	LMY-60×5	0.81	LMY-100×8	2.16
LMY-30×4	0.32	LMY-60×6	0.97	LMY-100×10	2.7
LMY-40×4	0.43	LMY-80×6	1.3	LMY-120×9	2.59
LMY-40×5	0.54	LMY-80×8	1.73	LMY-120×10	3.24

附表 F-4　　　　　　　　不同截面积 LGJ 型钢芯铝绞线的重量

标称截面积 铝/钢（mm²）	外径（mm）	重量（kg/km）	标称截面积 铝/钢（mm²）	外径（mm）	重量（kg/km）
LGJ-10/2	4.5	42.9	LGJ-95/55	16	707.7
LGJ-16/3	5.55	65.2	LGJ-120/7	14.5	379
LGJ-25/4	6.96	102.6	LGJ-120/20	15.07	466.8
LGJ-35/6	8.16	141	LGJ-120/25	15.74	526.6
LGJ-50/8	9.6	195.1	LGJ-120/70	18	895.6
LGJ-50/30	11.6	372	LGJ-150/8	16	461.4
LGJ-70/10	11.4	275.2	LGJ-150/20	16.67	549.4
LGJ-70/40	13.6	511.3	LGJ-150/25	17.1	601
LGJ-95/15	13.61	380.8	LGJ-150/35	17.5	676.2
LGJ-95/20	13.87	408.9	LGJ-185/10	18	584
LGJ-185/25	18.9	706.1	LGJ-400/50	27.63	1500
LGJ-185/30	18.88	732.6	LGJ-400/65	28	1600
LGJ-185/45	19.6	848.2	LGJ-400/95	29.14	1860
LGJ-210/10	19	650.7	LGJ-500/35	30	1642
LGJ-210/25	19.98	789.1	LGJ-500/45	30	1688
LGJ-210/35	20.38	853.9	LGJ-500/65	30.96	1897
LGJ-210/50	20.86	960.8	LGJ-630/45	33.6	2060
LGJ-240/30	21.6	922.2	LGJ-630/55	34.34	2209

续表

标称截面积 铝/钢（mm²）	外径（mm）	重量（kg/km）	标称截面积 铝/钢（mm²）	外径（mm）	重量（kg/km）
LGJ-240/40	21.66	964.3	LGJ-630/80	34.82	2388
LGJ-240/55	22.40	1108	LGJ-800/55	38.40	2690
LGJ-300/15	23.01	939.8	LGJ-800/70	38.58	2791
LGJ-300/20	23.43	1002	LGJ-800/100	38.98	2991
LGJ-300/25	23.76	1058	LGJJ-120	15.5	530
LGJ-300/40	23.94	1133	LGJJ-150	17.5	678
LGJ-300/50	24.26	1210	LGJJ-185	19.6	850
LGJ-300/70	25.2	1402	LGJJ-240	22.4	1111
LGJ-400/20	26.91	1286	LGJQ-150	16	559
LGJ-400/25	26.64	1295	LGJQ-185	18.4	687
LGJ-400/35	26.82	1349	LGJQ-240	21.6	937

附表 F-5　　　　　　　　　　热轧镀锌扁钢的理论重量表

规格		单重（kg/m）	规格		单重（kg/m）	规格		单重（kg/m）
宽度	厚度		宽度	厚度		宽度	厚度	
20	4	0.63	40	3	0.94	50	10	3.93
25	4	0.79	40	4	1.26	60	6	2.83
30	3	0.71	50	4	1.57	80	10	6.28
30	4	0.94	50	5	1.96	100	8	6.28
30	5	1.18	50	6	2.36	100	10	7.85

注　计算公式为 0.00785×宽×厚。

二、主要材料施工损耗率表

附表 F-6　　　　　　　　　　主要材料施工损耗率

序号	材料名称	损耗率（%）	序号	材料名称	损耗率（%）
1	裸软导线铜线、铝线、钢线、钢芯铝绞线	1.3	11	螺栓	2.0
2	绝缘导线	1.8	12	绝缘子类	2.0
3	电力电缆	1.0	13	一般灯具及附件，刀开关	1.0
4	控制电缆、通信电缆	1.5	14	塑料制品（槽、板、管）	5.0
5	硬母线（铜、铝、槽型母线）	2.3	15	石棉水泥制品、砂、石	8.0
6	拉线材料（钢绞线、镀锌铁线）	1.5	16	油类	1.8
7	金属板材（钢板、镀锌薄钢板）	4.0	17	灯泡	3.0
8	金属管材、管件	3.0	18	灯头、开头、插座	2.0
9	型钢	5.0	19	电缆头套件	5.0
10	金具	1.5	20	桥架	0.5

注　绝缘导线、电缆、硬母线、裸软导线，其损耗率中不包括为连接电气设备、器具而预留的长度，也不包括各种弯曲（包括弧度）而增加的长度。这些长度均应计算在工程量的基本长度中，以基本长度为基数再计入消耗量。

三、主要设备施工流程图

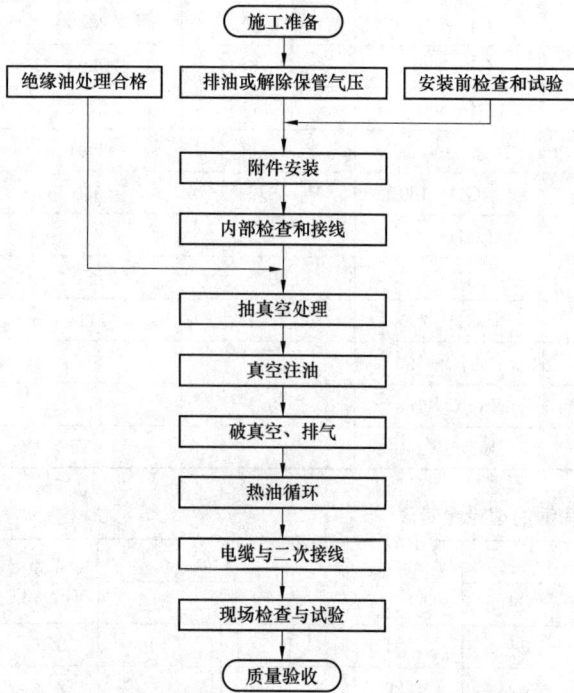

附图 F-1　变压器安装施工流程图

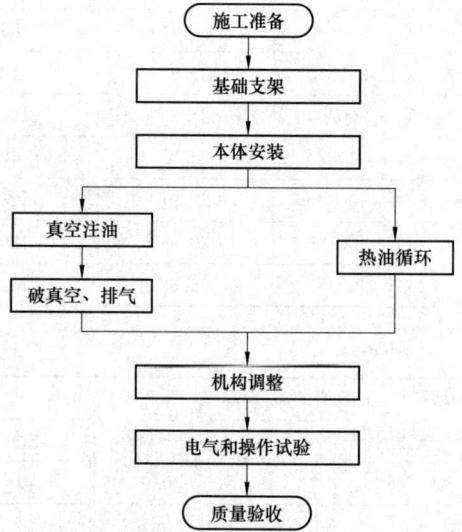

附图 F-2　支柱式断路器安装施工流程图

附图 F-3　设备引线和连接
线安装施工流程图

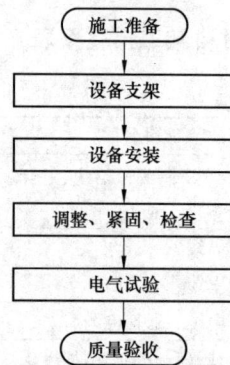

附图 F-4　TA、TV、CVT 和
避雷器安装施工流程图

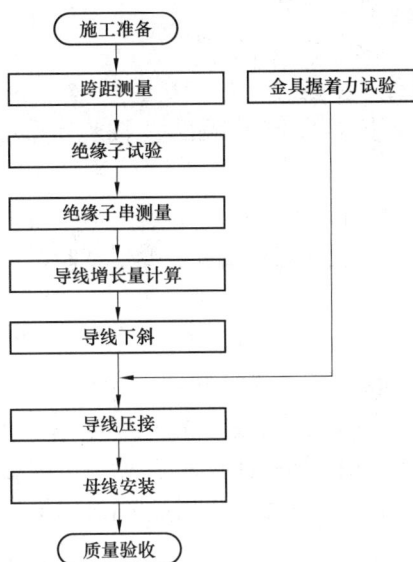

附图 F-5　软母线安装施工流程图

附录 G　《电力建设工程预算定额（2013 年版）第三册　电气设备安装工程》使用说明摘录

根据《电力建设工程预算定额（2013 年版）第三册　电气设备安装工程》要求，按定额章节顺序分别介绍各章节涉及安装项目的主要工作内容、工程量计算规则和相关定额的运用。

第二章　变　压　器

本章定额适用于干式变压器、三相变压器、单相变压器、箱式变压器、电抗器、消弧线圈、绝缘油过滤设备的安装。

一、工作内容

（1）干式变压器：开箱检查，本体就位，垫铁及止轮器制作、安装，附件安装，接地，补漆，单体调试。

（2）三相变压器和单相变压器：开箱检查，本体就位，器身检查，附件安装，检查接线、垫铁及止轮器制作、安装，补充注油及安装后整体密封试验，接地，补漆，单体调试。

（3）箱式变电站安装：开箱检查，本体就位，箱内设备调整，安装固定，连锁装置检查，导体接触面检查，接地，单体调试。

（4）电抗器安装：开箱检查，本体就位，安装、固定，阻尼器安装，接地，单体调试。

（5）消弧线圈安装：开箱检查，本体就位，器身检查，附件安装，垫铁及止轮器制作、安装，接地，补漆，单体调试。

（6）绝缘油过滤：过滤前的准备，油过滤设备安拆，油过滤，取油样，过滤后的清理。

二、本章定额未包括的工作内容

（1）变压器基础、轨道及母线铁构件的制作、安装。

（2）变压器防地震措施的制作、安装。

（3）变压器中的中性点设备安装。

（4）端子箱、控制柜的制作、安装。

（5）变压器、消弧线圈、电抗器的干燥，如发生按实计算。

（6）二次喷漆。

（7）铁构件的制作与安装，执行本册第五章相应定额子目。

（8）变压器的局部放电试验、交流耐压试验、变形试验。

（9）SF_6 气体和绝缘油试验。

三、工程量计算规则

绝缘油过滤不分次数，至油过滤合格为止。

（1）变压器绝缘油过滤，按照制造厂提供的油量计算。

（2）油断路器及其他充油设备绝缘油过滤，按照制造厂规定的充油量计算。

（3）绝缘油按照设备供货考虑，油过滤定额中包括过滤损耗量。

四、其他说明

（1）三相变压器和单相变压器安装适用于油浸式变压器、自耦变压器安装；带负荷调压变压器安装执行同电压、同容量变压器安装定额，其人工费乘以系数 1.10；电炉变压器安装实行同容量变压器定额乘以系数 1.6；整流变压器安装执行同容量变压器定额乘以系数 1.2。

（2）变压器的器身检查，4000kVA 以下是按吊芯检查考虑，4000kVA 以上是按吊罩检查考虑。4000kVA 以上的变压器需要吊芯检查时，定额机械费乘以系数 2.0。

（3）干式变压器如果带有保护外罩时，其安装定额中的人工和机械都乘以系数 1.2。

（4）变压器的散热器外置时人工费乘以系数 1.30。

（5）电抗器安装适用于混凝土电抗器、铁芯干式电抗器和空心电抗器等干式电抗器安装，油浸式电抗器按同容量干式电抗器定额乘以系数 1.20。

（6）变压器安装过程中放注油、油过滤所使用的临时油罐等设施，已摊销入油过滤定额内。

（7）110kV 及以上设备安装在户内时人工费乘以系数 1.30。

五、未计价材料

设备连接导线、金具、接地引下线、接地材料。

第三章 配电装置

本章定额适用于各类配电装置的安装。

一、工作内容

（1）真空断路器安装：开箱清点检查，安装及调整，动作检查，接地，单体调试。

（2）少油断路器安装：开箱检查，组合，安装及调整，传动装置及调整，动作检查，消弧室干燥，注油，接地，单体调试。

（3）SF_6 断路器安装：开箱检查，底架安装，断路器组合及吊装，相间管路连接，操作箱安装，液压管路连接，设备本体连接电缆安装，检漏试验，充 SF_6 气体，接地，补漆，单体调试。

（4）SF₆全封闭组合电器（GIS）安装：开箱检查，基础平整，底架安装校平，组合吊装及封闭筒连接，操作柜安装，液压管路敷设及连接，设备本体连接电缆安装，真空处理，检漏试验，调整，充SF₆气体，接地，补漆，单体调试。

（5）SF₆全封闭组合电气（GIS）主母线及进出线套管安装：主母线及套管吊装，连接，封闭，检漏试验，充SF₆气体，接地，单体调试。

（6）复合式组合电器（HGIS）安装：开箱检查，基础平整，设备就位，底架安装校平，对接安装，设备常规检查，设备本体连接电缆安装，抽真空，检漏试验，注SF₆气体，附件安装，接地，单体调试。

（7）空气外绝缘高压组合电器（Compass）安装：开箱检查，基础平整，底架安装校平，模块吊装、固定，机构箱安装，设备调整，接触面处理，隔离开关装配及连锁调整，设备本体连接电缆安装，密度计安装，充SF₆气体，检漏试验，补漆，接地，单体调试。

（8）户内隔离开关安装：开箱检查，本体就位，设备安装，操动机构安装，连杆配制，辅助触点安装，调整，接地，补漆，单体调试。

（9）户外隔离开关与接地开关安装：开箱检查，本体就位，安装，操动机构安装，连杆配制，辅助开关安装，调整，接地，补漆，单体调试。

（10）敞开式组合电器安装：开箱检查，基础找平，本体安装、固定，触头安装，拉杆配制、调整，联动机构、连锁开关、信号装置的检查、调整，接地，补漆，单体调试。

（11）电流、电压互感器安装：开箱检查，本体就位，安装、固定，接地，补漆，单体调试。

（12）避雷器安装：开箱检查，本体吊装、固定，均压环安装，并联电阻安装，放电记录器安装（不包括支架制作及安装），引线，接地，补漆，单体调试。

（13）电容器、熔断器、阻波器、结合滤波器安装：开箱检查，本体就位，安装、固定，接地，补漆，单体调试。

（14）集合式并联电容器安装：开箱检查，基础找平，本体就位，组合安装，调整，接地，补漆，单体调试。

（15）自动无功补偿装置、放电线圈安装：开箱检查，本体就位，安装，接地，单体调试。

（16）成套高压配电柜、接地变压器柜、中性点接地成套设备安装：开箱检查，本体就位，找正、固定，柜间连接，断路器解体检查，连锁装置检查，断路器调整，注油，其他设备检查，导体接触面检查，二次元件拆装，校接线，接地，补漆，单体调试。

二、本章定额未包括的工作内容

（1）SF₆气体质量检验、金属平台和爬梯的安装，组合电器的整体油漆。

（2）电容式电压互感器抽压装置支架及防雨罩的制作、安装。

（3）成套高压配电柜的基础槽钢或角钢的安装、埋设，主母线与隔离开关之间的母线配制，柜的二次油漆或喷漆。

（4）端子箱安装，设备支架制作与安装，铁构件制作安装，预埋地脚螺栓，设备二次灌浆。

（5）绝缘油过滤。

（6）110kV及以上的配电装置的交直流耐压试验或高电压测试。

（7）局部放电试验。

（8）SF₆ 气体和绝缘油试验。

三、工程计算规则

（1）断路器三相为一台。

（2）组合电器三相为一台。SF₆ 全封闭组合电器（不带断路器）以断路器数量计算工作量，SF₆ 全封闭组合电器（带断路器）以母线电压互感器和避雷器计算工程量，每组为一台。为远景扩建方便预留的组合电器，前期先建母线及母线侧隔离开关，套用 SF₆ 全封闭组合电器（不带断路器）定额，每间隔为一台，SF₆ 全封闭组合电器（GIS）主母线安装按中心线长度计量。

（3）隔离开关三相为一组。单相接地开关一相为一台。

（4）敞开式组合电器三相为一组。

（5）互感器一相为一台。

（6）避雷器三相为一组。

（7）电容器一只为一台。耦合电容器一相为一台。集合式电容器三相为一组。

（8）熔断器三相为一组。

（9）放电线圈一只为一台。

（10）阻波器一相为一台。结合滤波器定额包括接地开关安装。

（11）成套高压配电柜、接地变压器柜安装、中性点接地成套设备一面柜为一台，已包含其中设备的单体调试。

四、其他说明

（1）罐式断路器安装按 SF₆ 断路器安装定额乘以系数 1.20。

（2）GIS 安装高度在 10m 以上时，人工定额乘以系数 1.05，机械定额乘以系数 1.20。

（3）户内隔离开关传动装置需配延长轴时，人工定额乘以系数 1.1。户外隔离开关按中型布置考虑，如安装高度超过 6m 时，不论三相带接地或带双接地均执行"安装高度超过6m"定额；如操动机构为地面操作时另加垂直拉杆主材费；操动机构按手动、电动、液压综合取定，使用时不作调整。

（4）SF₆ 电流互感器安装时，人工定额乘以系数 1.08；SF₆ 电压互感器安装时，按油浸式人工定额乘以系数 1.05。油浸式互感器如需吊芯检查人工费与机械费乘以系数 2.0。

（5）电压等级为 110kV 及以上设备安装在户内时，其人工乘以系数 1.30。

五、未计价材料

接地引下线、接地材料，设备间连线，金具。

第四章 母线 绝缘子

本章定额包括适用于绝缘子、软母线、硬母线、引下线等安装。

一、工作内容及未计价材料

（1）悬垂绝缘子串安装。

1）工作内容：绝缘子清扫，组合，安装，单体调试。

2）未计价材料：绝缘子、金具。

（2）支持绝缘子及穿墙套管安装。

1) 工作内容：绝缘子、穿墙套管清扫，安装固定，补漆，接地，单体调试。

2) 未计价材料：绝缘子、金具、穿墙套管、接地引下线。

（3）软母线及组合软母线安装。

1) 工作内容：导线测量，下料，绝缘子清扫，组装，悬挂，筋骨，弛度调整，绝缘子单体调试。

2) 未计价材料：导线、绝缘子、金具。

（4）引下线、跳线及设备连引线安装。

1) 工作内容：导线测量、下料，压接，安装连接，弛度调整。过渡板包括打孔，锉面，挂锡，安装。

2) 未计价材料：导线、金具。

（5）硬母线安装。

1) 工作内容：测量、平直、下料、煨弯、钻孔、锉面、挂锡、管型母线内冲洗、拢头、打眼、配补强管，焊接，穿防振导线，封端头，安装固定，刷分相漆。悬吊式管母还包括绝缘子串组装，与母线连接，悬吊安装，调整固定。

2) 未计价材料：硬母线、金具、管件、阻尼线、悬吊式管型母线绝缘子。

（6）母线伸缩节头安装。

1) 工作内容：钻孔，锉面，挂锡，连接安装固定。

2) 未计价材料：母线伸缩节。

（7）硬母线热缩安装。

1) 工作内容：测量，下料，安装。

2) 未计价材料：热缩材料。

（8）分相封闭母线安装。

1) 工作内容：配合预埋铁件，中心线测量定位，清点检查，脚手架搭拆，设备安装调整，焊接，接地，补漆，充气，密封检查。

2) 未计价材料：分相封闭母线、连接件。

（9）共箱母线安装。

1) 工作内容：配合基础铁件安装，吊装，调整，箱体连接固定，母线连接，箱体接地，补漆。

2) 未计价材料：共箱母线、连接件。

（10）电缆母线安装。

1) 工作内容：清点检查，安装，焊接，找正，电缆敷设，上卡，挂牌，做头，接地。

2) 未计价材料：电缆母线。

（11）发电机出线箱安装。

1) 工作内容：吊装，清理，做堵头，电流互感器安装，干燥，包绝缘层，配合汽机进行总体气压试验。

2) 未计价材料：出线箱。

（12）低压封闭式插接母线槽安装。

1) 工作内容：开箱检查，节头清洗处理，吊装就位，线槽连接，固定，接地。

2) 未计价材料：低压封闭式插接母线槽。

二、本章定额未包括的工作内容

支架、铁构件的制作安装。

三、工程量计算规则

（1）V形绝缘子串按悬垂绝缘子串双串考虑。

（2）引下线、设备连引线是指采用软导线制作安装的，当采用硬母线作引下线、设备连引线时，另套相应定额。

（3）带形铝母线安装与带形铝母线引下线安装合并综合为一套定额，使用时不分母线与引下线。

（4）软母线、引下线、跳线及设备连引线、组合软母线安装，已综合考虑了母线挠度和连接需要增加的工程量，不需单独计算安装损耗量。跨距的长短不同时，定额不作调整。导线、金具、绝缘子等未计价材料按照安装数量加损耗量另行计算主材费。

（5）硬母线安装包括带形、槽形、管型母线，硬母线安装时应考虑母线挠度和连接需要增加的工程量。硬母线配置安装预留长度按设计规定计算，如设计为明确预留长度则按下表规定计算。母线和金具等未计价材料按照安装数量价损耗量另行计算主材费。

单位：m/根

序号	项目	预留长度	说明
1	带形、槽形、管形母线终端	0.3	从最后一个支持点算起
2	带形母线与分支线连接	0.5	分支线预留
3	槽形、管母线与分支线连接	0.8	分支线预留
4	带形、槽形、管形母线与设备连接	0.5	从设备端子接口算起

（6）分相封闭母线、共箱母线、电缆母线安装已综合考虑了母线挠度与连接需要增加的工程量，不需单独计算安装损耗量。母线和金具等未计价材料按照安装数量加损耗量另行计算主材费。

四、其他说明

（1）110kV及以上支持绝缘子户内安装时，人工乘以系数1.30。

（2）软母线架设定额是按单串绝缘子悬挂考虑的，如设计为双串时，定额人工乘以系数1.1。

（3）带形铜母线、钢母线安装，执行同截面铝母线定额乘以1.40的系数。支持式管形母线中，支柱绝缘子上的托架安装执行铁构件安装定额。

（4）管形母线伸缩节头安装，可执行带形母线用伸缩截图安装定额乘以系数1.50。

（5）封闭式插接母线槽在10m以上竖井安装时，人工和机械定额均乘以系数2.0。

（6）带形母线伸缩节、铜过渡板、共箱母线、封闭式插接母线槽均按生产厂供应成品考虑，定额只考虑现场安装。

（7）绝缘子、穿墙套管、母线等安装高度不同时定额不予调整。

第五章　控制、继电保护屏及低压电器

本章定额适用于各种控制、保护屏柜、低压电器、表盘附件、铁构件等设备安装。

一、工作内容

（1）屏（柜）、箱安装。

1）工作内容：本体就位，找正，找平，固定，屏、柜内元器件安装及校线，接地，补漆。

2）未计价材料：接地材料。

（2）变频器安装。

1）工作内容：本体就位、找正、固定，模块插件安装，内部电缆连接，接地。

2）未计价材料：接地材料。

（3）端子箱安装。

1）工作内容：设备就位，固定安装，接地。

2）未计价材料：接地材料。

（4）表盘附件及二次回路配线安装。

1）工作内容：测量，下料，敷设，压端子，接线；表计、电器元件等的拆装，送交试验，安装，单体调试。

2）未计价材料：接地材料、小母线。

（5）穿通板制作安装。

1）工作内容：划线、下料、钻孔、固定，油漆，接地。

2）未计价材料：穿通板、接地材料。

（6）低压电器安装。

1）工作内容：设备就位，固定安装，接线，接地，单体调试。

2）未计价材料：接地材料。

（7）铁构件制作安装。

1）工作内容：平直、划线、下料、钻孔、组对、焊接，安装。

2）未计价材料：铁构件、网门、接地材料。

二、本章定额未包括的工作内容

（1）喷漆及喷字。

（2）设备基础（包括支架、底座、槽钢等）制作及安装。

（3）电气设备及元件的干燥工作。

（4）扩建工程在原有屏上安装电器元件的开孔工作。

三、工程量计算规则

（1）继电保护屏已综合考虑保护、自动装置、计量等类型屏柜。控制屏（柜）、保护屏（柜）安装适用于发电机、变压器、线路、母线、旁路及中央信号等的安装。定额中对屏柜中控制装置、保护装置的类型、套数均做了综合考虑，执行时不再换算或增减。模拟屏已按各种材质屏面综合考虑。智能汇控柜按照就地自动控制屏定额乘以系数2.0。

（2）屏上其他附件安装。适用于标签框、试验盒、光字牌、信号灯、附加电阻、连接片及二次回路熔断器、分流器等。低压电器设备中成套开关柜定额综合考虑了各种进线柜、出线柜、联络柜、计量柜、电容器柜等工作内容，执行时无论柜型只按台数计算即可，不作换算。本章所列变送器专指电气量变送器，热工变送器应另套有关定额。

（3）变频器安装不包括变频器配套的冷却系统（冷却风机、冷却器、冷却风道等）

安装。

（4）端子箱安装中，端子箱大小不同时定额不作调整。

（5）铁构件制作、安装适用于各类支架、底座、构件的制作、安装；轻型铁构件适用于结构厚度在 3mm 以内的构件。铁构件制作安装中的防腐处理按镀锌考虑，镀锌材料费另计。若需其他防腐处理应另计费用。

第六章 交 直 流 电 源

本章定额适用于直流系统的蓄电池支架、蓄电池、整流装置等安装。

一、工作内容

（1）蓄电池支架安装。

1）工作内容：支架安装包括基础打眼装膨胀螺栓、支架安装固定、接地、补刷油漆等。

2）未计价材料：支架、接地材料。

（2）免维护蓄电池安装。工作内容：支架安装固定，电瓶就位，整组检查，安装护罩、标字、标号等。

（3）碱性蓄电池安装。工作内容：安装固定，连接线，补充注液，标字、标号等。

（4）密封式铅酸蓄电池安装。工作内容：清洗组装，连接线，调、注电解液，标字、标号等。

（5）蓄电池组充放电。工作内容：直流回路检查，放电设施准备及接线，初充电或补充（均衡）充电、放电、再放电及充放电过程技术数据的测量、记录、整理等，单体调试。

（6）UPS 安装。工作内容：划线定位、安装固定，固定连接等，单体调试。

（7）整流电源安装。工作内容：划线定位、安装固定，调整水平，固定连接等，单体调试。

二、本章定额未包括的工作内容

蓄电池组充放电定额中充电设备的安装。

三、工程量计算规则

（1）蓄电池支架安装适用于密闭式碱性、酸性蓄电池安装固定用的支架安装，支架按镀塑钢结构成品考虑。

（2）免维护蓄电池的支架由制造厂配套提供，安装按膨胀螺栓固定考虑，其安装工作内容已包括在该蓄电池安装定额中。碱性蓄电池按单体成品蓄电池，电解液已注入，组合安装后即可充电使用，补充用电解液按随设备提供考虑。密闭式铅酸蓄电池的容器、电极板、连接铅条，紧固螺栓、螺母、垫圈等由制造厂散件装箱供货。

四、其他说明

免维护蓄电池组补充电按同容量蓄电池组充放电定额乘以系数 0.2。

第八章 电 缆

本章定额适用于变电站（发电厂）内的电力和控制电缆的敷设和电缆头制作、安装。

一、工作内容

（1）人工开挖路面。

工作内容：测量、划线、混凝土路面切割、挖掘，路面修复，余土外运。

（2）直埋电缆、保护管挖填土。

1）工作内容：测量、划线、挖掘、回铺填夯实，余土外运。

2）未计价材料：保护管。

（3）电缆沟揭盖盖板。

1）工作内容：盖板揭起、堆放、盖板覆盖、调整。

2）未计价材料：电缆沟盖板。

（4）直埋电缆铺砂、盖砖或盖保护板。

工作内容：调整电缆间距，铺砂、盖砖或盖保护板、埋设标桩。

（5）支架、桥架、托盘、槽盒安装。

1）工作内容：定位、支架安装、本体固定、连接、接地、补漆、盒盖安装。

2）未计价材料：支架、桥架、托盘、槽盒。

（6）电缆保护管敷设。

1）工作内容：沟底修整夯实、锯管、弯管、接口、敷设、管卡固定、补漆、管口封堵及金属管的接地。

2）未计价材料：电缆保护管。

（7）电缆敷设。

1）工作内容：架盘、敷设、切割、临时封头、整理固定、制挂电缆牌，单体调试。

2）未计价材料：电缆。

（8）电力电缆头制作、安装。

1）工作内容：测量尺寸、锯电缆、切割护层、焊接地线、压端子、加强绝缘层、浇筑环氧树脂热（冷）收缩配件、校线、接线（与设备）。

2）未计价材料：电缆头、终端盒、中间盒、保护盒、插接式成品头、支架。

（9）控制电缆头制作、安装。

1）工作内容：测量尺寸、切割、固定、剥外护层、芯线校对、压端子、端子标号、接线。屏蔽电缆还包括接地。

2）未计价材料：电缆头、终端盒、保护盒、插接式成品头、支架。

（10）电缆防火设施安装。

1）工作内容：防火隔板加工、固定，孔洞封堵，防火涂料涂刷电缆外层前的电缆清洁、涂刷，防火墙、防火包安装。

2）未计价材料：防火隔板、堵料、涂料、防火包、防火墙材料。

（11）集束导线安装、整理。

1）工作内容：导线安装、固定。

2）未计价材料：集束导线。

二、本章定额未包括的工作内容

（1）电缆钢支架制作、安装。

（2）隔热层、保护层的制作安装。

（3）35kV 及以上电力电缆交流耐压试验。

（4）交叉互联性能试验。

三、工程量计算规则

（1）电缆沟挖填土方量按下列规定计算：上口宽度为 600mm，下口宽度为 400mm，深度为 900mm，每米（沟长）挖填方量为 0.45m³；每增加一根电缆，沟宽增加 170mm，挖填方量增加 0.153mm³；沟深按自然地坪计算，如设计深度超过 900mm 时，多挖填的方量应另计算；遇有清理障碍物、排水及其他措施时，费用另计。

（2）电缆保护管埋地敷设，其土方量凡有施工图注明的，按施工图计算；无施工图的，一般按沟深 0.9m、沟宽按最外边的保护管两侧边缘处各增加 0.3m 工作面计算。14 芯以下控制电缆敷设执行 10mm² 以下电力电缆敷设定额，15～37 芯控制电缆敷设执行 35mm² 以下电力电缆敷设定额，38 芯及以上控制电缆敷设执行 120mm² 以下电力电缆敷设定额。电缆敷设及电缆头制作定额按铜芯铝芯综合考虑，无论铜芯、铝芯电缆均不作调整。

（3）不锈钢桥架执行钢桥架定额乘以系数 1.1。复合桥架、托盘、槽盒按铝合金桥架、托盘槽盒乘以系数 1.3。电缆桥架、托盘、槽盒的安装定额均按生产厂家供应成套成品，现场直接安装考虑的。

（4）电力电缆和控制电缆均按照一根电缆有两个终端头计算。电力电缆按设计图示计算中间头，控制电缆原则上不计算中间头。

（5）导线截面积在 800mm² 以上的电缆，执行单芯电缆 800mm² 的子目乘以系数 1.25。

（6）阻燃槽盒定额按不同截面综合考虑。

第九章　照　明　及　接　地

本章定额适用于变电站（发电厂）内的设备照明和户外照明的安装、接地安装、接地母线敷设等内容。

一、工作内容

（1）设备照明安装。

1）工作内容：支架制作、安装，电线管敷设，安装固定，弯管配制安装，保护管跨接线安装，管内穿线，灯具插座安装，接线，接线盒盖板配制、安装，照明配电箱安装，灯具试亮。

2）未计价材料：灯具、插座、电线管及管件、支架、接线盒、电缆。

（2）户外照明安装。

1）工作内容：测量，定位，基坑开挖、基础安装，组立，灯具及附件安装、接线，试亮。

2）管内穿绝缘线工作内容：测量，下料，穿线，压端子，接线。

3）未计价材料：钢管、水泥杆、整套灯具、导线。

（3）接地极制作安装。

1）工作内容：下料、制作及打入地下，离子接地极钻孔、放电极、回填土、放热焊接接地点、回填料搅拌、回填，降阻剂安装。

2）未计价材料：钢管、角钢、圆钢、铜棒、管帽、接地模块、降阻剂、离子接地极。

（4）户外接地母线敷设。

1）工作内容：平直、下料、煨弯，挖接地沟，母线敷设，焊接，接地母线与接地极焊接，回填土夯实接头刷漆。铜编织带（多股软铜线）下料、压端子、安装。

2）未计价材料：扁钢、圆钢、铜绞线、铜排、铜编织带。

（5）户内接地母线敷设。

1）工作内容：划线、打动，卡子制作及埋设，母线平直、下料，煨弯，焊接、固定，接地端子焊接，母线接头刷漆。

2）未计价材料：扁钢、铜绞线、铜排、铜编织带。

（6）构架接地。

1）工作内容：测量、划线、下料、焊接、刷漆、单体调试。

2）未计价材料：钢材、铜材、扁钢。

（7）阴极保护井安装。

1）工作内容：井壁钢管配制、焊接，配合钻井，塑料管配制、固定，钻孔，井盖制作、安装，防腐，灌石墨粉，单体调试。

2）未计价材料：钢管、石墨粉、塑料管。

（8）阴极保护井电机安装。

1）工作内容：下料，电缆安装，铜螺丝安装，电机安装，单体调试。

2）未计价材料：电缆、石墨电极。

（9）深井接地埋设。

1）工作内容：测量、下料、电极安装，电缆敷设，单体调试。

2）未计价材料：圆钢、角钢、钢管、铜棒、降阻剂。

二、未包括工作内容

（1）设备照明安装定额中照明配电箱的电源电缆敷设及接线。

（2）阴极保护井、深井接地安装中钻井费用。

（3）接地网单体调试。

三、工程量计算规则

（1）铜编织带、多股软铜线安装根据图示数量以"根"为单位计量，每根长度考虑 1m，增加长度按定额基价乘以 0.6 考虑。电缆沟道内接地扁钢（铜带）敷设，可执行户内接地母线敷设定额。

（2）铜接地（铜包钢、铅包铜）按户外接地母线扁钢、圆钢子目乘以 1.2 系数计算，材料费单独计算。

第十章　自动控制装置及仪表

本章定额适用于变电站（发电厂）内的热力控制盘安装、各种仪表安装、检（监）测装置安装、阀门、附件安装、管路敷设及伴热电缆敷设、导线敷设。

一、工作内容

1．热力控制盘安装

工作内容：就位、安装，盘内校线，端子板、汇线槽安装，铭牌安装及防震胶垫的制作、安装，接地，厂家控制电缆（网线），成品保护，单体调试。

2．常用仪表安装

（1）工作内容。

1）开孔，安装测温插座，取压取样部件，表计安装，校接线，挂牌，盘装仪表开孔等。

2）压力式温度计的温包安装、毛细管敷设固定。

3）工艺管道上配合安装流量计。

4）节流装置安装：检查椭圆度、同心度、孔板流向，正负室位置确定，环室孔板清洗、管道吹除后的环室清洗、孔板二次安装及垫子制作、安装。

5）液位测量仪表的平衡容器安装。

6）重锤探测料位计的磁力启动器、滑轮、重锤、钢丝绳安装。

7）监视大屏幕显示器：定位、架子组装、屏幕组装、接线。

8）单体调试。

（2）未计价材料：表计插座、取压短管、取样部件、法兰、仪表接头、仪表加工件。

3. 过程控制仪表安装

（1）工作内容。

1）测点开孔，安装测温插座、测压取样部件，盘装仪表开孔，上接头，校接线，挂牌等。

2）配合安装烟温探针、气动、电动调节阀，一体化电动阀及调节挡板。

3）执行器注油，连杆配置、安装。

4）远方控制器的磁力启动器及电动制动器安装。

5）单体调试。

（2）未计价材料：表计插座、取样部件、仪表接头、执行机构连杆组件。

4. 智能仪表、分析仪表安装

（1）工作内容。

1）仪表安装、校接线，挂牌等。

2）火焰监视装置包括冷却风软管连接、就地预制电缆的敷设。

3）炉管泄漏装置包括开孔、方箱、导声管安装。

4）锅炉点火装置包括打火头和点火变压器安装。

5）分析仪表安装包括工艺管道上的取源取样部件安装和配套的传送器预处理装置、供电装置、电阻盒、恒流器、转换器等安装。

6）单体调试。

（2）未计价材料：法兰（带螺栓）、取样部件、仪表接头。

5. 机械量检测装置安装

工作内容：传感器、前置器安装及其配套的显示仪表安装，校接线（包括延伸电缆敷设），单体调试。

6. 管路敷设及伴热电缆敷设

（1）工作内容。

1）管路敷设：划线、调直、定位、锯管、煨弯、焊接、固定、挂牌，碳钢管除锈刷漆，管路试压及气密性试验。

2）伴热管敷设：除锈、焊接、试压及气密性试验。

3）伴热电缆敷设：绝缘电阻测定、敷设、封头、缠绕、绑扎、固定、接线等。

（2）未计价材料：管材、管件（管接头、三通、弯头等）、伴热电缆。

7. 阀门、附件安装

（1）工作内容。

1）阀门安装：试压、接头或法兰焊接、阀体安装固定。

2）取源部件安装：在管道或设备上开孔、部件焊接、焊口打磨。

3）防堵装置、网笼探头、附件的单体调试。

（2）未计价材料：阀门、仪表加工件、仪表接头、温度插座（套管）、取压短管。

8. 导线敷设

（1）工作内容：导线敷设、穿管、切割、整理固定。

（2）未计价材料：补偿导线、耐高温导线。

二、未包括工作内容

（1）热力控制盘安装中：盘、箱、柜制作及重新喷漆，盘柜箱上的电气设备和元件安装、盘柜配线，基础槽钢（角钢）和支架制作安装。

（2）检测及监测仪表安装中：

1）高温高压管道或设备上开孔（按预留孔考虑）。

2）仪表接头以外的阀门及管路敷设。

3）平衡容器的制作（按制造厂成品件考虑）。

4）节流装置安装的法兰焊接、环室一次安装及一次安装的垫子制作。

5）放射源保管和安装的特殊措施费。

（3）过程控制仪表安装中：

1）电动调节阀、隔离挡板、气动调节阀、一体化电动阀的安装和法兰安装，调节阀研磨。

2）仪表接头以外的阀门及管路敷设。

（4）检测及监测仪表安装中：

1）分析仪表辅助装置制作安装，不配套供货而另行配制的显示仪表安装。

2）火焰监视装置的探头冷却风管路安装。

3）支架及底座制作安装，配管，线路、电缆敷设，阀门安装，工艺管道和设备上的法兰焊接。

（5）机械量检测装置安装中：

1）中间端子箱的安装。

2）盘装二次仪表及供电装置安装。

3）皮带秤的称量框安装、托辊安装。

4）称重传感器的水和油冷却装置安装。

（6）管路敷设及伴热电缆敷设中：

1）管路中阀门、过滤器等安装。

2）P92焊口的热处理、拍片检验。

3）管路、伴热管（电缆）的外部保温及保温层防水防腐。

（7）阀门、附件安装中：

1）一次部件和材料的化学分析、无损探伤、拍片检验和光谱分析。

2）高温高压管道或设备上开孔。

3）防堵装置的吹扫管路、气控箱安装，执行本册相应定额。

（8）导线敷设中：

1）支架制作安装，托架、托盘、槽盒安装。

2）保护管安装。

三、工程量计算规则

SO_2/NO 分析仪可参照 $CO/CO_2/H_2O$ 分析仪定额执行。

四、其他有关说明

（1）本章定额均未包括设备底座和支架制作安装。

（2）本章定额均未包括电气特殊项目试验相关的仪器仪表的校验工作，如需校验参照调试预算定额特殊调试项目。

第十一章　换流站设备

本章定额适用于 $\pm 800kV$ 以下换流站设备安装。

一、工作内容及未计价材料

1. 阀厅设备

（1）工作内容。

1）晶闸管整流阀塔：阀塔框架的组装，元件组装，PVDF 分支冷却水管组装，导体连接，均压框罩的组装，光纤电缆槽盒安装，光缆敷设及光缆头制作，整体检查，接地，单体调试。

2）阀避雷器/阀桥避雷器：悬吊绝缘子安装，本体吊装，屏蔽均压环安装，放电计数器安装，拉棒安装，导体连接，光纤电缆敷设及光缆头制作，接地，单体调试。

3）极线电流测量装置：安装底座核实，悬挂构件、悬吊绝缘子安装，测量装置安装，均压环安装，光缆敷设及光缆头制作，接地，单体调试。

4）接地开关：安装底座钻孔，攻丝，组装，本体和机构安装，调整，接地，单体调试。

5）高压直流穿墙套管：底座核实，穿墙套管吊装，气体监测器安装（含相应管附件），充气补气，接地，单体调试。

6）中性点设备：底座核实，本体组装、吊装，附件安装，接地，单体调试。

7）中性点穿墙套管含套管电流互感器：底座核实，穿缆电流互感器安装，本体吊装，接地，单体调试。

（2）未计价材料：光缆槽盒、光缆。

2. 换流变压器系统

工作内容：临时接地，套管、油枕及散热器的清洗，附件安装，随设备自身的动力、控制箱安装，配管，内部检查，真空处理，注油，变压器就位，焊接固定，接地，补漆，单体调试。

3. 交流滤波装置

工作内容：

（1）交流噪声滤波电容器塔：支柱绝缘子安装，电容器塔组装、吊装，调谐装置安装，均压环安装，电容器内部连线，接地，补漆。

（2）交流噪声滤波电容器：电容器组装、吊装，均压环安装，调谐装置安装及连线，接地，补漆，单体调试。

（3）交流滤波电容器塔：电容器塔组装、吊装，均压环、管形母线安装，层间连接，接地，补漆。

（4）交流滤波电阻箱：支柱绝缘子安装，吊装，连线，接地，单体调试。

（5）交流滤波电抗器：划线钻孔，底座及支持绝缘子安装，化学螺栓固定，吊装，内支撑件拆除，接地，单体调试。

（6）光电流互感器：吊装，附件安装，接地，单体调试。

4．直流配电装置

工作内容：

（1）直流隔离开关、接地开关：底座安装，本体吊装，机构安装，开关调整，接地，单体调试。

（2）只留断路器：本体吊装，非线性电阻、电抗吊装，充电装置的吊装，直流断路器调整，内部连线，接地，清洁，补漆，单体调试。

（3）直流光电流测量装置。

支柱式：本体吊装及组装，接线盒安装，内部光纤电缆及电缆头制作，注油，接地，补漆，单体调试。

管形母线式：支柱绝缘子组装，吊装，光电流互感器组装、吊装，接地，接线盒安装，内部光纤及电缆头制作安装，单体调试。

（4）直流避雷器：本体吊装及组装，放电计数器安装，接地，单体调试。

（5）直流噪声滤波电容器塔：底座预埋螺栓核实，电容器塔组装、吊装，层间连线，接地，补漆。

（6）直流噪声滤波电容器：设备本体吊装，调谐装置安装及连线，接地，补漆，单体调试。

（7）直流电容器：本体吊装，调谐装置安装及连线，接地，单体调试。

（8）直流噪声滤波电抗器：设备、开箱，绝缘子安装，本体吊装，接地，单体调试。

（9）直流分压器：本体吊装，接地，补漆，单体调试。

（10）平波电抗器（干式）：支柱绝缘子组装，吊装，找平找正，本体吊装，防雨罩安装，接地，补漆，单体调试。

（11）平波电抗器（油浸式）：临时接地，套管、油枕及散热器的清洗，附件安装，配管，内部检查，真空处理，注油，电抗器就位，本体固定，接地，补漆，单体调试。

（12）平波电抗器避雷器：本体吊装，接地，补漆，单体调试。

（13）直流断路器装置（每套分别包括断路器、电容器组、电抗器、避雷器等）高速断路器（NBS）及震荡装置：底座安装，本体吊装，附件安装及接线，内部光纤电缆及电缆头制作，断路器充气、调整，接地，补漆，配合电气试验和光缆测试，单体调试。

（14）直流避雷器（50kV）：本体吊装，放电计数器安装，接地，补漆，单体调试。

（15）直流电抗器（50kV）：支持绝缘子安装，电抗器吊装，接地，补漆，单体调试。

（16）直流电容器组（50kV）：本体吊装，调整，内部连线，接地，单体调试。

（17）直流电容器（柱式）（50kV）：本体吊装，接地，补漆，单体调试。

（18）直流分压器（50kV）：本体吊装，接地，补漆，单体调试。

（19）平波电抗器（50kV）：支柱绝缘子组装，吊装，找平找正，本体吊装，防雨罩安装，接地，补漆，单体调试。

（20）直流滤波低压设备：支柱绝缘子安装，本体吊装，接地，补漆，单体调试。

（21）直流滤波电容器塔（悬挂式）：悬吊绝缘子串组装及安装、分层电容器组吊装及安装，均压环安装，光纤电流互感器安装，内部连线，固定拉线制作安装，接地。

（22）直流滤波电容器塔（支撑式）：底座预埋螺栓核实，电容器塔组装、吊装，均压环、管形母线安装，内部连线，接地，补漆。

（23）电容器（C2、C3）：支柱绝缘子安装，本体吊装，接地，单体调试。

（24）滤波器电阻器：支持绝缘子安装，本体吊装，接地，补漆，单体调试。

（25）滤波电抗器：支持绝缘子安装，本体吊装，接地，补漆，单体调试。

5. 直流接地极

（1）接地监测井。工作内容：开挖、井口砌筑，塑料管配制、固定，井盖制作、安装。

（2）渗水井。

1）工作内容：开挖、井口砌筑，卵石填埋，井盖制作、安装。

2）未计价材料：卵石。

（3）接地极焦炭填埋。

1）工作内容：焦炭填埋、夯实。

2）未计价材料：焦炭。

（4）接地极极环及电缆安装。

1）工作内容：测量、划线，电缆及接地馈棒敷设、校正（施工过程包括焦炭床施工），盖保护板，人工回填土、夯填，耕植土恢复。

2）未计价材料：电缆、馈电棒、混凝土盖板。

（5）热熔焊接。

1）工作内容：导流电缆、配电电缆及接地馈棒、引缆的清洁处理，放置、调整、焊接及熔接点绝缘处理。

2）未计价材料：焊粉、模具。

6. 阀冷却系统安装

工作内容：阀冷却系统设备的转运、底座核实，本体组装、吊装，附件安装，接地，单体调试。

二、本章定额未包括的工作内容

（1）阀厅内管母线及设备连线、支柱绝缘子、环网屏蔽铜排安装。

（2）环流变压器中：

1）不随设备到货的铁构件的制作、安装。

2）变压器油的过滤。执行第二章绝缘油过滤定额。

3）换流变压器防地震措施的制作安装。

4）端子箱、控制柜的制作、安装。

5）二次喷漆。

6）换流变压器套管进阀厅孔洞的临时封堵。

（3）直流配电装置中：

1) 平波电抗器安装准备平台的施工和拆除。

2) 端子箱、控制柜的制作、安装。

3) 二次喷漆。

（4）直流接地极安装中：

1) 为满足焦炭床铺设、导流电缆敷设沟槽开挖的井点降水措施费。

2) 接地极极环施工的余土外运。

3) 不包含接地极极址的内容。

（5）特殊调试。

三、工程量计算规则

（1）阀厅设备：

1) 极线电流测量装置按悬挂式编制，如实际为支撑式，定额乘以 0.8 的系数。

2) 安装高压直流穿墙套管用的穿通板执行第四章相应定额，如该穿通板为双层结构时乘以系数 2.0。

3) 高压直流穿墙套管费非水平安装时乘以系数 1.5。

（2）换流变压器备用相安装按同电压同容量换流变压器定额人工定额乘以 0.8，定额材机乘以 0.95。

（3）交流滤波装置：

1) 330kV 交流噪声滤波电容器（塔）按 500kV 交流噪声滤波电容器（塔）定额乘以系数 0.85。

2) 330kV 交流滤波电容器塔按 500kV 交流滤波电容器塔定额乘以系数 0.9。

3) 交流滤波电阻箱定额以台/相为单位，每台/相按单柱双层叠放考虑。如实际为单柱单层，定额乘以 0.6 的系数；如实际为双柱双层，定额乘以系数 2。

（4）直流配电装置：

1) 50kV 以内的直流避雷器按并列六柱编制，每减少一柱按 0.1 的系数调减。

2) 直流滤波电容器塔定额按 30 层编制，仅包括高压电容器塔内设备安装，塔外设备和设备连线另套相应定额子目。

3) 直流设备安装在户内时，其人工定额乘以系数 1.3。

4) 干式平波电抗器定额按单台编制。如实际为两台叠放乘以 1.25 系数。

5) 直流断路器均按双断口考虑，如为四断口，则按同电压等级定额乘以系数 1.60。

（5）直流接地极安装：接地极焦炭填埋按填埋方量根据图示数量以"m³"为单位计量，极环及电缆安装的总长度按极环的直径计算出的周长进行计取。

四、其他说明

（1）本章定额主要考虑以进口设备为主。

（2）本章设备安装定额中未包括接地材料费。

（3）阀厅内设备的安装的施工用电如照明等已考虑在定额内。阀厅空调系统在施工期间的用电已包括在定额内。

（4）阀冷却已包含在定额内。阀厅冷却系统安装另执行现行定额有关子目。

（5）主控楼、阀厅的空调安装另执行现行定额的有关子目。

（6）备用干式平波电抗器现场无需安装。

（7）阀冷却系统安装包含内、外冷水系统的所有设备、管道及各类附件的安装，动力控制盘柜安装另套其他相应子目。

附录 H　《电力建设工程概算定额（2013 年版）
第三册　电气设备安装工程》使用说明摘录

根据《电力建设工程概算定额（2013 年版）第三册　电气设备安装工程》要求，按定额章节顺序分别介绍各章节涉及安装项目的主要工作内容、工程量计算规则和相关定额的运用。

第二章　变　压　器

一、工作内容

（1）变压器：变压器本体安装，端子箱、控制箱、引下线安装，铁构件制作安装，接线，接地，油过滤，单体调试。

（2）箱式变电站：箱式变电站、零序电流互感器、柜上母线安装，基础槽钢制作安装，接地，单体调试。

（3）消弧线圈：消弧线圈本体安装，端子箱、控制箱安装，油过滤，接地，单体调试。

（4）电抗器：本体安装，端子箱、控制箱、引下线安装，油过滤，接地，单体调试。

二、未计价材料

设备连接导线、金具、接地材料，基础槽钢、铁构件和网门制作安装中的钢材和镀锌材料费。

三、其他说明

（1）三相变压器和单相变压器安装适用于油浸式变压器、自耦变压器安装，带负荷调压变压器安装执行同电压、同容量安装定额乘以系数 1.1。

（2）定额未考虑变压器干燥，如果发生按实际所需的费用计算。

（3）变压器回路内的避雷器、隔离开关、中性点设备，另执行第三章相应定额。

（4）变压器高、中、低压侧软母线和耐张绝缘子的安装，低压侧硬母线的安装，另执行第四章相应定额。

（5）支柱绝缘子的安装，另执行第四章相应定额。

（6）变压器的散热器外置时，人工费乘以系数 1.30。

（7）电抗器安装适用于混凝土电抗器、铁芯干式电抗器和空心电抗器等干式电抗器安装，油浸式电抗器按同容量干式电抗器定额乘以系数 1.20。

（8）110kV 及以上设备安装在户内时，人工费乘以系数 1.30。

第三章　配　电　装　置

一、工作内容

（1）断路器：本体安装，本体至相邻一组（或台）设备连线，端子箱的安装，油过滤，接地，单体调试。

（2）GIS：本体安装，真空处理，检漏试验，充 SF_6 气体，接地，单体调试。

（3）HGIS：本体安装，抽真空，检漏试验，注 SF_6 气体，附件安装，接地，单体调试。

（4）Compass：本体安装，本体至相邻一组（或台）设备连线安装，充 SF_6 气体，检漏试验，接地，单体调试。

（5）SF_6 全封闭组合电器（GIS）主母线及进出线套管：主母线及套管吊装，连接，封闭，检漏试验，充 SF_6 气体，接地，单体调试。

（6）隔离开关：本体安装，本体至相邻一组（或台）设备连接线安装，母线引下线的安装，接地，单体调试。

（7）接地开关：本体安装，母线引下线的安装，接地，单体调试。

（8）互感器：本体安装，本体至相邻一组（或台）设备连线安装，端子箱的安装，油过滤，接地，单体调试。

（9）敞开式组合电器：本体安装，本体至相邻一组（或台）设备连接线的安装，母线引下线、端子箱的安装，接地，单体调试。

（10）避雷器：本体安装，本体至相邻一组（或台）设备连接线安装，母线引下线安装，接地，单体调试。

（11）耦合电容器：本体至相邻一组（或台）设备连接线安装，本体安装，母线引下线安装，接地，单体调试。

（12）电容器组：本体安装，本体至相邻一组（或台）设备连接线安装，接线，接地，单体调试。

（13）放电线圈：本体安装，本体至相邻一组（或台）设备连接线安装，接地，单体调试。

（14）熔断器：本体安装，本体至相邻一组（或台）设备连接线安装，接地，单体调试。

（15）阻波器：本体安装，本体至相邻一组（或台）设备连接线安装，母线引下线、悬式绝缘子（用于悬挂阻波器用）的安装，接地，单体调试。

（16）结合滤波器：本体安装，本体至相邻一组（或台）设备连接线安装，接地，单体调试。

（17）成套高压配电柜：本体安装，屏顶母线安装，基础槽钢制作安装，接地，单体调试。

（18）接地变柜安装：本体安装，接线，基础槽钢制作安装，接地，单体调试。

二、工程计算规则

（1）断路器每台为三相。

（2）单相接地开关、电压互感器、电流互感器、电容器、耦合电容器、阻波器安装每台为单相。

（3）隔离开关、熔断器、避雷器、电容器组、自动无功装置安装，敞开式组合电器每组为三相。

（4）结合滤波器每套包括结合滤波器和接地开关安装。

（5）SF_6 全封闭组合电器（带断路器）以断路器数量计算工程量；SF_6 全封闭组合电器（不带断路器）以母线电压互感器和避雷器之和计算工程量，每组为一台；为远景扩建方便预留的组合电器，前期先建母线及母线侧隔离开关，套用 SF_6 全封闭组合电器（不带断路器）定额，每间隔为一台。

（6）SF$_6$全封闭组合电器（GIS）主母线安装按中心线长度计算。长度按设计规定计算，如设计未明确预留长度则按附表 H-1 规定计算。

附表 H-1　　　　SF$_6$全封闭组合电器（GIS）主母线安装预留长度表

序号	电压等级（kV）	每间隔主母线长度［m（三相）］	每间隔出线套管数量（个）
1	110	3	2
2	220	15	2
3	330	30	2
4	500	30	2
5	750	40	2
6	1000	50	2

三、未计价材料

设备连接导线、金具、悬式绝缘子、接地材料、基础槽钢、铁构件和网门制作安装中的钢材和镀锌材料费。

四、其他说明

（1）罐式断路器按同电压等级的SF$_6$断路器定额乘以系数1.2计算。

（2）单相避雷器按同电压等级的避雷器定额乘以系数0.4计算。

（3）本章定额中未包括设备支架制作安装，设备支架制作安装另执行第五章相应定额。

（4）本章定额中未包括保护网制作安装，保护网制作安装另执行第五章相应定额。

（5）本章定额中未包括支柱绝缘子安装，支柱绝缘子安装另执行第四章相应定额。

（6）GIS 安装高度在 10m 以上时，人工定额乘以系数 1.05，机械定额乘以系数 1.20。

（7）电压等级为 110kV 及以上设备安装在户内时，其人工乘以系数 1.30。

第四章　母线、绝缘子

一、工作内容

（1）支持绝缘子安装：本体及附件安装，接地，单体调试。

（2）穿墙套管安装：本体及附件安装，接地，单体调试。

（3）软母线安装：软母线安装、跳线、引下线安装，绝缘子串安装及单体调试。

（4）带形母线安装：带形母线、伸缩节及附件，绝缘热缩安装。

（5）槽形母线安装：槽形母线及附件安装，铁构件制作安装。

（6）管形母线安装：管形母线及附件安装，绝缘子串及单体调试。

（7）封闭母线安装：封闭母线及附件安装，铁构件制作安装。

二、未计价材料

封闭母线、带形母线、槽形母线、软母线、管形母线、管形母线衬管、阻尼导线、母线伸缩头、支柱绝缘子、绝缘子串、穿墙套管、金具、绝缘热缩管、接地材料、基础槽钢和铁构件制作中的钢材和镀锌材料费。

三、其他说明

（1）带形母线定额已综合考虑单相多片及各种材质，使用时定额不作调整。

（2）带形母线、管形母线定额中未包括支架制作安装，支架制作安装另执行第五章相应定额。

四、工程量计算规则

（1）分相封闭母线安装工程量按各相母线外壳中心线的延长米之和（不扣除附件所占长度）的1/3计算，以"三相米"为计量单位。

（2）共箱封闭母线安装工程量按母线外壳中心线的延长米计算，不扣除附件所占长度，以"m"为计量单位。

（3）带形母线、槽形母线安装工程量均按母线中心线的延长米计算，不扣除附件所占长度，以"m"为计量单位。

（4）管形母线（支撑式）安装工程量按单相母线中心线的延长米计算，不扣除附件所占长度（不计算管形母线衬管长度），以"m"为计量单位。

第五章　控制、继电保护屏及低压电器

一、工作内容

（1）控制盘台柜：控制盘台柜本体安装，柜间小母线安装，设备自带电缆安装，基础槽钢制作安装，接地，单体调试。单体调试中电厂包含400V备用电源自投装置单体调试、自动调频装置单体调试、自动准同期装置单体调试、小电流接地选线装置单体调试、继电保护试验电源装置单体调试、变压器微机冷却控制装置单体调试、电厂微机监控元件调试、变电站、升压站微机监控元件调试。变电站包含备用电源自投装置（慢切）3～10kV单体调试、小电流接地选线单体调试、继电保护试验电源装置单体调试、变压器微机冷却控制装置单体调试、区域安全稳定控制装置单体调试、电能质量检测装置单体调试、变电站、升压站微机监控元件调试。

（2）保护盘台柜：本体安装，柜间小母线安装，基础槽钢制作安装，接地，单体调试。单体调试中变电站包含各电压等级的变压器保护单体调试、送电线路保护单体调试、母线保护单体调试、母联保护单体调试、变电站自动化系统测控装置单体调试；电厂包含各电压等级的变压器保护单体调试、发电机主变压器组单体调试、送电线路保护单体调试、母线保护单体调试、母联保护单体调试。

（3）智能保护盘台柜：适用于智能变电站中的保护盘台柜，除与上述内容相同外，还包括合并单元、智能终端、网络报文记录和分析装置单体调试，变压器智能组件中的测量IED、油中溶解气体监测IED、油中微水监测设备、铁芯接地电流监测IED、绕组光纤测温IED、电容式套管电容量、介质损耗因数监测IED，断路器/GIS智能组件中的断路器机械特性监测IED、气体密度、水分监测IED、绝缘监测IED，网络交换机过程层等的单体调试内容。

（4）变频器安装：变频器本体安装、插件安装、基础槽钢制作安装、接地、单体调试。

（5）输煤程控装置：程控系统安装，输煤工业电视系统安装、基础槽钢制作安装，接地，单体调试。

（6）高压成套配电柜：高压成套配电柜、柜间母线桥及柜上母线安装，电动机检查接线，基础槽钢制作安装，接地，单体调试。

（7）低压成套配电柜：低压成套配额点PC盘、柜间母线桥及柜上母线安装，电动机检

查接线，基础槽钢制作安装，接地，单体调试。

（8）车间配电盘：低压成套配电 MCC 盘、柜间母线桥及柜上母线安装，电动机检查接线，基础槽钢制作安装，接地，单体调试。

（9）铁构件及保护网：铁构件及保护网制作安装、镀锌。

二、工程量计算规则

（1）控制、保护盘台以设备数量"块"为计量单位，不计算端子箱、就地控制箱等。包括布置在发电厂及变电站主（网络）控制室、单元控制室、电气继电器室等处（含远动系统、计算机监控系统在内）的控制、保护盘台柜。

（2）保护盘台柜以设备数量"块"为计量单位，不计算端子箱、就地控制箱等。包括布置在发电厂及变电站主（网络）控制室、单元控制室、电气继电器等处的保护盘台柜。

三、未计价材料

控制保护盘台柜、高压成套配电柜和低压成套配电柜定额中的接地引下线材料、基础槽钢和铁构件制作中的钢材和镀锌材料费。

四、其他说明

控制盘台柜定额子目是依据 600MW 机组电厂及 500kV 变电站编制的，其他电厂或变电站工程其定额基价按照附表 H-2 所示系数调整。

附表 H-2　　　　　　　　　控制盘台柜定额子目系数调整表

发电厂或变电站工程	系数	发电厂或变电站工程	系数
50MW 机组	0.45	35kV 变电站	0.85
135MW 机组	0.65	110kV 变电站	0.9
300MW 机组	0.85	220kV 变电站	0.95
600MW 机组	1	330kV 变电站	1
1000MW 机组	1.15	500kV 变电站	1
		750kV 变电站	1.05
		1000kV 变电站	1.1

第六章　交直流工程

一、工作内容

（1）蓄电池、免维护蓄电池安装：蓄电池及支架安装，直流充电、馈电屏及充放电装置安装，接地，单体调试。

（2）交直流配电装置屏：本体安装，接线，基础槽钢制作安装，接地，单体调试。

（3）事故保安电源：柴油发电机安装及检查接线，控制柜安装，基础槽钢制作安装，接地，单体调试。

（4）不停电电源安装：UPS 装置主机柜、旁路柜、馈线柜安装，基础槽钢制作安装，接地，单体调试。

二、未计价材料

接地材料、支架、基础槽钢和铁构件制作中的钢材和镀锌材料费。

第八章　电　缆

一、工作内容

（1）电力电缆：电缆敷设和电力电缆调试，电缆保护管敷设，电缆头制作安装，电缆沟挖填土，电缆沟铺沙盖砖等。

（2）控制电缆：电缆敷设，电缆保护管敷设，电缆头制作安装，电缆沟挖填土，电缆沟铺沙盖砖等。

（3）电缆支架、桥架：电缆支架、桥架制作安装，接地。

（4）电缆防火：槽盒安装，隔板加工、固定，防火堵料调配、搅拌、堵塞等，防火墙的砌筑，铁构件制作安装，接地。

二、未计价材料

电力电缆、控制电缆、电缆保护管及接头、6kV 及以上电缆头、电缆支架、电缆桥架、阻燃槽盒、防火隔板、防火堵料、防火涂料、防火包、防火墙、接地材料、基础槽钢和铁构件制作中钢材和镀锌材料费。

三、本章中需要说明的其他问题

（1）计算机电缆敷设执行通信定额。

（2）定额中不包括 35kV 及以上高压电缆敷设，需要时执行送电线路定额。

（3）不锈钢桥架执行钢桥架乘以系数 1.1。复合桥架执行铝合金桥架乘以系数 1.3。

（4）导线截面积在 800mm² 以上的电缆，执行单芯电缆 800mm² 的子目乘以系数 1.25。

（5）电缆井罩的制作安装另执行第五章铁构件制作安装定额。钢组合支架执行钢电缆桥架定额。

第九章　照明及接地

一、工作内容

（1）照明安装：小型电源安装，灯具安装、电杆组立、保护管敷设、管内配线、基坑土方挖填、基础安装。

（2）全厂（站）接地：接地母线敷设，接地极制作安装，接地跨接线安装，构筑物接地引下线安装，降阻剂安装，接地模块安装，接地井制作安装，单体调试。

（3）深井接地埋设：测量、下料、电极安装，电缆敷设，单体调试。

（4）电子设备防雷接地装置安装：钻孔、安装、接线，单体调试。

二、工程量计算规则

（1）本章定额不含照明电缆敷设，照明电缆敷设另执行第八章相应定额。

（2）深井接地埋设不包括钻井费用。

（3）接地按水平接地母线长度以"100m"为单位计量。水平接地母线安装费中包含了垂直接地体的安装费。

（4）照明安装和全厂（站）接地均含土方工程，一般接地深度为 800mm 以内，概算原则上不作调整，若接地深度超过 800mm 可考虑其他施工方法如换填土、加入降阻剂等，极特殊确实需要开挖深度过深的情况可在概算中增列建筑土方费用。

三、未计价材料

灯具、插座、接线盒、电线管及管件、电缆（线）、支架、电杆、接地母线、降阻剂、接地模块、接地极、石墨电极、电子设备防雷接地装置、基础槽钢和铁构件制作中的钢材和镀锌材料费。

四、其他说明

铜接地（铜包钢、铅包铜）按全厂接地、全站接地子目乘以 1.2 系数计算。

第十章　自动控制装置及仪表

一、工作内容

（1）分散控制系统：包括数据采集 DAS、模拟量控制 MCS、顺序控制 SCS（含电气控制）、锅炉安全监控 FSSS、汽轮机旁路空盒子 TBC 等功能子系统和 DCS 配套盘柜、就地设备仪表的安装，DCS 设备接地，盘柜配线，随设备配供联络线的安装，单体调试。

（2）盘台柜：盘、台、柜机器自动控制、检测、报警等热工装置及与装置相关的一次仪表的安装，盘柜设备接地，盘柜配线，随设备配供联络线的安装，单体调试。

（3）热力配电箱：配电箱、柜及阀用电动装置和执行机构等就地设备仪表的安装，单体调试。

（4）工业闭路电视：监视主机、摄像机（头）机器附属、辅助设备的安装，电源、信号、控制电缆线机器配管的敷设、安装，单体调试。

（5）延期连续监测系统：分析盘柜机器装置及与装置相关的一次仪表的安装，电源、信号、控制电缆机器配管的敷设、安装，单体调试。

（6）导线敷设：导线保护管敷设，补偿、耐高温导线穿管，校接线。

（7）管路敷设：脉动、气源管路敷设，仪表阀门及附件安装。

（8）伴热电缆（管路）敷设：伴热电缆（管路）敷设，保温隔热材料、保护层安装。

二、工程量计算规则

（1）分散控制系统工程量不分机组容量大小，均按 DCS 的 I/O 点总数（含电器控制）以"100 点"为单位计量，但不包括备用 I/O 点数。

（2）盘台柜：综合了主要的主厂房单项自动控制装置和辅助车间自动控制装置，按主辅厂房以"块"为单位计量，其数量范围包括自动控制装置盘、柜和操作盘、台，不计算保温（护）箱、电磁阀箱、就地电控柜（箱）等的数量。主厂房控制内容包括 DEH、MEH、TSI、MTSI、ETS、METS、TDM、锅炉吹灰程控、炉管泄漏自动报警、飞灰含碳量在线检测、风粉在线监测、炉膛烟温探针、空预器着火检测及间隙调整、磨煤机 CO 检测、凝汽器胶球清洗、凝汽器检漏、凝结水精处理、汽水取样分析及化学加药、发电机氢油水监测、通风空调自动控制等；辅助厂房控制内容包括化水、除灰、补给水、循环水、综合水、废水、启动锅炉房、空压机站、采暖加热站、水煤灰集中控制网络等。

（3）热力配电箱不包括阀用控制箱和就地电控柜（箱）等的数量。

（4）导线敷设工程量按补偿导线和耐高温导线单根延长米计算，不计保护管的长度。

（5）管路敷设工程量按脉动管路和气源管路单根延长米计算，包括管件和阀门所占长度。

（6）伴热电缆（管路）敷设工程量按伴热电缆（管路）单根延长米计算。

三、未计价材料

管材、仪表阀门、补偿导线、耐高温导线、电缆、保护管、伴热电缆、接地电缆（线）、管件（管接头、三通、弯头等）、基础槽钢和铁构件制作中的钢材和镀锌材料费。

四、其他说明

（1）热控设备安装定额中均包括盘柜基础槽钢制作安装费用，不包括材料费。

（2）热控仪表设备及管路用支吊架制作安装执行第五章相关定额。

（3）热控电缆、电缆桥（支）架及电缆防火敷设、安装执行第八章相关定额，其中电缆敷设按相应控制电缆敷设定额乘以系数 1.05 计算。

（4）变电站闭路电视执行全厂工业闭路电视系统定额计价乘以系数 0.6 计算。

（5）门禁系统安装执行《通信工程》相关定额。

（6）盘台柜、热力配电箱安装定额子目是依据 300MW 机组电厂编制的，其他电厂工程其定额基价按附表 H-3 系数调整。

附表 H-3　　　　　　　　盘台柜、热力配电箱安装基价系数调整表

机组	系数	机组	系数
50MW 机组	0.6	600MW 机组	1.20
135MW 机组	0.80	1000MW 机组	1.40
300MW 机组	1.00		

第十一章　换流站设备

一、工作内容

1. 阀厅设备安装

（1）晶闸管整流阀塔：综合了阀塔本体安装及相邻的设备连线、阀避雷器本体安装及相邻设备连线、引下线安装、阀间铝管母线安装。

（2）阀桥避雷器：本体及至相邻设备连线的安装，单体调试。

（3）极线电流测量装置：本体及至相邻设备连线的安装，单体调试。

（4）接地开关：本体及至相邻设备连线的安装，单体调试。

（5）中性点直流避雷器/中型母线直流分压器：本体及至相邻设备连线的安装，单体调试。

（6）穿墙套管：本体及至相邻设备连线的安装。

2. 换流变压器系统

换流变压器：本体安装、油过滤、汇控箱（端子箱）安装、引下线安装及设备连线，单体调试。

3. 交流滤波装置

（1）交流噪声滤波电容器塔：电容器塔本体及至相邻设备连线的安装、接地。

（2）交流噪声滤波电容器：电容器本体及至相邻设备连线的安装，间隔内支柱绝缘子的安装、接地，单体调试。

（3）交流滤波电容器塔：电容器本体及至相邻设备连线的安装、引下线安装、围栏内全部设备、支柱绝缘子、管型母线、设备连线的安装，以及铁构件的安装、接地。

4. 直流配电装置

（1）直流隔离开关：本体及至相邻设备的连线安装、接地，单体调试。

（2）直流光电流测量装置：本体及至相邻设备的连线安装、接地，单体调试。

（3）直流避雷器：本体及至相邻设备的连线安装、接地，单体调试。

（4）直流分压器：本体及至相邻设备的连线安装、接地，单体调试。

（5）直流噪声滤波电抗器：本体及至相邻设备的连线安装、接地，单体调试。

（6）直流电容器：本体及至相邻设备的连线安装、接地，单体调试。

（7）直流噪声滤波电容器塔：本体及至相邻设备的连线安装、接地，单体调试。

（8）直流噪声滤波电容器：本体及至相邻设备的连线安装、接地，单体调试。

（9）直流断路器装置：本体及至相邻设备的连线安装、接地，单体调试。

（10）平波电抗器（油浸式）：本体安装，油过滤，汇控箱（端子箱）安装，引下线安装、接地，单体调试。

（11）平波电抗器（干式）：本体安装，高压直流穿墙套管安装，支柱绝缘子安装，设备连线安装、接地，单体调试。

（12）直流滤波电容器塔：电容器塔本体及至相邻设备连线的安装，引下线安装，围栏内全部设备、支柱绝缘子、管型母线、设备连线的安装，以及铁构件的安装、接地。

5. 直流接地极安装

（1）接地监测井：接地监测井施工。

（2）渗水井：渗水井施工。

（3）接地极极环及电缆安装：接地极极环安装、导流及配电电缆敷设、电缆头制作、焦炭填埋、热熔焊接，单体调试。

6. 阀冷却系统安装

（1）闭式蒸发型冷却塔：本体就位安装。

（2）喷淋冷却水系统：包括各类泵类、过滤器、加药装置、去离子装置、水箱、膨胀灌、电气动力及控制柜等的安装。

（3）不锈钢管道：包括管道及管件安装、阀门及补偿器（伸缩节）安装、冲洗与水压试验等工作内容。定额综合了管道直径、压力，使用定额时不作调整。

二、工程量计算规则

（1）换流变压器备用相安装按同电压同容量换流变压器定额乘以系数 0.9。

（2）330kV 交流噪声滤波电容器（塔）按 500kV 交流噪声滤波电容器（塔）定额乘以系数 0.85。330kV 交流滤波电容器塔按 500kV 交流滤波电容器塔定额乘以系数 0.9。

（3）直流配电装置。

1）设备安装中已包括汇控箱（端子箱）的安装。

2）直流断路器如为四断口，按相应定额乘以系数 1.6。

3）干式平波电抗器定额按单台编制，如实际为两台叠放乘以 1.25 系数。

4）直流场设备安装在户内时，其人工定额乘以系数 1.30。

（4）直流接地极极环及电缆安装的总长度按极环的直径计算出的周长进行计取。

三、未计价材料

（1）导线、管形母线、带形母线、金具、绝缘子、光缆、光缆槽盒、光缆配件、设备接地引线等。

（2）阀厅内的接地材料和阀本体的冷却管道。

（3）直流接地极施工所用的电缆、馈电棒、混凝土盖板、焦炭、卵石、焊粉、模具。

（4）基础槽钢和铁构件制作中的钢材和镀锌材料费。

四、本章定额未包括工作内容

（1）阀厅内主母线和中性母线的安装，使用时另套现行定额的相应子目。

（2）阀厅空调的安装，使用时另套现行定额的相应子目。

（3）换流变压器回路内的交流避雷器、中性点设备、主母线、中性母线的安装，使用时另套现行定额的相应子目。

（4）本体电缆的安装敷设，使用时另套现行定额的相应子目。

（5）定额中未包括设备支架制作安装，设备支架制作安装另执行第五章相应定额。

（6）换流变压器安装，油浸式平波电抗器安装定额中不包括一次运输的卸车工作量。此部分工作量按大件运输考虑。

（7）直流接地极安装中：

1）为满足焦炭床铺设、导流电缆敷设沟槽开挖的井点降水措施费。

2）接地极极环施工的余土外运。

3）接地极极址的内容，另执行其他相应子目。

（8）二次喷漆。

附录 I　《电力建设工程预算定额（2013 年版）第五册　调试工程》使用说明摘录

第五章　输变电分系统调试

一、工作内容

1. 电力变压器分系统调试

工作内容：①变压器、高低压断路器、隔离开关、接地开关、保护、监控及计量二次回路调试；②测温、冷却、有载调压系统调试；③一次通流、二次升压试验；④控制、保护整组传动试验。

2. 送配电设备分系统调试

工作内容：①断路器、隔离开关、接地开关、保护、监控等二次回路调试；②一次通流、二次升压试验；③控制、保护整组传动试验；④保护通道联调试验。

3. 母线分系统调试

工作内容：①母线系统二次回路调试；②保护、信号动作试验；③绝缘监察装置试验。

4. 变电站故障录波分系统调试

工作内容：①电压、电流、信号二次回路调试；②与故障信息子站联调。

5. 变电站 PMU 同步相量分系统调试

工作内容：①二次回路调试；②PMU 系统集成及联调；③有关功能和性能测试；④与省调及网调联调。

6. 变电站同期分系统调试

工作内容：①同期电压二次回路调试；②同期系统与计算机监控系统联调；③有关参数征订；④模拟动作试验。

7. 变电站直流电源分系统调试

工作内容：①充电屏、馈线屏、直流电源二次回路调试；②充电装置有关参数整定、性能校验；③试运行。

8. 变电站事故照明分系统调试

工作内容：①照明系统二次回路检查及切换试验；② 试运行。

9. 不停电电源分系统调试

工作内容：①不停电电源二次回路调试；②切换功能试验；③有关功能和性能测试；④试运行。

10. 站用电切换及备用自投系统调试

工作内容：①二次回路检查；②一次通流、二次升压试验；③切换功能试验；④试运行。

11. 变电站中央信号分系统调试

工作内容：①二次回路调试；②报警功能校验；③自动打印系统的计算机软、硬件调试和打印显示回路调试；④试运行。

12. 安全稳定分系统调试

工作内容：①电压、电流、信号二次回路调试；②控制、保护整组传动试验；③安稳策略设置及定值整定。

13. 变电站微机监控分系统调试

工作内容：①设备检查；②二次回路调试；③遥信、遥控、遥测功能试验；④间隔层和站级层网络设备调试及两者联调；⑤全站系统和间隔层闭锁逻辑调试和验证；⑥监控系统与继电保护系统、电量计费系统、直流系统、站用电系统、AVQC 系统、UPS 系统、GPS 系统、后台计算机系统、同期系统的接口调试；⑦监控系统与各级调度中心信息联调。

14. 变电站五防分系统调试

工作内容：①二次回路调试；②电气闭锁、系统闭锁调试。

15. 变电站时间同步分系统调试

工作内容：①二次回路调试；②主钟与从钟通信检查；③时间同步系统对时精度检查；④保护、测控等装置的对时检查。

16. 变电站保护故障信息子（分）站分系统调试

工作内容：①二次回路调试；②保护、录波器介入调试，与网络存储器介入调试，录波管理、定值管理、告警管理等功能调试；③与保护故障信息主站、分站信息联调。

17. 保护故障信息主站分系统调试

工作内容：①系统平台、系统管理、系统软件等功能检查；②系统实时性、系统标准符合性，外部网络通信检查；③系统互联接口、安全性措施及系统性能等指标检查；④系统单机单网测试。

18. 电网调度自动化分系统调试

工作内容：①信息表核查，系统管理功能核查，系统数据库核查，SCADA、电网分析、系统 WEB、PMU 功能核查，系统实时性、系统标准符合性检查，外部网络通信核查；②系统通信规约试验，系统与变电站联调，系统与上下级联调；③系统与外部的数据交换调试。

19. AVQC 无功补偿分系统调试

工作内容：①设备检查；②二次回路调试，无功调节开环、闭环调节功能调试；③无功调节策略设置及定值整定。

20. 二次系统安全防护分系统调试

工作内容：①各二次系统安全防护措施核查，各二次系统安全防护管理核查；②各二次系统网络结构试验，安全防护系统告警接入试验。

21. 信息安全测评分系统（等级保护测评）调试

工作内容：①信息安全测评系统物理安全、网络安全测评，操作系统测评，数据库测评，应用软件测评，信息安全管理测评；②信息安全建议，信息安全风险评估。

22. 网络报文监视系统调试

工作内容：①网络报文检查；②相关规约检查；③与后台系统信息联调。

23. 智能辅助系统调试

工作内容：①信号、控制等功能调试；②后台应用功能调试；③各系统间联动调试；④与其他系统接口调试。

24. 状态检测系统调试

工作内容：①元件检查；②与后台系统信息联调；③与一体化信息平台联调。

25. 交直流电源一体化系统调试

工作内容：①蓄电池系统调试；②直流系统调试；③逆变电源系统调试；④UPS 系统调试；⑤交直流一体化信息采集系统调试；⑥与其他系统联调；⑦试运行。

26. 信息一体化平台调试

工作内容：①与智能辅助系统、状态监测系统、监控系统等子系统的联调；②后台高级应用功能调试；③与调度主站联调。

二、未包括的工作内容

电气系统的特殊试验。

三、工程量计算规则

(1) 电力变压器分系统调试根据图示数量以"系统"为单位计量，已包括了主变压器系统内各侧间隔设备的系统调试工作，不得重复套用送配电设备系统调试定额。

(2) 本节其余项目按定额表格所示单位计量。

四、其他说明

(1) 工作内容所列"二次回路调试"均包括：带整定值继电器的二次通电检查，回路的绝缘耐压试验，系统的绝缘耐压试验，电流、电压回路通电检查试验，计算机监控（ECS、NCS）的联调和整组联动试验、交接验收等。

(2) 电力变压器分系统调试。

1) 本定额按双绕组电力变压器考虑，若为三绕组电力变压器时，定额乘以系数 1.2。

2) 电力变压器高压侧断路器为 3/2 接线方式时，定额乘以系数 1.1。

3) 电力变压器带负荷调整装置时，定额乘以系数 1.2。

4) 电力变压器装有自动灭火保护装置时，定额乘以系数 1.05。

（3）送配电设备分系统调试。

1）400V 供电系统，只适用于直接从母线段输出的带保护的送配电系统。

2）带有电抗器或并联电容器补偿的送配电设备系统，定额乘以系数 1.2。

3）分段间隔或备用进线间隔系统调试，定额乘以系数 0.5。

4）母联和旁路系统调试，套用相同电压等级的送配电设备系统调试定额。

（4）母线分系统调试只适用于装有电压互感器的母线段。

（5）站用电切换及备用自投分系统调试中每套独立切换装置为一个系统，可双向自动切换的系统定额乘系数 1.2。

（6）变电站故障录波分系统调试为变电站公用的故障录波器系统调试，保护等系统的故障记录仪调试已包括在各系统的调试定额中，不得重复套用。

（7）变电站微机监控分系统调试：①升压站调试定额乘以系数 0.8；②扩建变压器时，定额乘以系数 0.3；③扩建进出线间隔时，定额按同电压等级定额乘以系数 0.1。

（8）变电站五防分系统调试在扩建间隔时，每间隔按同电压等级定额乘以系数 0.1。

（9）AVQC 无功补偿分系统调试中，AVQC 无功补偿系统是指独立配置的系统。

第六章　输变电整套启动调试

一、工作内容

1. 变电站（升压站）试运

工作内容：①受电前准备工作，启动方案编制；②受电时一、二次回路定相、核相；③电流、电压测量；④保护带负荷测试、合环或同期试验；⑤主设备冲击合闸试验和受电后检查；⑥试运行。

2. 变电站监控系统调试

工作内容：①监控系统性能测试；②各分系统信号、接口校验；③逻辑闭锁功能校验；④安全稳定试验。

3. 电网调度自动化系统调试

工作内容：①系统带负荷功能检验；②系统互联接口、实时性试验；③性能指标试验；④系统单机单网试验。

4. 二次系统安全防护调试

工作内容：①各系统运行稳定性试验；②二次系统边界安全核查。

5. 500kV 变电站（升压站）试运专项测量

（1）隔离开关拉、合空母线。工作内容：①测量母线侧、开关侧暂态电压波形；②检查避雷器的动作情况；③检验一次设备的绝缘是否完好；④检查相关设备保护和自动化系统等二次设备工作是否正常。

（2）投、切空载变压器。工作内容：①测量投、切变压器时的母线侧、主变压器侧暂态电流波形；②测量变压器合闸涌流，检验变压器耐受冲击合闸的能力，检验合闸涌流对变压器保护的影响；③检查变压器开关灭弧性能；④检查相关避雷器的动作情况；⑤检查相关一、二次设备接线是否正确；⑥检验变压器的绝缘是否完好；⑦有关继电保护和自动化系统二次回路带负荷检验。

（3）投、切无功设备。工作内容：①测量投、切无功补偿装置时的母线侧、无功补偿装置侧暂态电压及暂态电流波形；②测量无功补偿装置合闸涌流，检验无功补偿装置耐受冲击合闸的能力，检验合闸涌流对无功补偿装置保护的影响；③检查无功补偿装置开关灭弧性能，检查开关分闸时有无重燃；④检查相关避雷器的动作情况；⑤检查相关一、二次设备接线是否正确；⑥检验一次设备的绝缘是否完好；⑦有关继电保护和自动化系统二次回路带负荷检验。

（4）投、切线路。工作内容：①测量投、切线路时的母线侧、线路侧暂态电压及暂态电流波形；②测量线路投切时的合闸涌流和暂态过电压；③检查线路开关灭弧性能，检查开关分闸时有无重燃；④检查相关避雷器的动作情况；⑤检查相关一、二次设备接线是否正确；⑥检验一次设备的绝缘是否完好；⑦有关继电保护和自动化装置二次回路带负荷检验。

（5）谐波测试。工作内容：①变电站（升压站）各侧谐波测量；②变电站（升压站）试运时，各专项试验的谐波变化测量。

6．1000kV变电站（升压站）试运专项测量

（1）投、切空载变压器。工作内容：①测量投、切变压器时的母线侧、主变压器侧暂态电压及暂态电流波形；②测量变压器合闸涌流，检验变压器耐受冲击合闸的能力，检验合闸涌流对变压器保护的影响；③检查变压器开关灭弧性能；④检查相关避雷器的动作情况；⑤检查相关一、二次设备接线是否正确；⑥检验变压器的绝缘是否完好；⑦有关继电保护和自动化系统二次回路带负荷检验。

（2）投、切特高压电抗设备。工作内容：①过电压测量；②保护、监测、稳控电压、电流二次回路检查。

（3）投、切无功设备。工作内容：①测量投、切无功补偿装置时的母线侧、无功补偿装置侧暂态电压及暂态电流波形；②测量无功补偿装置合闸涌流，检验无功补偿装置耐受冲击合闸的能力，检验合闸涌流对无功补偿装置保护的影响；③检查无功补偿装置开关灭弧性能，检查开关分闸时有无重燃；④检查相关避雷器的动作情况；⑤检查相关一、二次设备接线是否正确；⑥检验一次设备的绝缘是否完好；⑦有关继电保护和自动化系统二次回路带负荷检验。

（4）投、切线路（含串补设备）。工作内容：①测量投、切线路时的母线侧、线路侧暂态电压及暂态电流波形；②测量线路投切时的合闸涌流和暂态过电压；③检查线路开关灭弧性能，检查开关分闸时有无重燃；④检查相关避雷器的动作情况；⑤检查相关一、二次设备接线是否正确；⑥检验一次设备的绝缘是否完好；⑦有关继电保护和自动化系统二次回路带负荷检验。

（5）谐波测试。工作内容：①变电站（升压站）各侧谐波测量；②变电站（升压站）试运时，各专项试验的谐波变化测量。

7．输电线路试运

工作内容：①受电前检查；②线路参数测量；③受电时一、二次回路定相、核相；④电流、电压、测量、保护、合环、同期回路检查；⑤冲击合闸试验；⑥试运行。

二、未包括工作内容

未包括特殊试验。

三、工程量计算规则

本节所有项目按定额表格所示单位计量。

四、其他说明

（1）变电站（升压站）试运、变电站监控系统调试：

1）定额按一期工程配置一台变压器考虑（不分双绕组或三绕组）。凡增加变压器时，增加的变压器每台定额乘以系数 0.2。

2）带线路高抗时，定额乘以系数 1.1。

3）扩建变压器时，定额乘以系数 0.5。

4）扩建其他间隔时，按同电压等级定额乘以系数 0.3。

（2）输电线路试运：

1）不包括线路对通信的干扰测试。

2）每条线路长度按 50km 以内考虑。超过 50km 时，每增加 50km 按定额乘以系数 0.2，不足 50km 按 50km 计。

3）同塔架设多回线路时，增加的回路按定额乘以系数 0.7。

第七章　输变电特殊调试项目

一、工作内容

1. 变压器特殊试验

（1）变压器长时间感应耐压试验带局部放电试验。工作内容：现场试验方案的编写、现场试验的实施、现场试验设备的组装与拆卸及试验所需的安全围闭。

（2）变压器交流耐压试验。工作内容：现场试验方案的编写、现场试验的实施、现场试验设备的组装与拆卸及试验所需的安全围闭。

（3）变压器绕组变形试验。工作内容：用频谱法和短路阻抗法进行试验，现场试验方案的编写、现场试验的实施及试验所需的安全围闭。

2. 断路器耐压试验

工作内容：现场试验方案的编写、现场试验的实施、现场试验设备的组装与拆卸及试验所需的安全围闭。

3. 穿墙套管耐压试验

工作内容：现场试验方案的编写、现场试验的实施、现场试验设备的组装与拆卸及试验所需的安全围闭。

4. 金属氧化物避雷器持续运行电压下的持续电流测量

工作内容：现场试验方案的编写、现场试验的实施及试验所需的安全围闭。

5. 支柱绝缘子探伤试验

工作内容：现场试验的实施及试验所需的安全围闭。

6. 耦合电容器局部放电试验

工作内容：现场试验方案的编写、现场试验的实施、现场试验设备的组装与拆卸及试验所需的安全围闭。

7. 互感器局部局放、耐压试验

（1）互感器局部放电试验。工作内容：现场试验方案的编写、现场试验的实施、现场试验设备的组装与拆卸及试验所需的安全围闭。

（2）互感器耐压试验。工作内容：现场试验方案的编写、现场试验的实施、现场试验设备的组装与拆卸及试验所需的安全围闭。

8. GIS（HGIS）耐压、局部放电试验

（1）GIS（HGIS）交流耐压试验。工作内容：现场试验方案的编写、现场试验的实施、现场试验设备的组装与拆卸及试验所需的安全围闭。

（2）GIS（HGIS）局部放电带电检测。工作内容：现场试验方案的编写、现场试验的实施及试验所需的安全围闭。

9. 接地网参数测试

（1）接地网阻抗测试。工作内容：110kV 及以上大型接地网、独立避雷针、铁塔接地阻抗测量，现场试验方案的编写、现场试验的实施及试验所需的安全围闭。

（2）接地引下线及接地网导通测试。工作内容：110kV 及以上大型接地网、接地引下线及接地网连接情况测试，包括现场试验方案的编写、现场试验的实施及试验所需的安全围闭。

10. 远动规约调试

工作内容：①绝缘检查，上电检查；②固定帧长报文，链路层控制，监视方向上的应用功能，监视方向上的系统信息，控制方向上的系统信息，控制方向上的过程信息，遥信质量码，遥测质量码，一般规则，错误报文处理，错误控制，测试过程，启动/停止机制等试验。

11. 电容器在额定电压下冲击合闸试验

工作内容：①测录投切电容器组时的暂态波形；②测量电容器组的合闸涌流；③测量电容器组分暂态过电压；④检查电容器开关灭弧性能，检查电容器开关分闸时有无重燃；⑤检查电容组避雷器的动作情况；⑥检查相关一、二次设备接线是否正确；⑦检验一次设备的绝缘是否完好；⑧校验相关设备保护和自动化系统等二次设备。

12. 绝缘油、气试验

工作内容：①绝缘油取样、介损及体积电阻率试验、水溶性酸值（pH 值）试验、击穿耐压试验、酸值试验、闭口闪点试验、界面张力试验、水分（微水）试验、色谱分析试验、油中含气量试验；②SF_6 气体露点试验及 SF_6 气体定量检漏。

13. 相关表计校验

工作内容：①试验前准备工作；②表计校验；③数据处理，出具报告。

14. 互感器误差测试

工作内容：①外观及标志检查、绝缘试验、绕组极性检查、基本误差测量、稳定性试验、运行变差试验（实验室进行）、磁饱和裕度试验；②现场校验基本误差；③保护用电压互感器 10%误差试验。

15. 电压互感器二次回路压降测试

工作内容：①试验前准备工作；②电压互感器二次回路压降现场测试；③数据处理，出具报告。

16. 计量二次回路阻抗（负载）测试

工作内容：①试验前准备工作；②电压电流互感器二次负荷现场测试；③数据处理，出具报告。

17. 1000kV 系统专项试验

1000kV 系统专项试验包括线路单相人工瞬间接地，线路分、合、分试验，系统动态扰

动，大负荷，避雷器工况监测、变压器零起升流，变压器零起升压，可听噪声测量、电磁环境测量。

（1）线路单相人工瞬间接地。工作内容：①短路电流测量；②潜供电弧能力考核；③单相重合闸的能力考核；④系统各保护的综合考核；⑤操作过电压测量；⑥潜供电流测量；⑦故障下地表电位分布。

（2）线路分、合、分试验。工作内容：①单相分-合-分操作；②两端过电压测量。

（3）系统动态扰动。工作内容：①潮流波动测量；②电压波动测量；③系统抗扰动能力测试。

（4）大负荷。工作内容：①设备承受能力试验；②设备绝缘水平试验；③系统稳定水平试验；④系统各电气量测量；⑤变电站主设备红外线测试。

（5）避雷器工况检测。工作内容：①避雷器的动作电流测量；②避雷器的损耗测量；③避雷器的泄漏电流测量。

（6）变压器零起升流。工作内容：①启动电源；②1000kV侧短路试验；③110kV侧短路试验；④变压器短路电流测量；⑤变压器短路阻抗测量；⑥保护、稳控、测量二次回路电流校核。

（7）变压器零起升压。工作内容：①变压器零起升压试验；②断路器全压带电；③线路全压带电；④电抗器全压带电；⑤电抗器的阻抗测量；⑥变压器空载特性测量；⑦投、切低压无功设备。

（8）可听噪声测量。工作内容：①主设备可听噪声测量；②变电站可听噪声分析测量；③站外可听噪声水平测量；④输电线路可听噪声水平测量。

（9）电磁环境测量。工作内容：①变电站内工频电场测量；②变电站内工频磁场测量；③变电站无线电干扰水平测量；④输电线路工频电场测量；⑤输电线路工频磁场测量；⑥输电线路无线电干扰水平测量。

二、工程量计算规则

（1）变压器试验根据图示数量以"台"为单位计量。500kV以下的变压器是按三相台考虑，500kV及以上的变压器是按单相台考虑。

（2）本节其余项目按定额表格所示单位计量。

三、其他说明

（1）变压器局部放电试验：①单做感应耐压试验定额乘以系数0.5，单做局部放电试验定额乘以系数0.8；②第一台按定额乘以系数1，第二台按定额乘以系数0.8，三台以上按定额乘以系数0.6；③高压电抗器按同电压等级变压器定额乘以0.8。

（2）变压器交流耐压试验：①已包含主变压器中性点耐压试验，单做时定额乘以系数0.1；②第一台乘以系数1，第二台按定额乘以系数0.8，三台以上按定额乘以系数0.6；③高压电抗器按同电压等级变压器定额乘以0.8。

（3）变压器绕组变形试验：①已包含用频谱法和短路阻抗法进行试验，以及试验所需的变压器直流电阻测量；②第一台按定额乘以系数1，第二台按定额乘以系数0.8，三台以上按定额乘以系数0.6；③高压电抗器按同电压等级变压器定额乘以0.8。

（4）断路器耐压试验5台以内按定额乘以系数1，6～10台按定额乘以系数0.9，11～15台按定额乘以系数0.8，16～20台按定额乘以系数0.7，21台以上按定额乘以系数0.6。

（5）穿墙套管耐压试验：①35kV穿墙套管的交流耐压试验套用110kV穿墙套管交流耐压试验定额；②穿墙套管耐压5台以内按定额乘以系数1，6～10台按定额乘以系数0.9，11～15台按定额乘以系数0.8，16～20台按定额乘以系数0.7，21台以上按定额乘以系数0.6。

（6）互感器局部放电、耐压试验：5台以内按定额乘以系数1，6～10台按定额乘以系数0.9，11～15台按定额乘以系数0.8，16～20台按定额乘以系数0.7，21台以上按定额乘以系数0.6。

（7）GIS（HGIS）耐压、局部放电试验：5个间隔以内按定额乘以系数1，6～10个间隔按定额乘以系数0.9，11～15个间隔按定额乘以系数0.8，16～20个间隔按定额乘以系数0.7，21个间隔以上按定额乘以系数0.6。

附录J　《电力建设工程概算定额（2013年版）第四册　调试工程》使用说明摘录

第二章　输　变　电　调　试

一、分系统调试

1. 工作内容

变压器系统、交流供电系统、母线系统、故障录波系统、变电站同步相量系统（PMU）、同期系统、直流电源系统、事故照明及不停电系统、中央信号系统、变电站微机监控及无防系统、保护故障信息系统、电网调度自动化系统、二次系统安全防护系统、信息安全测评系统、网络报文建设系统、智能辅助系统、状态检测系统、交直流电源一体化系统、信息一体化平台系统调试。

2. 工程量计算规则

（1）变压器系统调试以"系统"为计量单位，根据变压器台数计算。

（2）交流供电系统调试以"系统"为计量单位，根据进出线及母联间隔数、分段间隔数、备用间隔数计算。

（3）母线系统以"段"为计量单位，根据装有电压互感器的母线段计算。

（4）本节其余子目均以定额表格所示单位计量。

3. 其他说明

（1）变压器系统调试：①本定额按双绕组电力变压器考虑，若为三绕组电力变压器，定额乘以系数1.2；②电力变压器高压侧断路器为3/2断路器接线方式时，定额乘以系数1.1；③电力变压器带负荷调整装置时，定额乘以系数1.2；④电力变压器装有自动灭火保护装置时，定额乘以系数1.05。

（2）交流供电系统调试：①400V供电系统，只适用于直接从母线输出的带保护送配电系统；②带有电抗器或并联电容器补偿的送配设备系统，定额乘以系数1.2；③分段间隔或备用仅限间隔系统调试，定额乘以系数0.5；④母联和旁路系统调试，套用相同电压等级的送配电设备系统调试定额。

（3）扩建主变压器时，故障录波系统、变电站中央信号系统、变电站微机监控及五防系统、电网调度自动化系统、二次系统安全防护系统、信息安全测评系统等定额乘以系数0.3，其余二次部分调试定额均不计列。

（4）扩建间隔时，中央信号系统、微机监控及五防系统调试定额乘以系数 0.1，其余二次部分调试定额均不计列。

二、整套启动调试

1. 工作内容

（1）变电站试运行、监控及电网调度自动化系统调试包含变电站试运行、变电站监控调试及电网调度自动化接入各电压等级变电站的整套启动调试。

（2）二次安全防护与信息安全测评整套启动调试：二次系统安全防护及信息安全测评（等级保护测评）的调度（主站端）和变电站（子站端）的整套启动调试。

（3）变电站试运专项测量包含 500kV 和 1000kV 变电站的试运专项测量。

（4）输电线路试运行：①受电前检查；②线路参数测量；③受电时一、二次回路定相、核相；④电流、电压、测量、保护、合环、同期回路检查；⑤冲击合闸试验；⑥试运行。

2. 工程量计算规则

（1）输电线路试运以"回"为计量单位，根据线路回数计算。

（2）本节其余项目均以"站"为计量单位。

3. 其他说明

（1）变电站试运行、监控及电网调度自动化系统调试：①定额按一期工程配置一台变压器考虑（不分双绕组或三绕组）。凡增加变压器时，增加的变压器每台定额乘以系数 0.2；②带线路高压并联电抗器时，定额乘以系数 1.1；③扩建变压器时，定额乘以系数 0.5；④扩建其他间隔时，按同电压等级定额乘以系数 0.3。

（2）二次安全防护与信息安全测评整套启动调试已综合所有电压等级变电站。

（3）输电线路试运行：①不包括线路对通信的干扰测试；②每条线路长度按 50km 以内考虑。超过 50km 时，每增加 50km 的定额乘以系数 0.2，不足 50km 按 50km 计；③同塔架设多回路时，增加的回路按定额乘以系数 0.7 计算。

附录 K　某 110kV 变电工程图纸

某 110kV 变电工程图纸见文后插页。

附录 K1　变 电 建 筑 部 分

图纸目录：

附图 K1-1　土建工程总说明

附图 K1-2　变电站总平面图

附图 K1-3　变压器基础图

附图 K1-4　配电装置楼基础布置图

附录 K2　变 电 电 气 部 分

图纸目录：

附图 K2-1　电气主接线图

附图 K2-2　电气总平面布置图

参 考 文 献

[1] 中华人民共和国国家发展和改革委员会. 电网工程建设预算编制与计算规定. 北京：中国电力出版社，2013.

[2] 中国电力企业联合会. 电力建设工程预算定额（2013 年版）. 北京：中国电力出版社，2013.

[3] 中国电力企业联合会. 电力建设工程概算定额（2013 年版）. 北京：中国电力出版社，2013.

[4] 任玉珑. 电力工程概预算原理. 重庆：重庆大学出版社，1995.

[5] 赵建新. 电网建设工程造价专业资格认证考试用书——工程造价管理综合知识分册. 北京：中国电力出版社，2008.

[6] 李志军. 电网建设工程造价专业资格认证考试用书——变电站建筑工程分册. 北京：中国电力出版社，2008.

[7] 国家电网公司基建部. 国家电网公司输变电工程施工工艺示范手册——变电工程分册土建部分. 北京：中国电力出版社，2006.

[8] 国家电网公司基建部. 国家电网公司输变电工程施工工艺示范手册——变电工程分册电气部分. 北京：中国电力出版社，2006.

[9] 中国电力企业联合会建设技术经济咨询中心. 2009 年电网建设工程造价专业资格认证考试大纲及习题集. 北京：中国电力出版社，2009.

[10] 李霜. 电网工程造价实务. 成都：电子科技大学出版社，2013.

[11] 郭玮. 电力工程造价专业资格认证考试与继续教育培训教材——综合知识分册. 中国电力出版社，2014.

[12] 俞敏. 电力工程造价专业资格认证考试与继续教育培训教材——电力建筑工程分册. 中国电力出版社，2014.

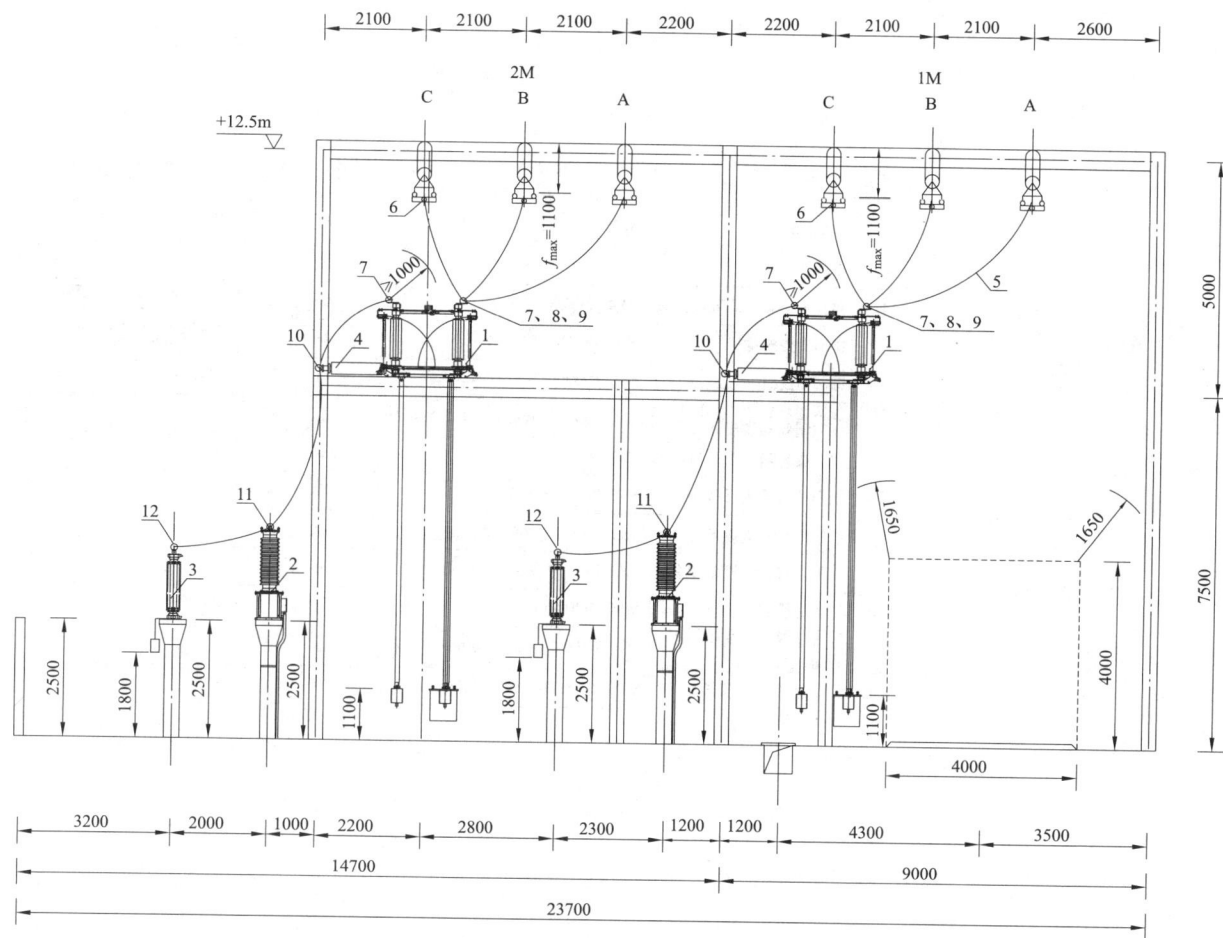

设备材料表

编号	名　称	型 号 及 规 格	单位	数量	备　注
1	双柱水平旋转式隔离开关	GW4-126Ⅱ DW/2500A	组	2	附CJ6B电动操动机构，7.5m高双接地
2	电容式电压互感器	TYD₃110/√3-0.02H	台	6	
3	氧化锌避雷器	YH10WZ1-102/266	台	6	附雷电在线检测仪
4	棒形支柱绝缘子	ZSW-126/4K-3	只	6	上部安装尺寸为4-M12-φ140防污型
5	钢芯铝铰线	LGJ-120/7	m	110	按单根统计
6	液压型双导线T形线夹/压缩型设备线夹	(TYS-2×400/200)/(SY-120/7A)	套	6	
7	压缩型设备线夹	SY-120/7A-100×100	套	8	
8	压缩型设备线夹	SY-120/7B-100×100	套	2	
9	压缩型设备线夹	SY-120/7C-100×100	套	2	
10	软母线固定金具	MDG-4-140	套	6	
11	液压型T形线夹	TY-120/7	套	6	
12	压缩型设备线夹	SY-120/7B-80×80	套	6	

×××设计院			×××110kV输变电　工程　施工 设计 阶段
	批　准	设　计	110kV屋外配电装置母线 设备间隔断面图
	审　定	CAD制图	
	审　核	比　例　　1:100	
专业　会签　日期	校　核	日　期　　2010.04	图　号　　DQ-12

附图 K2-12　110kV屋外配电装置母线设备间隔断面图

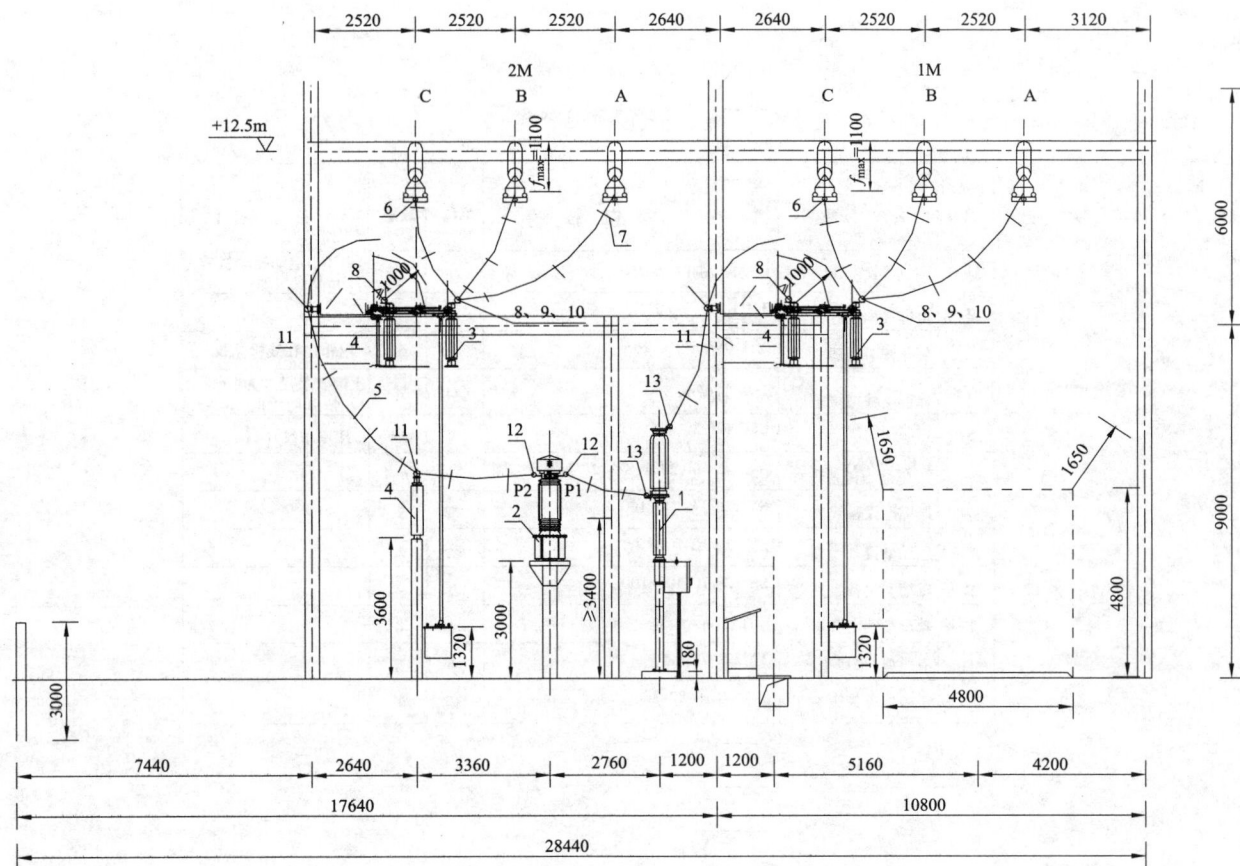

设备材料表

编号	名称	规型号及格	单位	数量	备注
1	SF₆断路器	LW25-126W/3150A, 40kA	台	1	防污型
2	电流互感器	LB7-110W,2×600/5A	台	3	
3	双柱水平旋转式隔离开关	GW4-126DW/2500A	组	2	附CJ6B电动操作机构,7.5m高杆接地
4	棒形支柱绝缘子	ZSW-126/4K-3	只	9	上部安装尺寸为4-M12-φ140防污型
5	钢芯铝铰线	2×(LGJ-400/35)	m	210	按单根统计
6	液压型双导线T形夹/压缩型双导线设备线夹	(TYS-2×400/200)/(SSY-400/35A-200)	套	6	
7	双分裂间隔棒	MRJ-5/200	套	135	
8	压缩型双导线设备线夹	SSY-400/35A-200-100×100	套	8	
9	压缩型双导线设备线夹	SSY-400/35B-200-100×100	套	2	
10	压缩型双导线设备线夹	SSY-400/35C-200-100×100	套	2	
11	双软母线固定金具	MSG-5/200-140	套	9	
12	压缩型双导线铜铝过渡设备线夹	SSYG-400/35A-200-100×100	套	6	
13	压缩型双导线设备线夹	SSY-400/35B-200-140×140	套	6	

×××设 计 院 | ×××110kV输变电 工程 施工 设计阶段

批 准		设 计	
审 定		CAD制图	
审 核		比 例	1:100
专业	会签	日期	校 核		日 期	2010.04	图 号	DQ-11

110kV屋外配电装置母联间隔断面图

附图 K2-11　110kV屋外配电装置母联间隔断面图

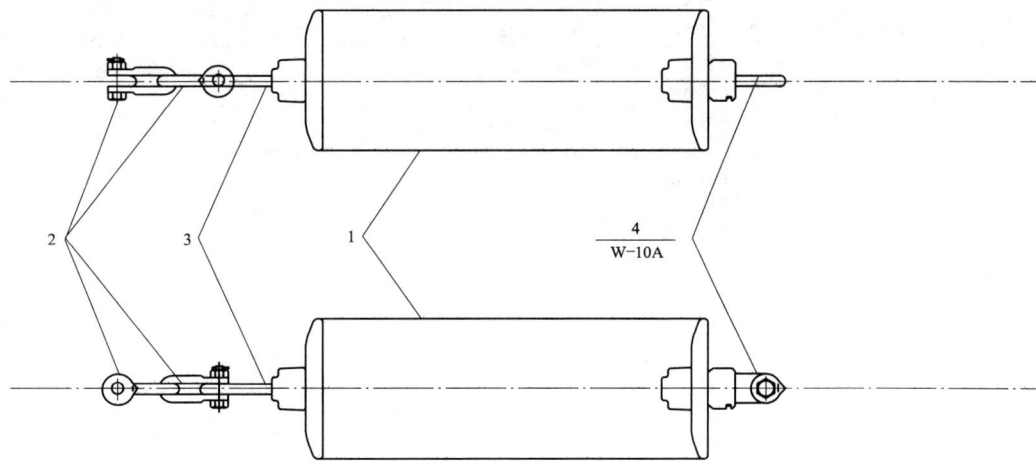

绝缘子与XGU–3(4)型悬垂线夹连接图

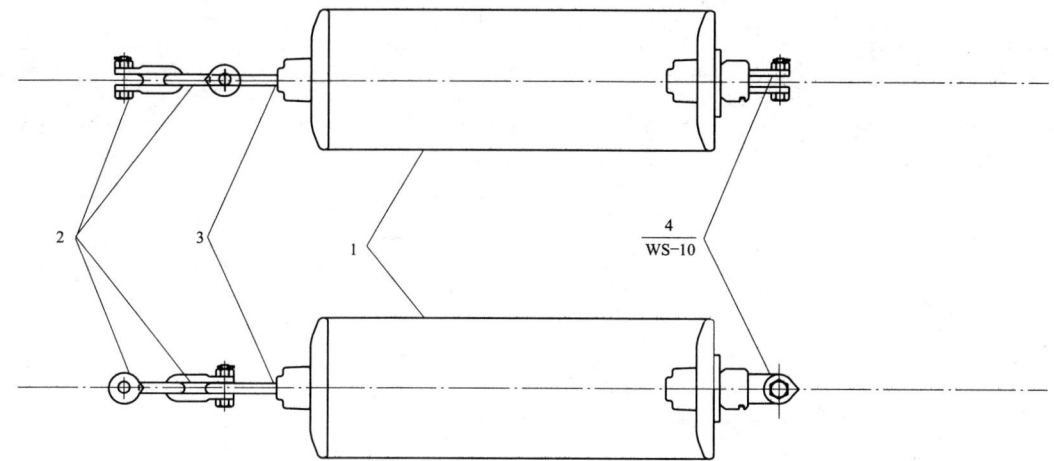

绝缘子与XGU–5A(6A)型悬垂线夹或压接式耐张线夹连接图

序号	名 称	规 格	单位	每件长度 (mm)	每件重量 (kg)	数量
1	绝缘子	8(XWP-100)	支			1
2	U型挂环	U-10	只	85	0.6	2
3	球头挂环	Q-10	只	50	0.30	1
4	碗头挂板	WS-10或W-10A	只	70	0.97	1

×××设计院		×××110kV输变电	工程	施工	设计 阶段
批 准		设 计		110kV单绝缘子与单导线联接组装图	
审 定		CAD制图			
审 核		比 例			
校 核		日 期	2010.04	图 号	DQ-10

附图 K2-10 110kV 单绝缘子与单导线连接组装图

设备材料表

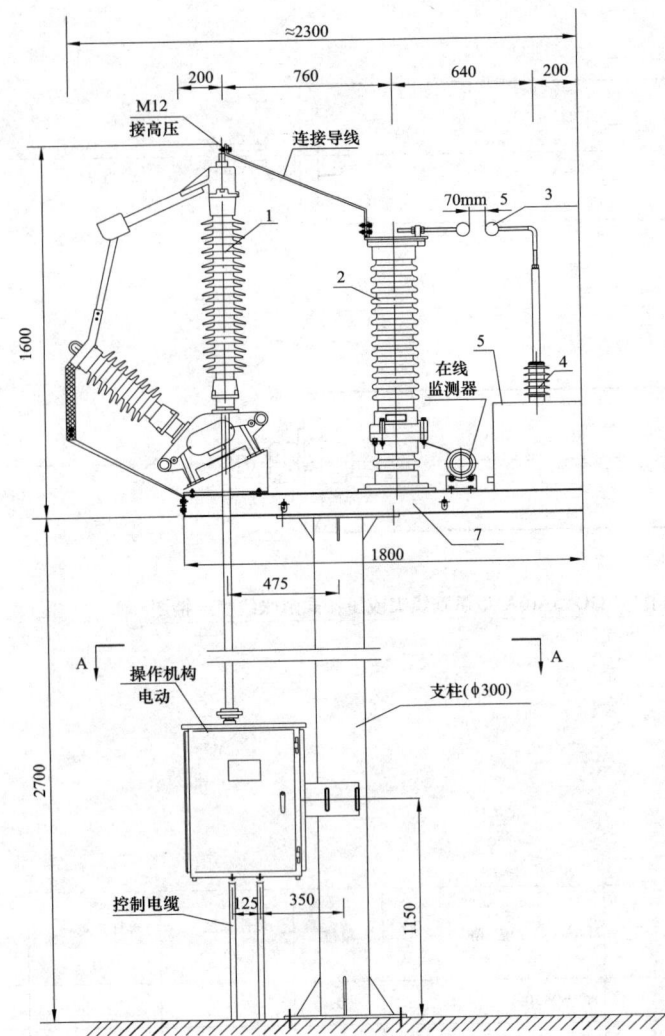

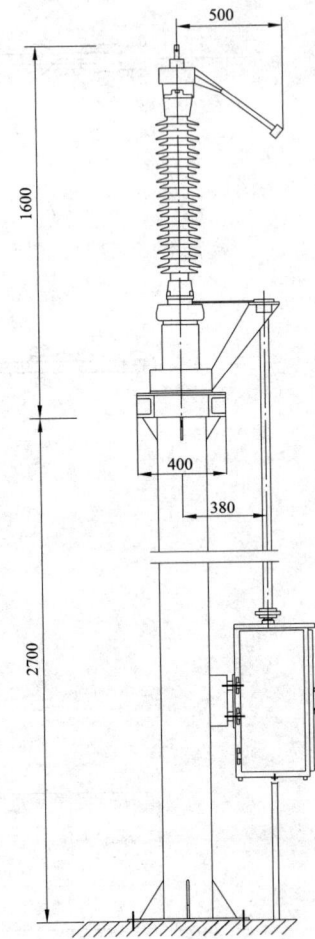

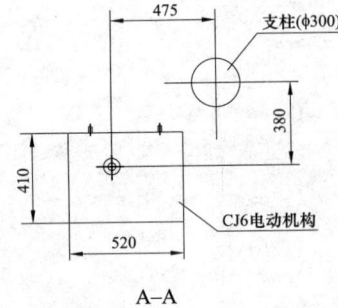

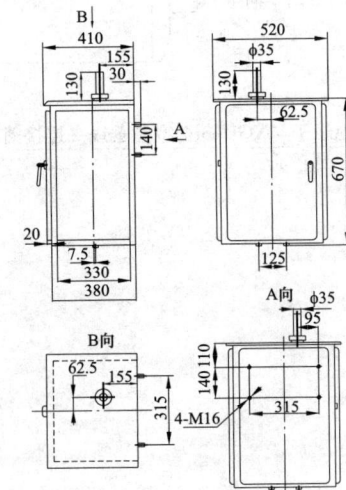

编号	名 称	规 范	单位	数量	备 注
1	隔离开关	GW13-72.5/630A，31.5kA(4s)，80kA	相	1	配CJ6型电动机构
2	避雷器	Y1.5W-72/186	台	1	配在线监测器
3	间隙	φ78球间隙	套	1	
4	小绝缘子		个	1	
5	互感器箱	550mm 400mm 420mm	个	1	
6	电流互感器	LZZBJ9-12，400/5A，5P30/5P30，30VA/30VA	个	1	
7	槽钢底座		套	1	

A–A

电动机构外形图

说明:

(1) 支柱由土建专业准备。水泥支柱顶部焊580mm 400mm钢板。

(2) 操作机构和端子箱的安装现场完成, 其中, 隔离开关与操作机构之间的连接管现场选配。

(3) 设备重量350kg(不包含操作机构的重量), CJ6操作机构的重量为95kg。

×××设计院

×××110kV输变电		工程	施工	设计阶段
批 准				
审 定				
审 核			主变压器110kV中性点成	
校 核			套设备(TJZB-110)安装图	
设 计				
CAD制图				
2010年4月日	比例	1:15	图号	DQ-09

附图 K2-9　主变压器110kV中性点成套设备（TJZB-110）安装图

编号	12	13	14	15	16	17	18	19	20	21	22	23	24	25	26	27	28	29	30	31	32	33	34	35	36
开关柜名称	1号TV	1号主变压器进线	1号分段隔离开关	1号分段开关	3号电容器	出线9	出线10	出线11	出线12	2号TV	2号主变压器进线	2号主变压器进线	4号电容器	3号TV	2号站用柜	出线13	出线14	出线15	出线16	3号分段开关	3号隔离开关	3号主变压器进线	4号TV	5号电容器	6号电容器
型号：KYN36A-12(Z)-	ZCL04BM	ZALL01AB	ZBLL02B	ZBLL05B	ZDLH03AB	ZDLH03B	ZDLH03B	ZDLH03B	ZDLH03B	ZCL04BM	ZALL01AB	ZALL01AB	ZDLH03AB	ZCL04BM	ZDLH03B										
TA变比(A)		2500/5		2500/5	300/5	400/5	400/5	400/5	400/5		2500/5	2500/5	300/5		300/5										

编号	11	10	9	8	7	6	5	4	3	2	1
开关柜名称	2号电容器	1号电容器	出线8	出线7	出线6	出线5	出线4	出线3	出线2	出线1	1号站用柜
型号：KYN36A-12(Z)-	ZDLH03AB	ZDLH03AB	ZDLH03B	ZDLH03B	ZDLH03B	ZDLH03B	ZDLH03B	ZDLH03B	ZDLH03B	ZDLH03B	ZDLH03B
TA变比(A)	300/5	300/5	400/5	400/5	400/5	400/5	400/5	400/5	400/5	400/5	300/5

44	43	42	41	40	39	38	37
出线24	出线23	出线22	出线21	出线20	出线19	出线18	出线17

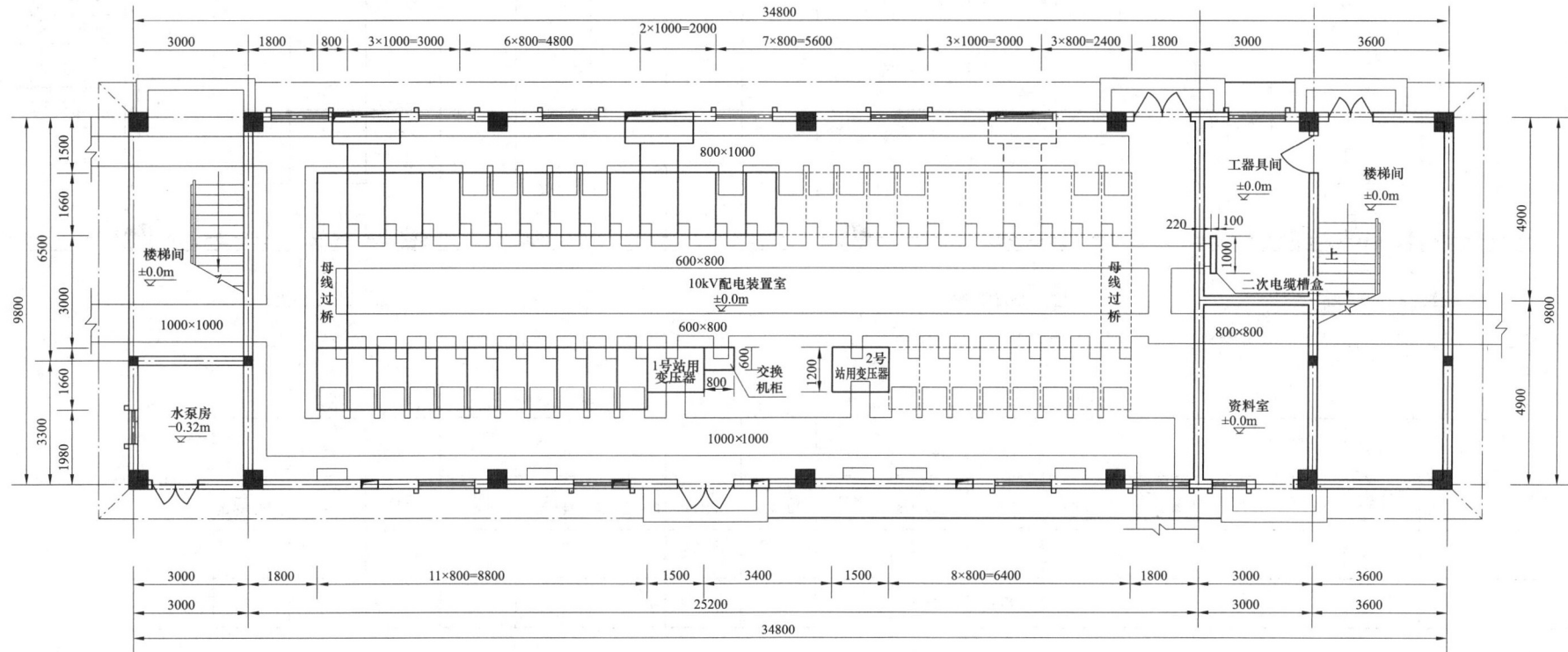

说明：

本工程电气部分分期建成，图中实线部分为本期工程，虚线部分为预留工程。

×××设 计 院		×××110kV输变电		工程	施工	设计阶段
批 准		设 计				
审 定		CAD 制图		10kV配电装置室电气平面布置图		
审 核		比 例	1：100			
专业 会 签 日 期	校 核		日 期	2010.04	图 号	DQ-08

附图 K2－8 10kV 平面布置图

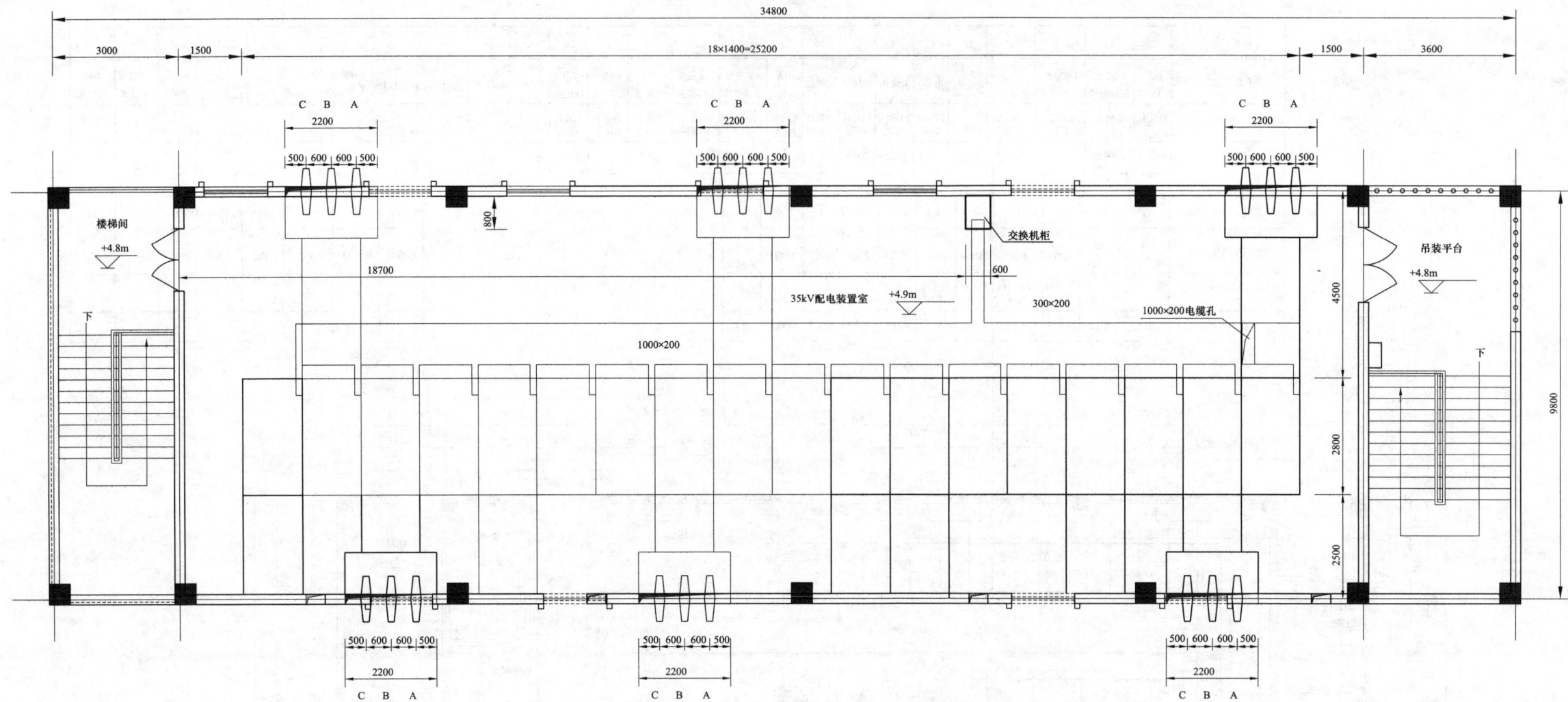

34800

3000 1500 18×1400=25200 1500 3600

C B A 2200
500 600 600 500

C B A 2200
500 600 600 500

C B A 2200
500 600 600 500

楼梯间 +4.8m
下

交换机柜
600

35kV配电装置室 +4.9m
300×200
1000×200电缆孔
18700
1000×200

吊装平台 +4.8m
下

4500
2800
2500
9800

800

500 600 600 500 2200 C B A

500 600 600 500 2200 C B A

500 600 600 500 2200 C B A

编号	1	2	3	4	5	6	7	8	9	10	11	12	13	14	15	16	17	18
开关柜名称	预留(出线1)	1号主变压器进线	(空柜)预留(出线2)	1号TV	大堡	1号分段隔离开关	1号分段开关	万古	2号主变压器进线	2号TV	预留(出线3)	预留(出线4)	2号分段隔离开关	2号分段开关	预留(出线5)	3号TV	预留(出线6)	3号主变压器进线
型号: AMS-40.5																		
TA变比(A)		1000/5			400/5		1000/5	400/5	1000/5									

说明:
(1) 图中实线部分表示本期工程要上设备,虚线部分表示预留。
(2) 出线2的开关柜为空柜,本期只安装柜内主母线。

×××设计院				×××110kV输变电	工程	施工	设计阶段
		批 准	设 计				
		审 定	CAD 制图	35kV配电装置室电气平面布置图			
		审 核	比 例	1:100			
专业	会签	日期	校 核	日 期	2010.04	图 号	DQ-07

附图 K2-7 35kV平面布置图

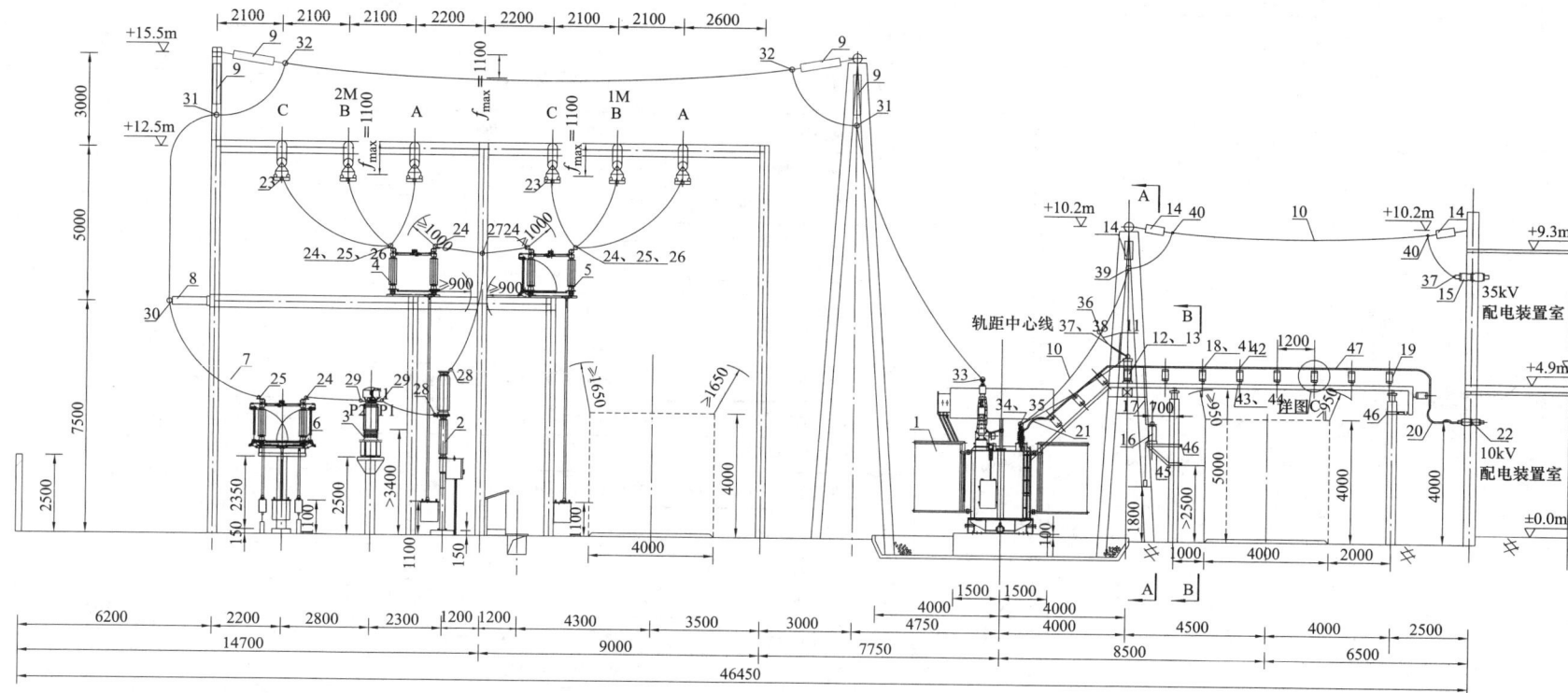

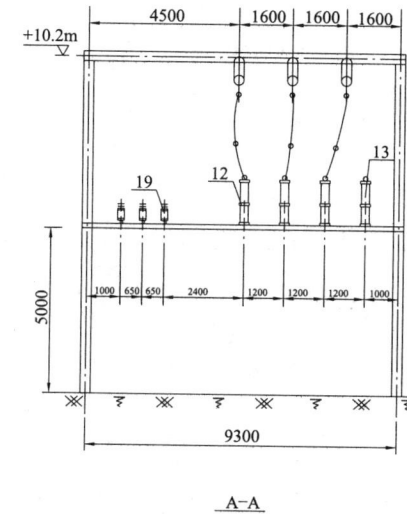

编号	名 称	型号及规格	单位	数量	备注	编号	名 称	型号及规格	单位	数量	备注	编号	名 称	型号及规格	单位	数量	备注	编号	名 称	型号及规格	单位	数量	备注
1	主变压器	SSZ10-40000/110	台	1		16	氧化锌避雷器	YH5WZ-17/45	台	3	附自动放电计数器	31	悬垂线夹	XGU-5A	套	6		46	热镀锌抱箍	φ300-100×10	套	3	
2	SF_6断路器	LW25-126W/3150A, 40kA	台	1	防污型	17	热镀锌扁钢	-50×6	m	15		32	液压型耐张线夹	NY-300/25	套	6		47	间隔垫	MJG-04	套	215	
3	电流互感器	LB7-110W,2×300/5A	台	3		18	铜排	2×(TMY-125×10)	m	170	长度按单片统计	33	压缩型铜铝过渡设备线夹	SYG-300/25B-80×80	套	3		48	U型挂环	U-10	套	42	
4	双柱水平旋转式隔离开关	GW4-126W/2500A	组		附CJ6B电动操动机构，7.5m高不接地	19	支柱绝缘子	ZSW-24/16	只	65		34	压缩型铜铝过渡设备线夹	SYG-630/55B-100×100	套	3		49	球头挂环	QP-10	套	21	
5	双柱水平旋转式隔离开关	GW4-126DW/2500A	组		附CJ6B电动操动机构，7.5m高右接地	20	全铜母线伸缩节	MST-125×10 (设备与母线连接)	套	6		35	压缩型铜铝过渡设备线夹	SYG-630/55B-63×63	套	1		50	碗头挂板	WS-10	套	21	
6	双柱水平旋转式隔离开关	GW4-126ⅡDW/2500A	组		附CJ6B电动操动机构，2.5m高双接地	21	全铜母线伸缩节	MST-160×10 (设备与母线连接)	套	6		36	液压型T形线夹/压缩型设备线夹	(TY-630/55)/(SY-120/7A)	套	3		51	热镀锌螺栓	M16×80	套	260	带螺母、垫圈
7	钢芯铝绞线	LGJ-300/25	m	250		22	穿墙套管	CWC-20/3150A	个		另计	37	压缩型设备线夹	SY-630/55B-80×80	套	4							
8	棒形支柱绝缘子	ZSW-126/4K-3	只	3	上部安装尺寸为4-M12-φ140	23	液压型双导线T形线夹	(TYS-2×400/200)/(SY-300/25A)	套	6		38	压缩型设备线夹	SY-120/7B-80×80	套	3							
9	绝缘子串	8(XWP-100); 单片绝缘子泄漏距离≥450mm	串	12	防污型	24	压缩型设备线夹	SY-300/25A-100×100	套	11		39	悬垂线夹	XGU-6A	套	3							
10	钢芯铝绞线	LGJ-630/55	m	90		25	压缩型设备线夹	SY-300/25B-100×100	套	5		40	液压型耐张线夹	NY-600/55	套	6							
11	钢芯铝绞线	LGJ-120/7	m	15		26	压缩型设备线夹	SY-300/25C-100×100	套	2		41	热镀套及其附件	配2(TMY-125×10)	m	170							
12	氧化锌避雷器	YH5WZ-51/134	台	3	附雷电在线监测仪	27	液压型T形线夹	TY-300/25	套	3		42	矩形母线固定金具	MWP-204	套	65							
13	氧化锌避雷器	YH1.5W-33/85	台	3	附雷电在线监测仪	28	压缩型设备线夹	SY-300/25B-140×140	套	6		43	热镀锌垫板	-10×230×230	块	65							
14	绝缘子串	4(XWP-100); 单片绝缘子泄漏距离≥450mm	串	9	防污型	29	压缩型铜铝过渡设备线夹	SYG-300/25A-100×100	套	3		44	热镀锌槽钢	[10×1600	根	22							
15	穿墙套管	CWWL-35/1000-3	只		另计	30	软母线固定金具	MDG-5-140	套	3		45	热镀锌角钢	L63×63×6	m	10							

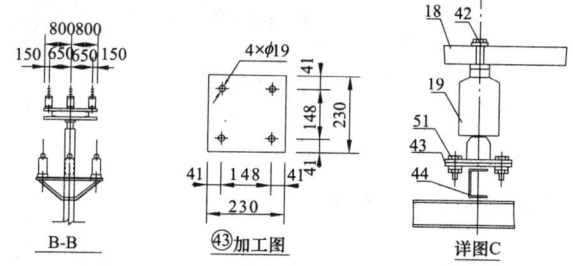

设备材料表

×××设计院　×××110kV输变电　工程　施工　设计　阶段
批准　设计
审定　CAD制图
审核　比例 1:100
专业　会签　日期　校核　日期 2010.4　图号 DQ-06
110kV屋外配电装置主变进线间隔断面图

附图 K2-6　110kV屋外配电装置主变压器进线间隔断面图

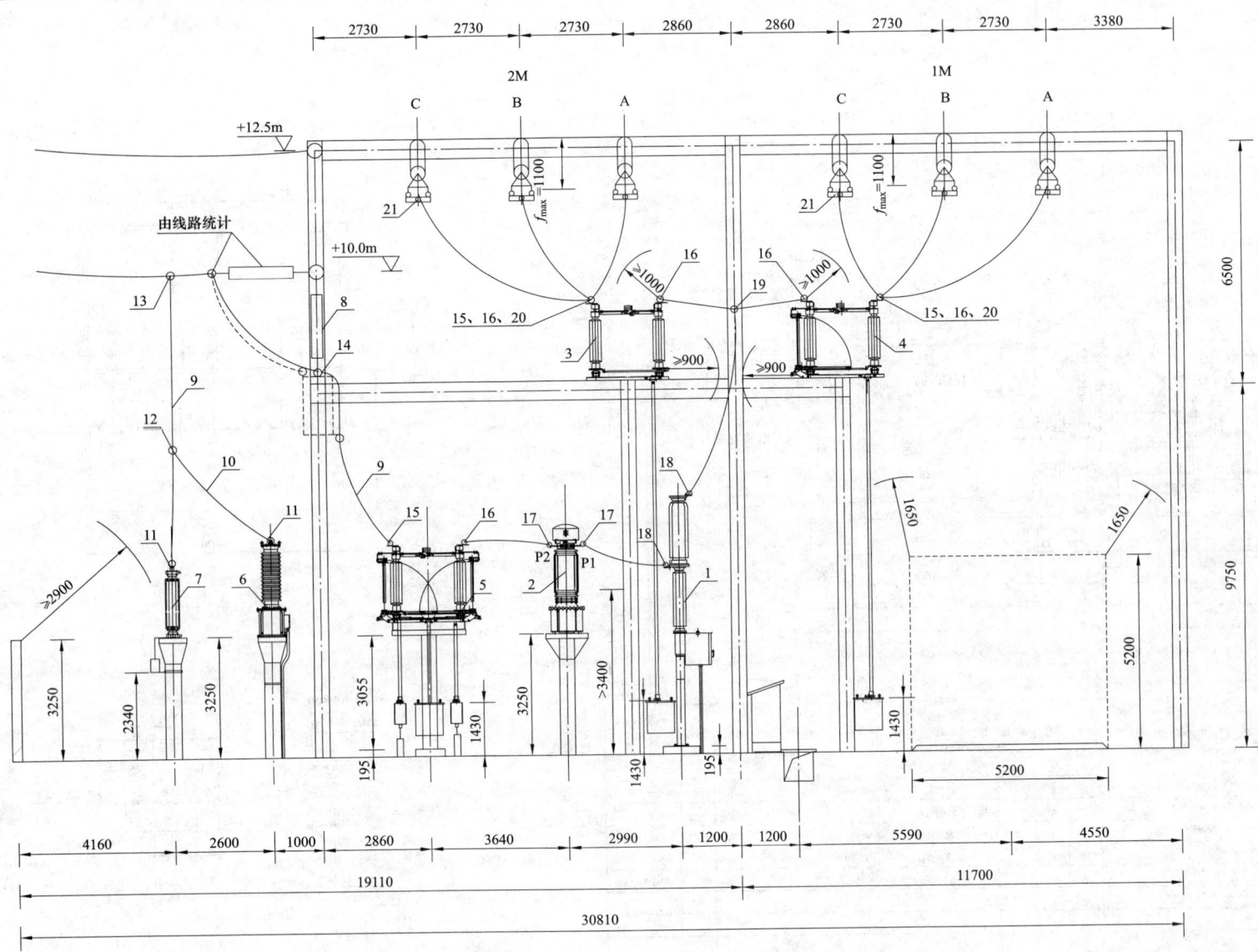

附图 K2-5 110kV屋外配电装置出线间隔断面图

设备材料表

编号	名　　　称	型 号 及 规 格	单位	数量	备　　　注
1	SF₆断路器	LW25-126W/3150A，40kA	台	1	防污型
2	电流互感器	LB7-110W,2×600/5A	台	3	
3	双柱水平旋转式隔离开关	GW4-126W/2500A	组	1	附CJ6B电动操动机构，7.5m高不接地
4	双柱水平旋转式隔离开关	GW4-126DW/2500A	组	1	附CJ6B电动操动机构，7.5m高右接地
5	双柱水平旋转式隔离开关	GW4-126ⅡDW/2500A	组	1	附CJ6B电动操动机构，2.5m高双接地
6	电容式电压互感器	TYD₂ 110/√3-0.01H	台	1	装于A相
7	氧化锌避雷器	YH10WZ1-102/266	台	3	附雷电在线检测仪
8	绝缘子串	8(XWP-100)；单片绝缘子泄漏距离>450mm	串	3	防污型
9	钢芯铝铰线	LGJ-300/25	m	130	
10	钢芯铝铰线	LGJ-120/7	m	30	
11	压缩型设备线夹	SY-120/7B-80×80	套	4	
12	液压型T形线夹	TY-120/7	套	1	
13	液压型T形线夹/压缩型设备线夹	(TY-300/25)/(SY-120/7A)	套	1	
14	悬垂线夹	XGU-5A	套	3	
15	压缩型设备线夹	SY-300/25B-100×100	套	5	
16	压缩型设备线夹	SY-300/25A-100×100	套	11	
17	压缩型铜铝过渡设备线夹	SYG-300/25A-100×100	套	6	
18	压缩型设备线夹	SY-300/25B-140×140	套	6	
19	液压型T形夹	TY-300/25	套	3	
20	压缩型设备线夹	SY-300/25C-100×100	套	2	
21	液压型双导线T形线夹/压缩型设备线夹	(TYS-2×400/200)/(SY-300/25A)	套	6	
22	U型挂环	U-10	套	6	
23	球头挂环	QP-10	套	3	

×××设 计 院			×××110kV输变电　工程	施工	设计阶段
	批　准		设　计		
	审　定		CAD制图	110kV屋外配电装置出线间隔断面图	
	审　核		比　例	1:100	
专业	会签	日期	校　核	日　期	2010.04	图　号	DQ-05

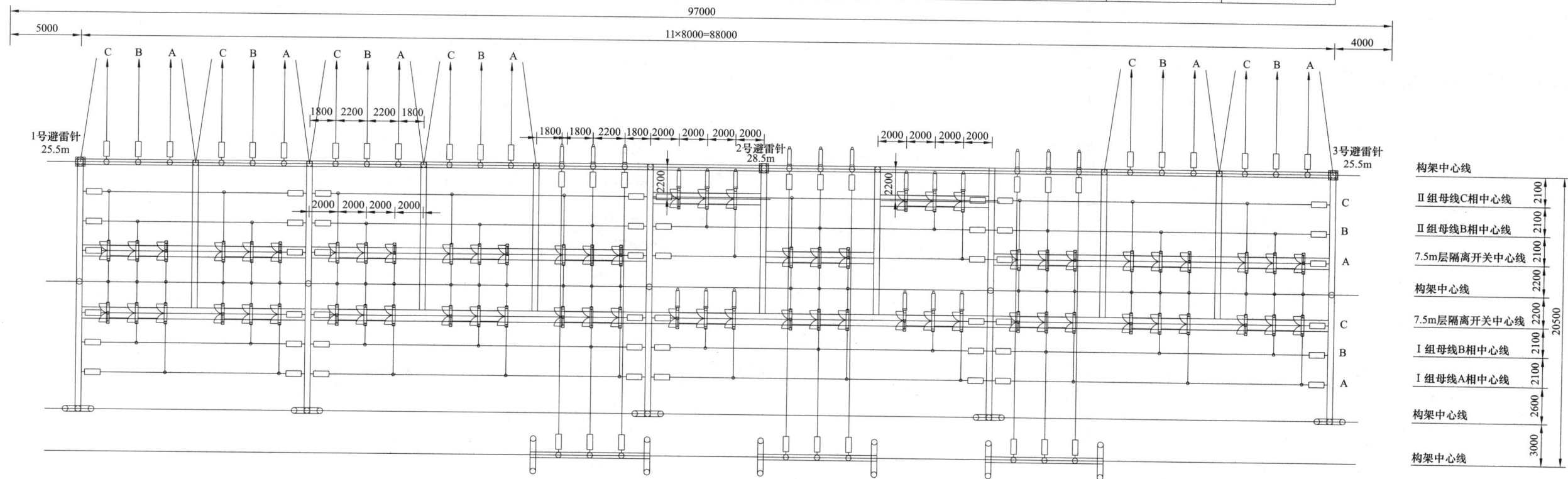

1	2	3	4	5	6	7	8	9	10	11
预留（出线1）	预留（出线2）	八柱1	八柱2	1号主变压器	母线设备	2号主变压器	母联	预留3号主变压器	预留（出线3）	预留（出线4）

说明：本工程电气部分分期建成，图中实线部分为要上电气设备，虚线部分为预留。

附图 K2-4   110kV 屋外配电装置 7.5m 层平面布置图

×××设计院				×××110kV输变电	工程	施工	设计阶段
批准		设计		110kV屋外配电装置7.5m			
审定		CAD 制图		层平面布置图			
审核		比例	1:200				
专业	会签	日期	校核	日期	2010.04	图号	DQ-04

序号	名称	型号及规范	单位	数量	备注	序号	名称	型号及规范	单位	数量	备注
47	压缩型设备线夹	SY-630/55B-80×80	套	8		64	双软母线固定金具	MSG-5/200-140	套	9	
48	压缩型设备线夹	SY-300/25B-140×140	套	24		65	软母线固定金具	MDG-5-140	套	6	
49	压缩型设备线夹	SY-300/25A-100×100	套	44		66	软母线固定金具	MDG-4-140	套	6	
50	压缩型设备线夹	SY-300/25B-100×100	套	20		67	双分裂间隔棒	MRJ-5/200	套	400	
51	压缩型设备线夹	SY-300/25C-100×100	套	8		68	全铜母线伸缩节	MST-125×10（设备与母线连接）	套	12	
52	压缩型设备线夹	SY-120/7A-80×80	套	4		69	全铜母线伸缩节	MST-160×10（设备与母线连接）	套	12	
53	压缩型设备线夹	SY-120/7B-80×80	套	20		70	矩形母线固定金具	MWP-204	套	110	
54	悬垂线夹	XGU-6A	套	6		71	热镀锌安装板	-10×230×230	块	110	
55	悬垂线夹	XGU-5A	套	18		72	热镀锌槽钢	[10×1600	根	36	
56	液压型耐张线夹	NY-600/55	套	12		73	热镀锌角钢	L63×63×6	m	20	
57	液压型耐张线夹	NY-400/35	套	96		74	间隔垫	MJG-04	套	363	
58	液压型耐张线夹	NY-300/25	套	18		75	热镀锌抱箍	φ300-100×10	套	50	
59	U型挂环	U-10	套	204		76	热镀锌抱箍	φ400-100×10	套	30	
60	球头挂环	QP-10	套	102		77	热镀锌扁钢	-50×6	m	30	
61	直角挂板	Z-12	套	96		78	备用线夹及金具		套	70	
62	U型联板	LV-1620	套	48		79	热镀锌螺栓	M16×80	套	260	
63	碗头挂板	WS-10	套	102		80	热镀锌安装钢材		t	13	

×××设 计 院		×××110kV输变电		工程	施工	设计阶段
批 准		设 计		110kV及主变部分设备材料表		
审 定		CAD制图				
审 核		比 例				
校 核		日 期	2010.04	图 号	DQ-03-3	第3页，共3页

附图 K2-3-3　110kV 及主变压器部分设备材料表3

序号	名称	型号及规范	单位	数量	备注
20	户外棒型支柱绝缘子	ZSW-24/16	只	110	防污型,其泄漏比距≥3.1cm/kV
21	钢芯铝绞线	LGJ-630/55	m	170	
22	钢芯铝绞线	2×LGJ-400/35	m	1450	按单根统计
23	钢芯铝绞线	LGJ-300/25	m	900	
24	钢芯铝绞线	LGJ-120/7	m	200	
25	铜排	2×(TMY-125×10)	m	300	按单片统计
26	热缩套及其附件	配2×(TMY-125×10)	m	300	
27	液压型双导线T形线夹/压缩型双导线设备线夹	(TYS-2×400/200)/(SSY-400/35A-200)	套	6	
28	液压型双导线T形线夹/压缩型设备线夹	(TYS-2×400/200)/(SY-300/25A)	套	24	
29	液压型双导线T形线夹/压缩型设备线夹	(TYS-2×400/200)/(SY-120/7A)	套	6	
30	液压型T形线夹/压缩型设备线夹	(TY-630/55)/(SY-120/7A)	套	6	
31	液压型T形线夹/压缩型设备线夹	(TY-300/25)/(SY-120/7A)	套	6	
32	液压型双导线T形线夹	TYS-2×400/200	套	30	用于预留间隔
33	液压型T形线夹	TY-300/25	套	12	
34	液压型T形线夹	TY-120/7	套	8	
35	压缩型双导线铜铝过渡设备线夹	SSYG-400/35A-200-100×100	套	6	
36	压缩型双导线设备线夹	SSY-400/35A-200-100×100	套	8	
37	压缩型双导线设备线夹	SSY-400/35B-200-100×100	套	2	
38	压缩型双导线设备线夹	SSY-400/35C-200-100×100	套	2	
39	压缩型双导线设备线夹	SSY-400/35B-200-140×140	套	6	
40	压缩型双导线设备线夹	SY-120/7A-100×100	套	8	
41	压缩型双导线设备线夹	SY-120/7B-100×100	套	2	
42	压缩型双导线设备线夹	SY-120/7C-100×100	套	2	
43	压缩型铜铝过渡设备线夹	SYG-630/55B-100×100	套	6	
44	压缩型铜铝过渡设备线夹	SYG-630/55B-63×63	套	2	
45	压缩型铜铝过渡设备线夹	SYG-300/25A-100×100	套	24	
46	压缩型铜铝过渡设备线夹	SYG-300/25B-80×80	套	6	

×××设计院		×××110kV输变电	工程	施工	设计阶段
批 准		设 计			
审 定		CAD制图		110kV及主变部分设备材料表	
审 核		比 例			
校 核		日 期	2010.04	图 号	DQ-03-2	第2页,共3页

附图 K2-3-2 110kV及主变压器部分设备材料表2

序号	名称	型号及规范	单位	数量	备注
1	主变压器	SSZ10-40000/110,110±8×1.25%/38.5±2×2.5%/10.5kV,YN,yn0,d11,$U_{k1-2\%}$=10.5,$U_{k1-3\%}$=17.5	台	2	主变压器10kV侧为方便引出主变本体带出线支撑架
		$U_{k2-3\%}$=6.5,40/40/40MVA,附110kV套管TA:其中LRB-110,300~400~600/5A,5P30/5P30			带爬梯、温度计等,各套管均为防污型;套管泄漏比距≥2.5cm/kV
		6只,LR-110,300~400~600/5A,0.5S,3只,110kV中性点套管TA,LRB-66,200~400~600/5A,5P30/5P30,2只			(重庆市亚东亚集团变压器有限公司产品)
2	110kV中性点接地保护装置	TJZB-110,包括:GW13-72.5/630A,31.5kA(4s),80kA,附CJ6电操,隔离开关1相;Y1.5W-72/186避雷器	套	2	防污型,其泄漏比距≥2.5cm/kV
					(西安神电电器有限公司产品)
3	35kV中性点避雷器	1台,附在线监测器;LZZBJ9-12,5P30/5P30,400/5A,45kA(4s),112.5kA,电流互感器2只;φ78放电球间隙1套	台	2	附雷电在线监测仪(重庆市华能氧化锌避雷器有限责任公司产品)
		YH1.5W-33/85			
4	SF₆断路器	LW25-126W/3150A,40kA,40kA(3s),100kA,配弹簧操动机构,控制回路直流电压220V,电机回路	台	5	防污型,其泄漏比距≥2.5cm/kV
		直流电压220V			(西安西电高压开关有限责任公司产品)
5	双柱水平旋转式隔离开关(不接地)	GW4-126W/2500A,40kA(3s),100kA,主刀配CJ6B电动操动机构,电机电压交流380V,控制电压交流220V	组	4	安装高度7.5m,防污型,其泄漏比距≥2.5cm/kV
		主刀配备用辅助触点10开10闭			(西安西电高压开关有限责任公司产品)
6	双柱水平旋转式隔离开关(右接地)	GW4-126DW/2500A,40kA(3s),100kA,主刀配CJ6B电动操动机构,电机电压交流380V,控制电压交流220V	组	6	安装高度7.5m,防污型,其泄漏比距≥2.5cm/kV
		地刀配CS14G手动操动机构,主刀配备用辅助触点10开10闭,地刀配备用辅助触点8开8闭			(西安西电高压开关有限责任公司产品)
7	双柱水平旋转式隔离开关(双接地)	GW4-126ⅡDW/2500A,40kA(3s),100kA,主刀配CJ6B电动操动机构,电机电压交流380V,控制电压交流220V	组	2	安装高度7.5m,防污型,其泄漏比距≥2.5cm/kV
		地刀配CS14G手动操动机构,主刀配备用辅助触点10开10闭,地刀配备用辅助触点8开8闭			(西安西电高压开关有限责任公司产品)
8	双柱水平旋转式隔离开关(双接地)	GW4-126ⅡDW/2500A,40kA(3s),100kA,主刀配CJ6B电动操动机构,电机电压交流380V,控制电压交流220V	组	4	安装高度2.5m,防污型,其泄漏比距≥2.5cm/kV
		地刀配CS14G手动操动机构,主刀配备用辅助触点10开10闭,地刀配备用辅助触点8开8闭			(西安西电高压开关有限责任公司产品)设备基础支架厂家提供
9	油浸式电流互感器	LB7-110W,5P20/5P20/5P20/0.5/0.2S,2×600/5A,31.5kA(3s),80kA,0.5/0.2S级带中间抽头2×300/5A	台	6	防污型,其泄漏比距≥2.5cm/kV(重庆博森电气集团高压电器有限公司产品)
10	油浸式电流互感器	LB7-110W,5P20/5P20/5P20/5P20/0.5,2×600/5A,31.5kA(3s),80kA,0.5级带中间抽头2×300/5A	台	3	防污型,其泄漏比距≥2.5cm/kV(重庆博森电气集团高压电器有限公司产品)
11	油浸式电流互感器	LB7-110W,5P20/5P20/5P20/5P20/0.5/0.2S,2×300/5A,31.5kA(3s),80kA,0.5/0.2S级带中间抽头2×150/5A	台	6	防污型,其泄漏比距≥2.5cm/kV(重庆博森电气集团高压电器有限公司产品)
12	电容式电压互感器	TYD₁110/√3-0.02H,110/√3/0.1/√3/0.1/√3/0.1kV,0.2/0.5/3P,50/100/100VA	台	6	防污型,其泄漏比距≥2.5cm/kV(桂林电力电容器有限公司产品)
13	电容式电压互感器	TYD₁110/√3-0.01H,110/√3/0.1/√3/0.1kV,0.5/3P,100/100VA	台	2	防污型,其泄漏比距≥2.5cm/kV(桂林电力电容器有限公司产品)
14	氧化锌避雷器	YH10WZ1-102/266	台	12	附雷电在线检测仪(宁波市镇海国创高压电器有限公司产品)
15	氧化锌避雷器	YH5WZ-51/134	台	6	附雷电在线检测仪(重庆市华能氧化锌避雷器有限责任公司产品)
16	氧化锌避雷器	YH5WZ-17/45	台	6	附自动放电计数器(重庆市华能氧化锌避雷器有限责任公司产品)
17	绝缘子串	8(XWP-100),单片绝缘子泄漏距离>450mm	串	84	防污型
18	绝缘子串	4(XWP-100),单片绝缘子泄漏距离>450mm	串	18	防污型
19	户外棒型支柱绝缘子	ZSW-126/4K-3,上部安装尺寸为4-Mφ-140	只	21	防污型,其泄漏比距≥2.5cm/kV

×××设计院			×××110kV输变电		工程	施工	设计阶段
	批 准		设 计				
	审 定		CAD制图		110kV及主变部分设备材料表		
	审 核		比 例				
专业	会 签	日期	校 核		日 期	2010.04	图 号 DQ-03-1 第1页,共3页

附图 K2-3-1 110kV及主变压器部分设备材料表1

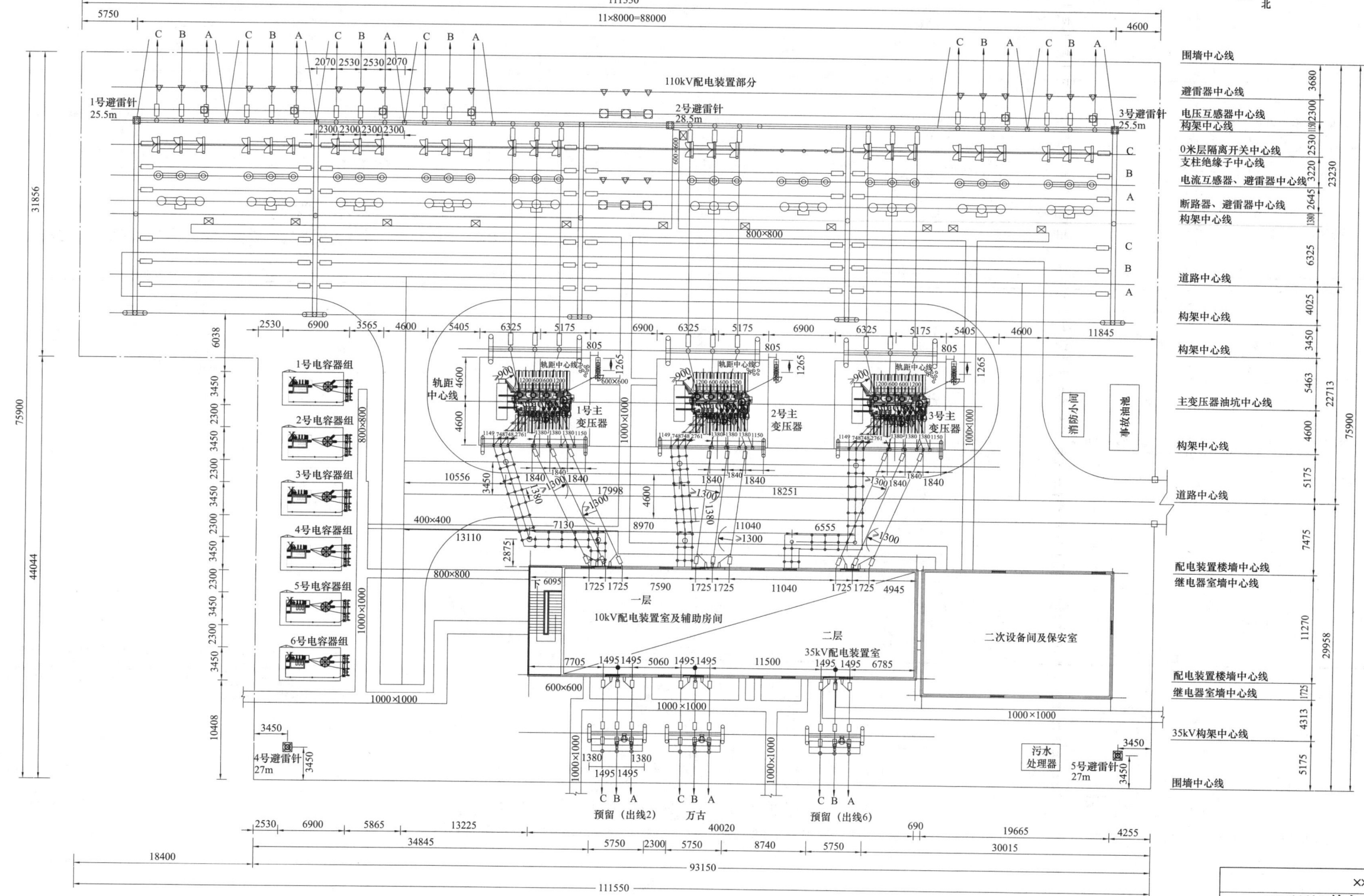

附图 K2-2 电气总平面布置图

说明：本工程电气部分分期建成，图中实线部分为要上电气设备，虚线部分为预留。

1	2	3	4	5	6	7	8	9	10	11
预留(出线1)	预留(出线2)	八柱1	八柱2	1号主变压器	母线设备	2号主变压器	母联	预留3号主变压器	预留(出线3)	预留(出线4)

北

110kV配电装置部分

1号避雷针 25.5m
2号避雷针 28.5m
3号避雷针 25.5m

围墙中心线
避雷器中心线
电压互感器中心线
构架中心线
0米层隔离开关中心线
支柱绝缘子中心线
电流互感器、避雷器中心线
断路器、避雷器中心线
构架中心线

道路中心线

构架中心线
构架中心线

1号电容器组
2号电容器组
3号电容器组
4号电容器组
5号电容器组
6号电容器组

消防小间
事故油池

1号主变压器
2号主变压器
3号主变压器

主变压器油坑中心线
构架中心线

道路中心线

一层
10kV配电装置室及辅助房间

二层
35kV配电装置室

二次设备间及保安室

配电装置楼墙中心线
继电器室墙中心线

4号避雷针 27m

污水处理器
5号避雷针 27m

配电装置楼墙中心线
继电器室墙中心线
35kV构架中心线

预留(出线2) 万古 预留(出线6)

围墙中心线

×××设计院
×××110kV输变电 工程 施工 设计阶段

批 准	
审 定	
审 核	
校 核	
设 计	
CAD制图	

电气总平面布置图

| 专业 | 会签 | 日期 | 2010年3月8日 | 比例 | 1：200 | 图号 | DQ-02 |

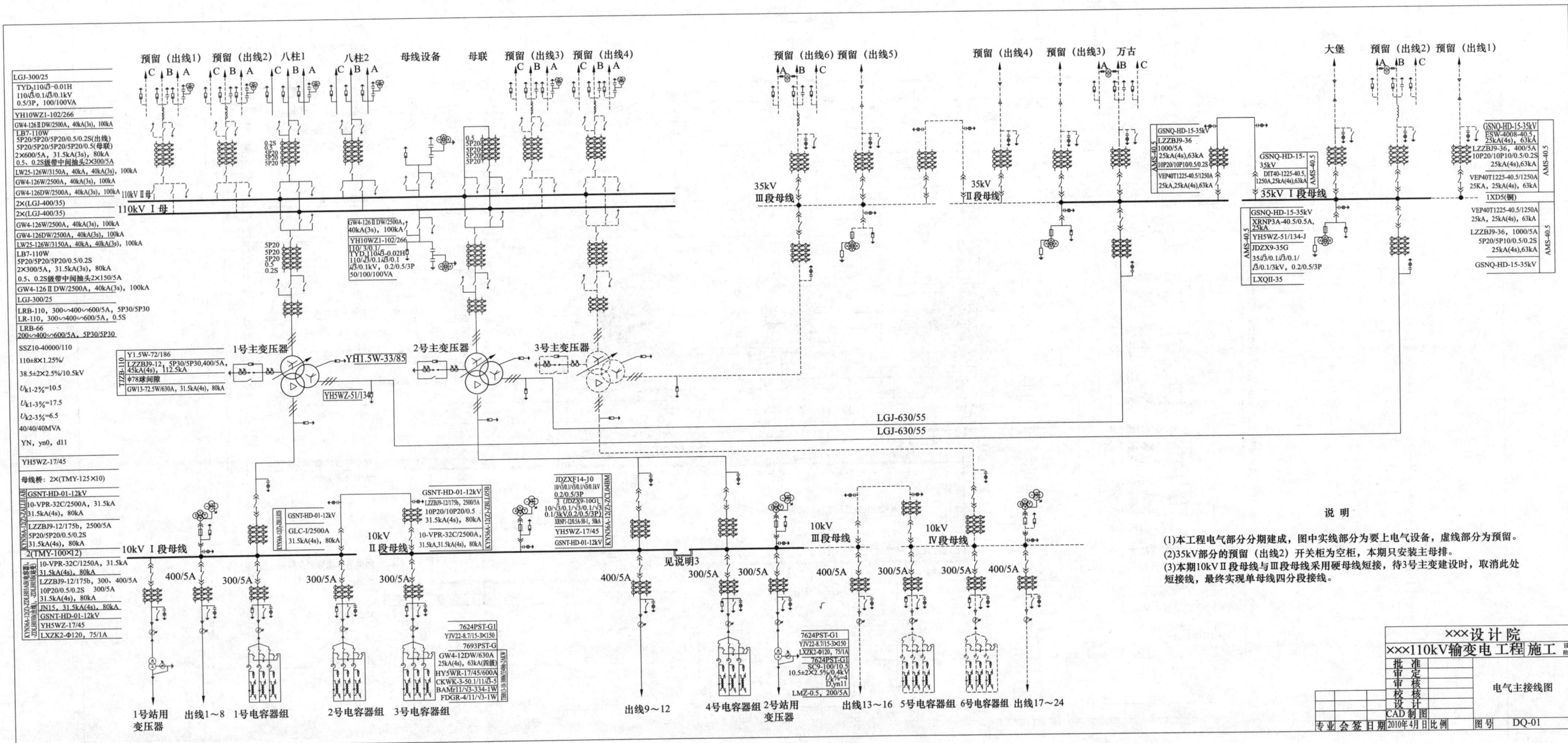

附图 K2-1 电气主接线图

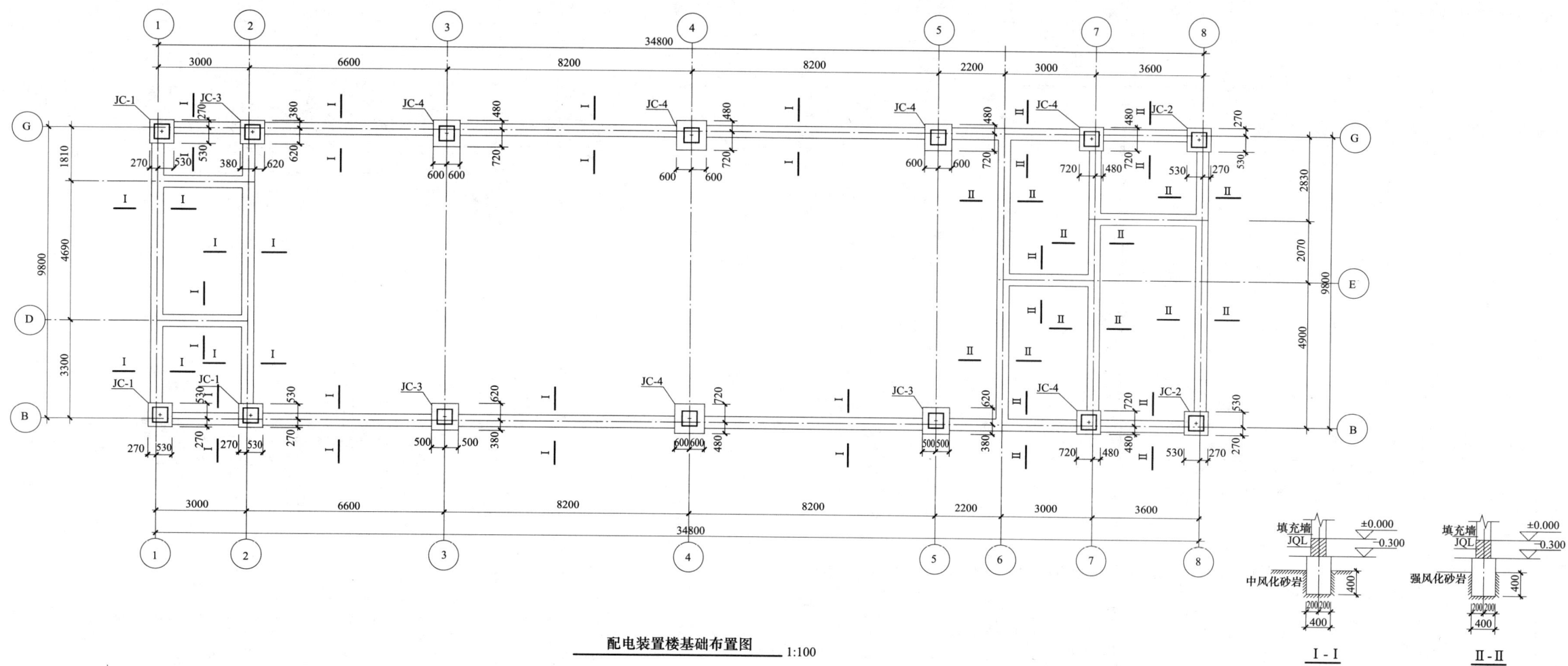

配电装置楼基础布置图 1:100

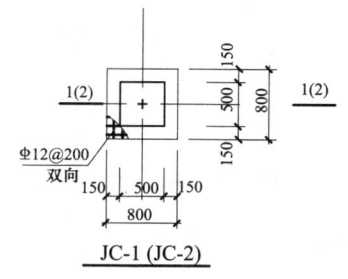

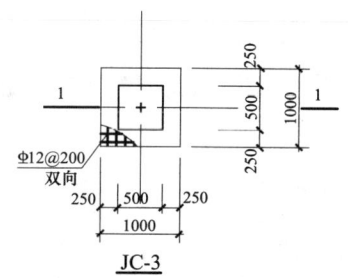

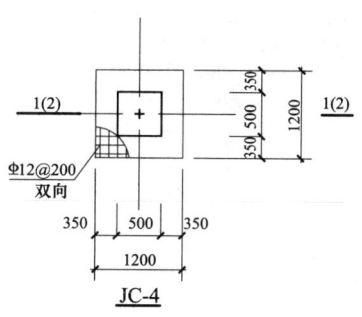

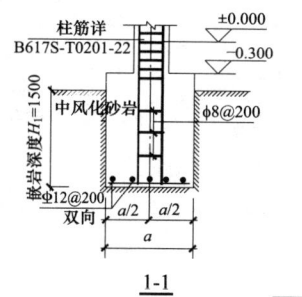

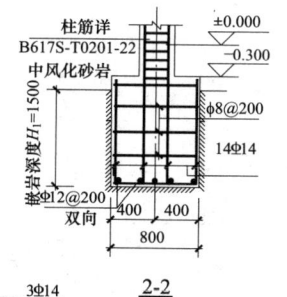

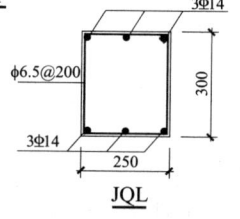

I - I

II - II

JC-1 (JC-2)

JC-3

JC-4

1-1

2-2

JQL

说明:

(1)本工程《×××110kV变电站岩土工程勘察报告》由×××设计院提供。基础持力层为中风化砂岩,承载力特征值按2500kPa设计,基槽开挖后应通知设计人员到现场验槽,并立即做100厚C20混凝土垫层封闭。

(2)基础材料:C25混凝土,钢筋采用HPB235级(φ)级及HRB335级(Φ),主筋保护层厚度为独立柱基及条基40;底板,梁30。局部持力层经设计同意超深基础可采用C15毛石混凝土换填。

(3)基槽开挖施工时不得采用大开挖或爆破方式,应采用震动小的施工方式,防止破坏持力层。

(4)电气接地极及接地带应远离柱基。

(5)柱筋伸至基坑底部锚固。

(6)未说明之处一律按现行施工及验收规范执行。

×××设计院			×××110kV输变电	工程	施工	设计阶段
批 准		设 计				
审 定		CAD制图	配电装置楼基础布置图			
审 核		比 例				
专业	会签	日期	校 核		日 期	2010.4	图 号	TJ-03

附图 K1－4 配电装置楼基础布置图

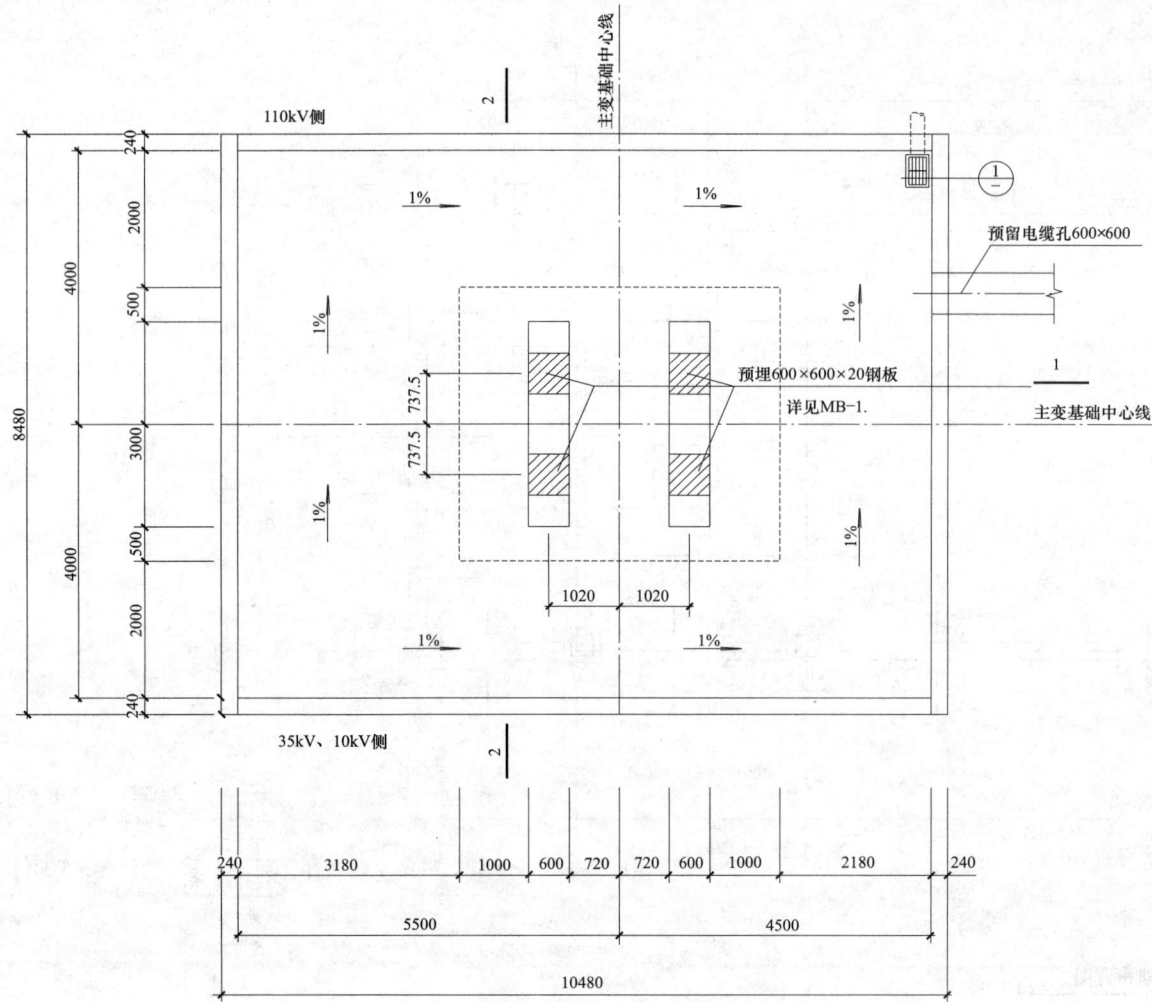

变压器基础平面布置图

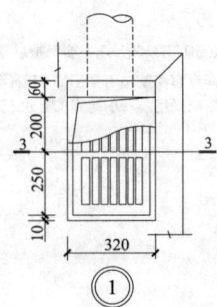

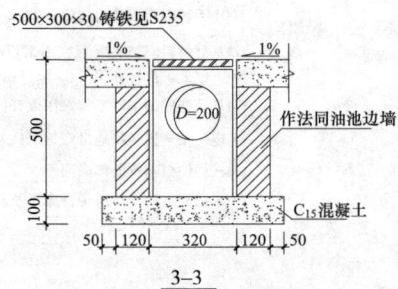

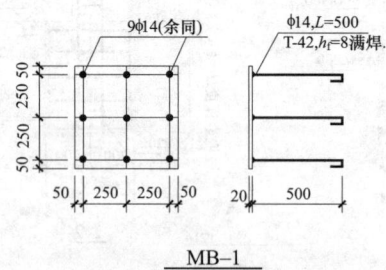

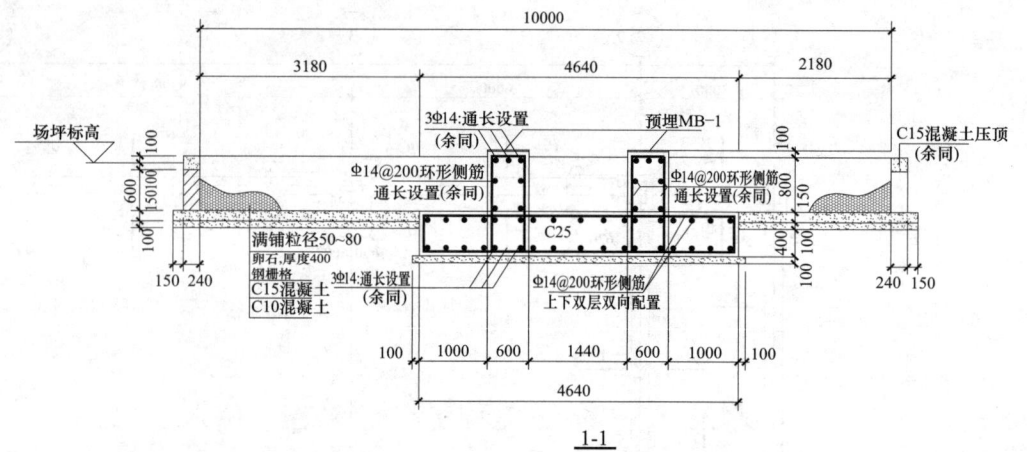

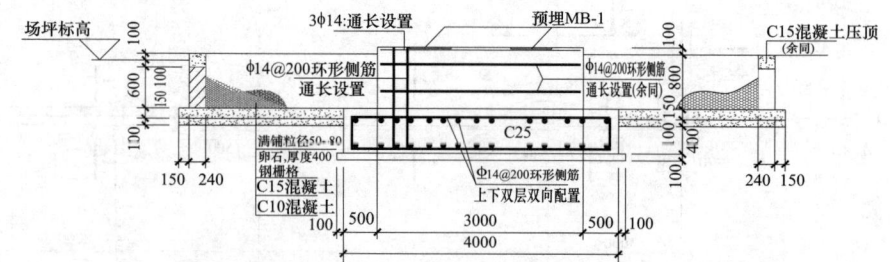

110kV侧

主变基础中心线

1%   1%

预留电缆孔600×600

1%   1%

预埋600×600×20钢板

详见MB-1.

主变基础中心线

1%   1%

35kV、10kV侧

737.5 737.5

1020 1020

240 3180 1000 600 720 720 600 1000 2180 240

5500 4500

10480

240 2000 500 3000 500 2000 240

4000 4000

8480

1-1

10000

3180 4640 2180

场坪标高

3Φ14:通长设置(余同)   预埋MB-1

Φ14@200环形侧筋 通长设置(余同)   Φ14@200环形侧筋 通长设置(余同)   C15混凝土压顶(余同)

满铺粒径50~80 卵石,厚度400 钢栅格 C15混凝土 C10混凝土

3Φ14:通长设置(余同)   Φ14@200环形侧筋 上下双层双向配置

C25

150 240   100 1000 600 1440 600 1000 100   240 150

4640

2-2

场坪标高

3Φ14:通长设置   预埋MB-1

Φ14@200环形侧筋 通长设置   Φ14@200环形侧筋 通长设置(余同)   C15混凝土压顶(余同)

满铺粒径50~80 卵石,厚度400 钢栅格 C15混凝土 C10混凝土

Φ14@200环形侧筋 上下双层双向配置

C25

150 240   100 500 3000 500 100   240 150

4000

说明:

(1)地基要求开挖至中风化砂岩,极限承载力标准值地基承载力>1000kPa。

(2)变压器基础材料见图,钢筋为HPB235(φ)、HRB335(Φ)级。基础超深部分采用M5水泥砂浆灌MU30块石。

(3)主筋保护层厚度为40。

(4)油池四周用M5水泥砂浆砌MU10砖,油池底为C10混凝土表面均用1:2水泥砂浆粉面20厚。

(5)油池底以1%坡度坡向排油井,排油管通向事故集油井。

(6)油池内满铺粒径50~80卵石,厚度400。

(7)排油管中心标高按总平面排油坡度推算。

(8)排油井的位置根据现场实际情况决定。

(9)变压器基础的池壁按总平面布置图布置预留与控制电缆沟的连结孔。

(10)变压器基础平面位置详见总平面布置图。

(11)距油池底200高处设置钢栅格,栅格规格可按400×900选用,部分未满足此规格可现场按实际制作,栅格可购买专业厂家产品;
栅格角点设置砖墩基础,断面为120×240×180用M5水泥砂浆MU10砖砌筑。

(12)预留电缆孔定位根据现场施工和电气要求确定。

3-3

500×300×30铸铁盖见S235

1%   1%

D=200

作法同油池边墙

C15混凝土

50 120 320 120 50

500

100

3 200 250 10

320

① (1)

MB-1

9Φ14(余同)

Φ14,L=500 T-42,hf=8满焊.

50 250 250 50

50 250 250 50

20 500

表格 (图签栏)

×××设计院			
×××110kV输变电	工程	施工	设计阶段
批 准			
审 定			
审 核		变压器基础图	
校 核			
设 计			
CAD制图			
专业	会签	日期 2010年4月 日	比例	图号	图号 TJ-02

附图 K1-3 变压器基础图

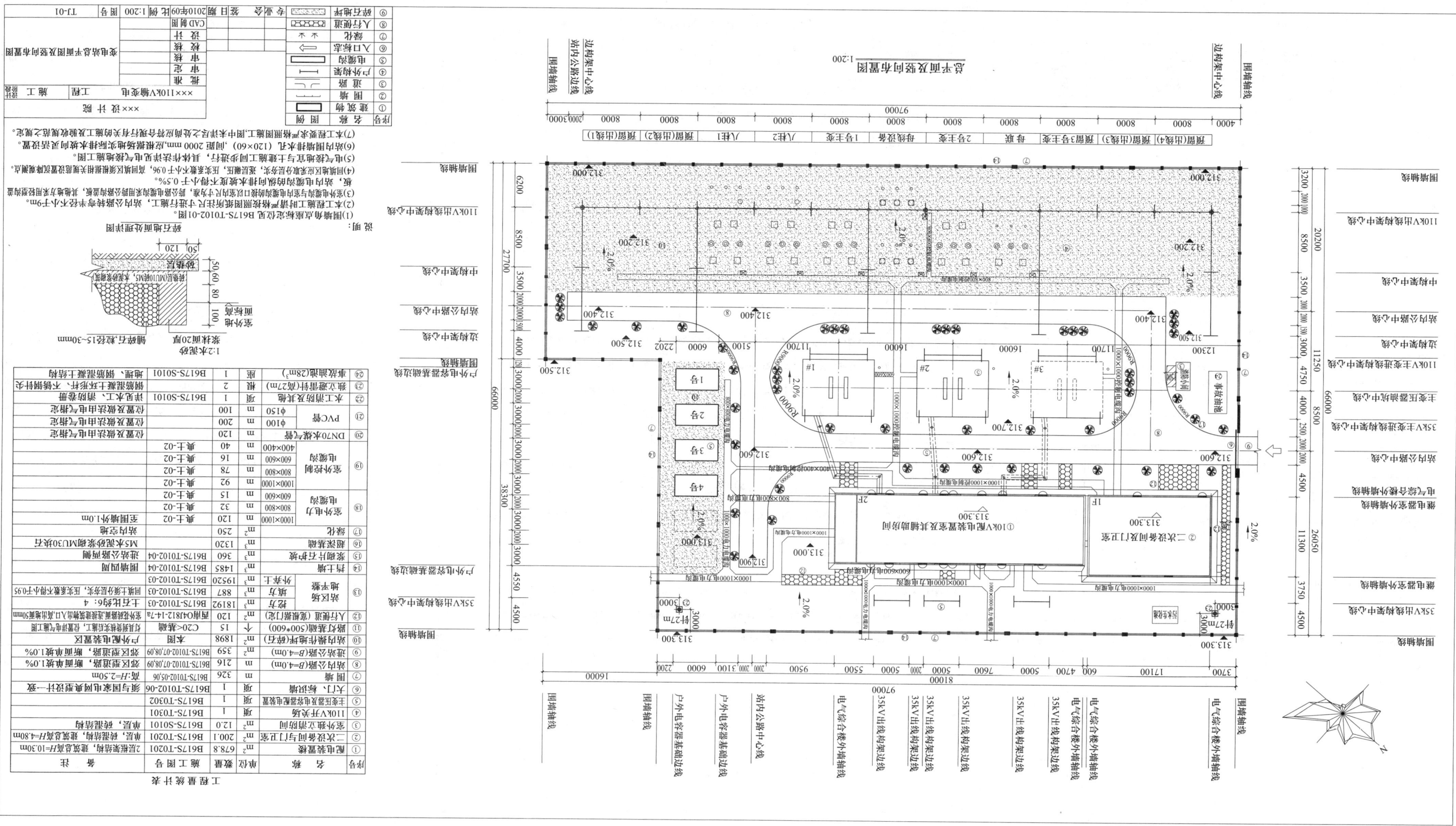
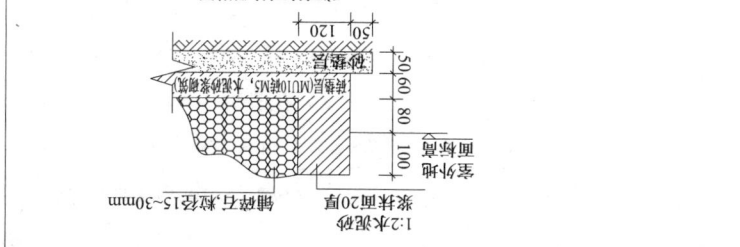

插图 K1-2 变电站房平面布置图

工程总说明

1.工程概况

本工程为×××110kV输变电工程变电站部分。该工程为常规户外变电站,主要涉及内容为配电装置楼建筑、结构、户外配电装置构支架、全站水工、消防以及站区区域环境配套设施设计。

项目建设地点位于重庆市×××,距×××镇1.6km,距×××县城约20km。站区地块呈L形,长向97.0~81.0m,宽66.0m,围墙内用地面积5786m²。站区主要建筑为配电装置楼及继电器室,总建筑面积878.9m²。站区围墙长326m,高2.5m。进站道路长72m,从××~××的公路引接。

2.设计依据

(1)×××110kV输变电初步设计图以及变电部分初步设计说明书。

(2)渝电建[2013]关于印发《×××110kV输变电工程初步设计审查意见》的通知。

(3)国家电网公司关于本工程专题会议纪要以及通用标准配变电站设计。

(4)国家现有的有关规程规范以及电气专业的资料。

3.自然条件

(1)本工程采用重庆独立坐标系,黄海高程。

(2)地震基本列度为6度,设计基本地震加速度值为0.05g,设计地震分组为第一组。

(3)站区为I类场地土,建筑设计特征周期为0.35s。

(4)工程及水文地质条件:详见《地质查勘报告》。

(5)全年主导风向:东北风,极大风速:32m/s;年平均气温17.0℃,极端最高温度41.9℃,极端最低温度−3.4℃,多年平均降雨量1009.0mm,年平均相对湿度83%。

4.主要建构物及其结构形式

站内主体建筑为配电综合楼为地上二层,框架结构,建筑高度9.8m,建筑面积678.8m²;继电器与门卫综合建筑为单层,砖混结构,建筑高度3.9m,建筑面积200.1m²。建筑分类为二类厂房,火灾危险性类别戊类,耐火等级二级。建筑结构安全等级为二级,抗震设防烈度为6度。本建筑结构在正常施工、正常维护条件下合理使用年限为50年。

5.建构筑物地基及基础

(1)本工程地质岩层分布如下:

1) 耕植土(Q₄^{el+dl}):地层编号①,旱地中稍湿、可塑,水田中湿--饱和、软塑状,厚0.3~1.8m。

2) 残坡积粉质黏土层(Q₄^{el+dl}):地层编号②,呈褐色,稍湿、可塑状,厚1~5.5m,在场地内分布。

3) 泥岩强风化层:地层编号③,呈紫红色,泥质结构,层状构造,以黏土矿物为主,风化裂隙呈网状发育岩体破碎,表层泥化严重。一般厚1.4m。

4) 中风化岩层:地层编号④,呈紫红色,岩体较完整,裂隙不发育,强度较高,仍建筑物良好的地基持力层。

5) 长石砂岩强风化层:地层编号⑤,呈黄赫色,细-中粒结构,层状构造,一般厚0.6~2.2m,强度较高。

6) 中风化砂岩层:地层编号⑥,呈紫灰,细-中粒结构,层状构造,岩体完整,岩质较硬。

(2)建筑基础与地基处理。

1) 配电综合楼为地上、二层的框架结构,基础采用独立柱基和墙下条基,独立柱基础持力为第⑥层,墙下条基础持力为第⑤层。继电器与门卫综合建筑为单层砖混结构,基础采用下条基和柱下独基,基础持力为第③层。

2) 主变压器基础、电容器基础采用天然基础,基础持力为第⑥层中风化基岩。

3) 户外构支架与设备基础采用杯基或独立基础,置于中风化泥岩或砂岩上,超深部分采用毛石混凝土换填。

4) 道路、电缆沟、事故油池及消防小室等基础持力层均落在回填土上,回填土的压实系数不小于0.95,地基承载力特征值$f_{ak} \geqslant 150kPa$。

5) 回填土应分层夯实,分层厚度200~300mm,并加入30%~50%块石(粒径<200mm),压实系数不小于0.95。

6.其他要求

(1)本工程施工时,必须注意各卷册首页图及图纸的说明。

(2)所有装修材料样色均需由业主、设计方看样认定后方可施工。

(3)主要建构物基槽开挖,需设计验槽后方可进行后续工序施工。

(4)主体工程结构施工时,应与电气、通信、水工、消防、暖通等专业配合,做好预埋管线、埋件及孔洞的预留工作。力求预留孔洞、预埋件位置准确无误,严禁事后在主体结构上开孔。本工程所有外露铁件均采用热镀锌防腐。

(5)配电综合楼建筑防雷接地除满足电气相关设计要求外,尚应满足建筑物防雷设计规范(GB50057-2000)之规定。

(6)本工程要求严格照图施工,图中未详尽之处尚应符合现行有关的施工及验收规范之规定。

工程卷册明细表

部位	专业	卷号	册次	卷册编号	卷册名称
本站部分	土建	第一卷	第一册	T0101	总说明与卷册目录
			第二册	T0102	总图部分
		第二卷	第一册	T0201	配电综合楼建筑及结构图
			第二册	T0202	继电器室、门卫室建筑及结构图
		第三卷	第一册	T0301	110kV户外构支架图
			第二册	T0302	主变构架及电容器基础图
	水工与消防	第一卷	第一册	S0101	全站水工与消防图
		第二卷	第一册	S0201	综合楼室内消防报警图

×××设计院		×××110kV输变电 工程	施工 设计 阶段
批准	设计		
审定	CAD制图	变电工程土建总说明	
审核	比例	~	
校核	日期	2010.05	图号 TJ-00

附图 K1-1 土建工程总说明